国家社科基金
GUOJIA SHEKE JIJIN HOUQI ZIZHU XIANGMU
后期资助项目

非金融上市公司债务违约风险生成机制及溢出效应研究

The generation mechanism and spillover effect of debt default risk based on non-financial listed companies

张庆君　著

中国财经出版传媒集团

经济科学出版社
Economic Science Press

国家社科基金后期资助项目
出版说明

后期资助项目是国家社科基金设立的一类重要项目，旨在鼓励广大社科研究者潜心治学，支持基础研究多出优秀成果。它是经过严格评审，从接近完成的科研成果中遴选立项的。为扩大后期资助项目的影响，更好地推动学术发展，促进成果转化，全国哲学社会科学工作办公室按照"统一设计、统一标识、统一版式、形成系列"的总体要求，组织出版国家社科基金后期资助项目成果。

全国哲学社会科学工作办公室

　　本书获国家社会科学基金后期资助项目"非金融上市公司债务违约风险生成机制及溢出效应研究"（项目编号：20FJYB003）资助

前　言

　　随着我国经济逐步从高速增长向高质量发展转变，优化经济结构、转变经济发展方式、转换经济增长动力成为当前经济工作中的重要内容。在这一过渡阶段，党中央、国务院高度重视资本市场发展，立足于资本市场的改革和创新，做出了一系列的重大决策部署，但在资本市场发展过程中，上市公司因不能履行债务支付义务而产生的债务违约问题日益突出，由此可能带来的风险引起了各界的高度关注。根据万得资讯的数据统计，2018 年沪深两市中有近 400 家上市公司发布年度净亏损预警，在 53 家出现债务违约的企业中有 40 家为首次违约，发生债务违约主体的数量明显增加；全年信用债违约金额高达 1 209.61 亿元，较 2017 年增长两倍多。因此，本成果基于上市公司债务违约频发的背景，对非金融上市公司债务违约风险的生成机制及风险溢出效应进行研究。

　　本成果首先对上市公司债务违约风险的相关理论进行了梳理，并对采用的主要公司债务违约风险测度方法进行了概述。其次，本成果从宏观经济环境、制度环境和企业自身管理等方面分析了上市公司债务违约风险产生的动因，并以发生违约风险上市公司为例，分析了公司债务违约的表现及产生的影响。再次，选取了我国非金融上市公司的数据，通过实证分析研究了上市公司债务违约的宏微观机制。在宏观机制实证分析方面，本成果主要从金融周期和资本市场开放方面研究其对公司债务违约风险的影响。在微观机制实证分析方面，本成果主要从公司金融化、公司负债来源结构和公司负债期限结构等方面研究了其对公司债务违约风险的影响。另外，本成果还实证研究了上市公司债务违约的风险溢出效应，主要分析了公司债务违约风险累积对银行不良贷款形成的影响，以及公司债务违约对商业银行的风险溢出效应，公司债务违约对非银行金融机构的风险溢出效应，公司债务违约对股价极端波动风险的影响。最后，研究了宏观审慎监管对企业债务违约风险的影响。

在宏观机制方面，金融周期与上市公司债务风险之间存在相关性，在金融周期扩张阶段，公司债务风险将会下降。金融周期扩张提高了公司盈利能力。公司杠杆率在金融周期的扩张下降低，进而降低公司债务风险；股票流动性与债务违约风险具有显著的负相关关系，资本市场开放能够加强这一负相关关系，并且这一关系在国有企业中更为明显；在微观机制层面，公司金融化和债务风险之间是显著的正相关关系，由于短期债务潜在展期风险和再融资风险，在短期债务比例增加时，违约的可能性越大。该结论支持展期风险理论，但并不支持资产替代假设，即短期债务越多的公司，股东投资于高风险项目的动机就越小，因此违约风险就越低。公司债务违约风险随着融资规模的扩大而增加，且相比于商业信用，那些更依赖于银行信用融资的公司面临更高的违约风险；负债规模与公司债务违约风险的正相关关系在非国有企业和位于金融发展水平较低地区的企业中表现更明显。

在风险溢出效应方面，公司债务违约风险与商业银行不良贷款存量之间是正相关关系，即公司债务违约风险累积会提高商业银行的不良贷款。国有大中型和股份制商业银行通过贷款关系与债务违约上市公司之间存在着较为密切的网络关系，这种网络关系可能会随着债务违约上市公司自身经营业绩的恶化，给国有大中型和股份制商业银行带来较大的系统性风险。债务违约与股价极端波动风险正相关，机构持股水平的提升会减弱违约行为与股价极端波动风险的正相关关系；价值减损效应、管理防御效应与资本结构效应作用于企业债务违约行为与股价极端波动风险的关系。在企业创新程度低、低信息透明度个高企业杠杆企业中，违约行为与股价极端波动风险的正向相关关系更为显著。并从银行信贷、企业金融化以及企业现金流波动率三个方面研究了宏观审慎对企业债务违约风险的传导机制。宏观审慎监管有效率地减少了企业债务违约风险的增加；宏观审慎可以通过降低银行信贷规模、弱化企业金融化程度、减缓企业现金流波动率，从而减小企业的债务违约风险；企业具有异质性，企业的筹资限制程度越弱，企业危害变化趋势对宏观审慎越敏感；运营收入增加率和企业成长率会影响宏观审慎与企业债务违约风险之间的联系，当企业的运营收入提高水平较低时，企业风险趋向对宏观审慎更为敏感。当企业的运营收入增加率、成长能力较高、政策不确定性越大时，企业风险变化趋势对宏观审慎越敏感。

最后，基于上述研究和分析，本成果对研究结论进行了总结。分别从制度建设、公司治理和风险管控等方面提出了相应的建议，以期对降低我国上市公司的债务违约风险，促进我国上市公司的持续健康发展提供有益的借鉴。

本书为天津财经大学张庆君教授主持的 2020 年度国家社会科学基金后期资助项目（20FJYB003）的研究成果，感谢国家社科基金后期资助项目的出版资助。感谢在项目结题时匿名评审专家提出的宝贵意见。本书是团队合作的智慧结晶，在成书的过程中，感谢天津财经大学项目组成员，我的博士研究生马红亮、白文娟、陈思，硕士研究生岳媛、侯乐梅、马秀斌、欧一丁、王浩斌、李静等在资料收集、数据整理和章节撰写等方面的努力和付出。在本书的写作过程中，我们参考了大量的中外文献，书后列出的参考文献，如果有遗漏，请相关文献作者谅解。在此我们谨向参考文献作者致以诚挚的谢意。正是这些文献资料，为我们提供了丰富的素材和创作的源泉。同时也感谢经济科学出版社刘莎编辑在出版的过程中给予的关心、支持和帮助。

由于作者的知识水平和学术能力有限，本书的缺点和不足之处在所难免，敬请广大读者批评指正。

作 者

2021 年 11 月

目　录

第一章　导论 ……………………………………………………… 1
　第一节　研究背景与研究意义 ………………………………… 1
　第二节　文献回顾与评述 ……………………………………… 3
　第三节　研究思路 …………………………………………… 11
第二章　相关理论基础和主要测度方法 ……………………… 15
　第一节　相关理论基础 ……………………………………… 15
　第二节　主要测度方法 ……………………………………… 22
第三章　上市公司债务违约风险形成的背景分析 …………… 31
　第一节　宏观经济环境背景分析 …………………………… 31
　第二节　相关制度背景分析 ………………………………… 45
　第三节　企业微观背景分析 ………………………………… 48
　第四节　违约企业案例分析 ………………………………… 51
　第五节　本章小结 …………………………………………… 67
第四章　上市公司债务违约风险的宏观生成机制 …………… 68
　第一节　金融周期与公司债务违约风险 …………………… 68
　第二节　资本市场开放与公司债务违约风险 ……………… 85
　第三节　本章小结 ………………………………………… 122
第五章　上市公司债务违约风险的微观生成机制 ………… 124
　第一节　公司金融化与债务违约风险 …………………… 124
　第二节　负债来源结构与公司债务违约风险 …………… 141
　第三节　公司债务期限结构与违约风险 ………………… 161
　第四节　本章小结 ………………………………………… 183
第六章　上市公司债务违约风险的溢出效应 ……………… 185
　第一节　公司债务违约风险累积与商业银行不良贷款形成 … 185
　第二节　公司债务违约对商业银行的风险溢出效应 ……… 194
　第三节　公司债务违约对非银行金融机构的风险溢出效应 … 211

第四节　公司债务违约对股价极端波动风险的影响 ……… 215

第五节　本章小结 …………………………………………… 240

第七章　宏观审慎监管与上市公司债务违约风险 ……… 242

第一节　机制分析与研究假设 …………………………… 242

第二节　理论模型分析 …………………………………… 245

第三节　动态均衡模拟分析 ……………………………… 249

第四节　实证结论 ………………………………………… 255

第五节　本章小结 ………………………………………… 256

第八章　研究结论与建议 ……………………………… 257

第一节　研究结论 ………………………………………… 257

第二节　研究建议 ………………………………………… 259

第三节　研究展望 ………………………………………… 267

参考文献 ………………………………………………… 268

后记 ……………………………………………………… 296

第一章　导　　论

第一节　研究背景与研究意义

一、研究背景

近年来，密集爆发的上市公司债务违约事件引起了债权人、投资者以及社会公众的高度注意，根据万得数据库显示，在 2008 ~ 2009 年间，只有极少数上市公司发生过债务违约，而 2010 ~ 2014 年这五年间，发生债务违约的上市公司数量攀升到了两位数，从 2015 年起，每年已有上百家上市公司发生了债务违约，仅 2017 年这一数据，在数量上就和 2008 ~ 2011 年基本持平。债务违约使实体经济与微观主体受到重创，这也使得债务违约成为当前金融研究领域的必要关注点之一。

不确定的外部经济环境刺激了国内企业对资金的需求，导致企业对持有资金流动性的错配以及对债务违约的概率逐年上升。从前瞻产业研究院的数据可看出，在 2016 年 271 家被统计的银行中，大多数银行存在 1% ~ 2% 之间的不良贷款率。近几年数据表明，我国商业银行不良贷款率仍在上涨，这表明公司债务违约的概率仍在持续增加，从而对企业本身、对债权人、对公司员工的资金造成了一定的潜在威胁。由国有资产监督管理委员会管理的某钢铁集团，于 2015 年 10 月由于未能及时偿还本金利息，构成了公司债务违约；云南省某煤炭行业的龙头企业在 2015 年和 2016 年资产负债率逐年攀升，先后发生了高达十几亿元的巨额债务违约；在 2017 年，北方某钢铁企业因多次未能按时付息，已被迫进行企业破产重整。在当今经济市场化与全球化的情况下，出现债务违约已不足为奇，但在市场中，由企业发生的债务违约较多，但企业在对债务与资金的处理过程中有较大问题，解决这一问题势在必行。

目前，在理论上和实践上大家都非常关注金融系统性风险问题，党的十九大提出，"守住不发生系统性金融风险的底线"。从宏观上来看，学者们对公司债务违约风险所产生的影响持负面和批评态度的占据大多数，主要认为公司债务违约会加剧经济系统运行的整体风险，公司债务违约频发会使经济的自动稳定性下降，经济运行过程中债务风险和通缩风险变大，经济的衰退期延长。从微观上来说，实体企业金融化、企业债务期限结构、债务来源结构都会对公司债务违约风险产生影响。为了研究这些问题，一方面能够加深对上市公司债务违约风险生成机制及影响的认识，另一方面还能够为"防范金融风险"以及"振兴实体经济"等一系列问题的政策落地提供文献借鉴，所以对这个问题的研究有着很重要的意义。因此，本书深入研究了我国非金融上市公司债务违约风险的生成机制，并且在宏观层面就宏观经济环境、金融周期、资本市场开放和影子银行发展等探讨了上市公司债务违约风险的宏观生成机制；在微观层面就上市公司金融化、公司债务期限结构、债务来源结构等探讨了上市公司债务违约风险的宏观生成机制，进一步探讨了上述生成机制在不同的产权性质下和不同的宏观经济政策下的区别，并就上市公司债务违约风险对商业银行的溢出效应进行了分析，以期能够为我国上市公司降低债务违约风险提供一些有用的建议，促进其持续健康发展。

二、研究意义

近年来，我国部分上市公司债务持续性快速增长，债务违约事件频发，债务偿还压力逐渐显现，已经成为实体经济中债务风险的主要来源之一。同时受新冠肺炎疫情、中美贸易战和国际经济环境变化等因素的影响，部分企业面临的债务风险进一步加剧。随着我国金融市场化改革的不断推进，资本市场对外开放的不断加深，金融投资领域的准入门槛逐渐越低，非金融上市公司出于逐利的目的不断深化其自身金融化程度逐渐成为一种趋势。非金融上市公司涉足金融投资领域进行多元化经营，因此淡化了自身主营业务的发展，将经营重点转移到金融投资领域则会造成的产业空心化，从而加大了公司的运行风险。

从宏观角度来说，近年来我国的经济有"脱实向虚"的现象。随着经济"脱实向虚"问题的不断涌现，重振实体经济以及加大力度发展实体企业对于我国经济发展来说具有很重要的意义。因此，了解非金融上市公司债务违约风险的生产机制，认识非金融上市公司债务违约风险的经济后果，对于企业制定合理的投资决策，降低债务风险，甚至对于防止大量的信贷资金进入虚拟领域，降低金融市场风险，具有重要意义。另外，在非金融上市公司中，债权人是一个特殊的存在，取得固定收益，对企业的债务风险很关注，企业发生债务违约风险对其影响很大，所以从不同的角度探讨债务违约风险的成因，对于维护我国资本市场的稳定和金融市场的安全也有积极的意义。

第二节　文献回顾与评述

一、公司债务违约风险相关文献

对于债务风险有关的概念，弗斯特等（Foster et al.，1998）认为债务违约风险（又称信用风险）指，企业由于自身原因不能及时偿债，它是测度企业实力和财务状况的一个重要指标。田里等（1996）认为债务违约风险的发生是因为前期企业大量融资造成的偿债能力降低导致的。李荣群和张东（2002）认为债务风险指的是在法律保护下，债权人蒙受损失的程度，在现实中主要指的是企业由长期应收账款难以收回带来的风险。

关于上市公司债务违约的相关研究从现有文献来看，主要集中在两个方面：一个方面主要关注上市公司债务违约风险的预测以及影响因素的分析。基赫等（Chih et al.，2016）利用1986~2013年间美国工业公司的数据，发现依赖银行进行融资的公司中，债务违约风险正相关于展期风险系，而在不从银行融资公司中，二者并不表现出严格的相关关系。同时在信贷市场趋紧情形下，展期风险对债务违约的影响更大。吴世农和卢贤义（2001）以陷入财务困境和财务正常的上市公司为样本，研究了两类公司在出现财务困境五年内财务指标方面的差异，并对如何预测"违约风险"提出了参考性的建议（王永海和张文生，2008）。张泽京等（2008）使用KMV模型识别了中小上市公司的信用风险后认为资产规模和股权分置改革均会影响信用风险，造成短期内违约风险升高。谢邦昌等（2008）以电力、蒸汽、热水和房地产等行业上市公司为例，甄别和预测了不同行业的信用风险，认为KMV模型能够较好地预测我国上市公司的信用风险。陈德球等（2013）研究了上市公司社会破产成本与债务违约风险之间的关系，其结论是企业社会破产成本越高，债务违约概率会越强。宫晓莉和庄新田（2018）以期权定价为基础，结合金融资产收益率分布特点，在违约风险模型中引入双指数分布跳跃扩散模型，对企业资产价格跳跃风险进行识别，研究表明在外界消息冲击下上市公司违约风险存在着上跳和下跳的风险，并且证实该模型和一般预测模型相比具有优越性。潘泽清（2018）将2016～2017年活跃在中国债券市场上并发生违约的企业作为违约样本，用Logistic回归构建了债务违约风险预警模型，筛选出了可以作为公司债务违约风险的预警指标。在我国实行去杠杆的过程中，应该着重关注这些指标的变化，以免出现较大的债务风险。

另一个方面则关于违约风险的测算与模型构建，这也是国内外学者研究比较集中的方面。斯蒂芬·基尔霍弗（Stephen Kealhofer，1998）认为KMV方法最先用于商业银行，用KMV方法评估商业银行投资组合，可以帮助商业银行了解资产的风险和特征，帮助商业银行实现资产多样化，使得银行在风险一定时可以追求最大回报。约瑟·洛佩兹（Jose A. Lopez，2004）在考虑渐进的单风险因子是巴塞尔协议2确定信用风险资本费用的基础上，将渐进的单风险因子方法用于确定违约风险的KMV方法中，来检验平均资产相关性、企业违约概率和企业资产规模之间的关系。肯尼斯·卡灵（Kenneth Carling，2007）把对信用和违约风险的研究分为四类，第一类是遵循莫顿方法的"结构"模型，第二类是"自上而下"计算单个公司或单个投资组合层面违约率的计量模型，第三类是不考虑因果关系假设的"自上而下"精算模型，第四类是非参数方法。他认为之前针对信用和违约风险的模型很少考虑宏观经济的影响，于是他在之前的基础上加入宏观因素建立了一个期限模型，来估计违约者的生存时间，实证结果表明该模型预测准确性高于其他模型，实证过程中还发现产出缺口、收益率曲线和对经济的预期都会影响企业的违约风险。玛丽亚·埃莱娜（Maria Elena，2008）提出考虑了风险折现银子的零价格模型即ZPP模型，来计算违约概率和公司价值，她认为ZPP模型在存在噪声交易者的情况下比KMV模型更稳定，而且ZPP模型计算出的违约概率要高于KMV模型。杰弗里·特里斯基（Jeffrey Traczynski，2017）使用贝叶斯模型来预测公司违约与企业破产，研究发现在众多变量中只有资产负债率和股价波动率在总样本与分样本中都显著，从而得出结论只有这两个指标是预测企业违约的可靠指标，他还提出贝叶斯模型与传统模型相比具有考虑了不确定性的优势。

二、公司债务违约风险的影响因素

国内外很多学者对于债务风险的影响因素进行了深入的分析。在国际方面，艾伦等（Allen et al.，2004）通过研究指出宏观经济的状况、经济的周期性和企业的社会活动都对企业的债务风险有显著的影响。孙和崔（Sun & Cui，2014）发现债务违约风险对社会责任有较强的敏感性。舒尔茨等（Schultz et al.，2017）将违约风险的事前指标用债务违约概率大小来表示，研究指出高管固定高薪酬，高非执行董事的董事会占比，能降低债务违约概率。

国内方面，陈德球等（2013）通过研究指出企业的社会破产成本与债务违约概率之间是正相关关系，并且这种关系在国有企业中更明显、更突出，还通过进一步分析指出社会破产成本比较高的企业，获得贷款通常比较容易，这样一来企业的道德风险就会变大，进而导致信贷资金的配置效率变低。许浩然和荆新（2016）以我国 A 股上市公司 2001～2012 年的数据为样本，研究指出企业社会关系网络与公司债务违约的概率是显著的负相关关系，并且在国有企业中和在市场化水平比较高的地方，这种负相关关系会显著变小，进一步研究指出相对于代理成本比较大的企业，在代理成本比较小的企业中这种关系更明显。张靖等（2018）经过研究指出环境不确定性与债务违约风险正相关，而企业积极履行社会责任能够缓解两者之间的关系，他们还发现这种缓解作用主要发生在非国有企业中。

债务违约事件损害债权人利益，加剧金融市场风险，对债务违约风险研究意义重大。我国大多学者对债务风险的研究主要集中在政府债务风险上，对于公司债务违约风险，尤其是企业流动性错配与企业的债务违约风险的具体研究很少。耿得科、张旭昆（2011）发现，债务期限较短时，声誉和违约概率负相关；当债务期限较长时，二者却同向变动。潘泽清（2018）构建 Logistic 回归模型发现，企业流动负债比率下降将导致企业的违约风险降低，但其影响效果较微弱。张靖、肖翔等（2018）发现环境不确定性会加大公司债务违约的风险的作用会随着社会责任的履行而降低，这一现象在非国有企业中尤其明显。马努利和桑切斯（Rody Manuelli & Juan M. Sanchez，2016）发现债务的最优期限结构可以平衡由于低产出导致的违约风险，且产出水平与债务期限之间存在正相关关系。产出水平较低时，企业会使用短期债券融资进行高风险项目的投资。

从宏观角度来看，杜萌（2016）指出国家政治风险越高，政局越不稳定，债务违约风险越高；从周程（2018）的研究中可以得出债务违约率与利率冲击存在着紧密联系的结论；从许浩然等（2016）的研究中可以得出银行关联、市场化水平、高管变更等社会关系网络越富足，公司债务违约风险越低的结论。汪莉和陈诗一（2015）指出，发行人所在地的经济状况对政府隐性担保决定利率的作用起重要作用，好的经济状况，政府隐性担保更有助于债券利率的降低。从微观角度来看，吴建华（2018）等指出相比各种均值回归模型，分位数回归模型在估计违约损失率时具有显著的优势；陈倩等（2018）通过研究认为，审计师对债务风险具有很强的警惕性，对于即将发生的违约事件有一定的预判能力；姜（Jiang，2012）则从管理层的角度，发现管理层沟壑和债务违约显著正相关。目前还没有关于流动性错配与债务违约对于企业破产风险影响的研究。本研究在债务违约这一块领域中，与之前研究的相比，重点是将目光放在了企业上。

关于银行信贷与公司债务违约风险的研究，在许多发展中国家和少数发达国家的金融体系中，银行不仅是资本市场的一个组成部分，还是中央的或专有的机构。尽管一些中小企业也依赖于非正规融资，但是毫无疑问银行贷款是中国企业获得外部融资的主要渠道（Allen，2005）。传统上，信贷关系是商业活动的重要组成部分。除了银行与借款公司之间通过反复或长期商业交易形成的私人关系（Boot，2000）之外，政治关系也是一种特殊的关系，可以影响信贷决策和贷款违约率。随着中国经济的增长和演变，银行面临着巨大的政治压力，它们要在实现支持社会稳定的同时也将自身转变为现代金融机构，同时实现这两个相互矛盾的目标（Dobson & Kashyap，2006）。此外，中国政府还鼓励组建企业集团，以促进经济的进一步发展，这可能是因为这一策略在邻国日本和韩国的成功使用。虽然中国的资本市场仍然以银行债务而不是公共债券发行为中心，但随着中国资本市场的发展，公共债券发行和债券违约的重要性也在增长。据科日光伏网报道，曾经有两起涉及中国公司债券的信用事件引起了人们的广泛关注。一是，在业界享有盛誉的 SPH 有限公司无法偿还于 2013 年 3 月到期的债券，该债务的规模在 5 亿美元以上。此次违约还违反了包括中国国家开发银行（CDB）提供的银行贷款在内的其他债务条款；二是，SCR 有限公司宣布无法支付 2012 年在中国发行的面值为十亿人民币债券的 8 980 万元人民币的利息。关系银行以及不断发展的我国金融体系的其他特征在解释贷款违约及其解决办法方面的作用。值得一提的是，从 2006～2012 年中国 19 家最大的商业银行 5 000 万元人民币以上的银行贷款数据的分析，可以看出借款人和银行关系是如何与信贷决策、违约和解决发生关联的。国有企业的借款人更频繁地违约，而且通常在违约后表现不佳。此外，五大国有银行和落后的区域发展加剧了这些影响。

关于企业内部结构与违约风险之间的研究。瓦萨洛（Vassalou，2004）将违约风险与砝码三因子模型联系起来，在规模银子和账面市值比因子都有与违约风险相关信息的基础上，得出违约风险与股票回报率有关的结论。福范（Craig H. Furfine，2011）认为企业并购会造成违约风险增加，这主要是因为企业合并后，管理层的管理动机会增强，企业并购与违约风险之间的正相关关系在管理者薪酬增加明显、股价波动明显和特质性风险高的企业表现更为显著。在市场经济的高速发展背景下，通过对中国上市公司的研究发现，违约概率高的公司更容易更换公司的高层管理者，且实证表明更换公司高管确实可以帮助企业缓解债务违约问题（Wei Ting，2011）。孙（Wenbin Sun，2012）将企业价值战略和能力与企业违约风险联系起来，认为增强企业的价值链能力可以改善企业战略与违约风险之间的关系，还发现"打广告"这个战略可以帮助降低违约风险，而研发支出只有当企业具备比较高的价值链管理能力时才能降低违约风险。许（Po-Hsuan Hsu，2015）认为增加企业高质量专利数量，推动企业创新，可使企业获得先发优势，成为市场的领导者，同时还可以阻止竞争对手使用类似的技术，使企业获得市场上的准垄断权利，使企业的资金流更加稳定，从而降低企业的违约风险。詹纳罗·波尼尔（Gennaro Bernile，2018）认为董事会多样性越大，更容易采取更稳定、更持久的政策，其政策决定更不易受董事个人因素的影响，更容易采取低风险的金融政策，从而降低企业风险。

三、关联性与公司债务违约风险

企业融资、违约和违约解决的方式也可能取决于借款人和贷款人之间的关系。银行将储蓄与投资者的资金需求相匹配，并为这些借款人和贷款人的期限偏好提供中间条件（Diamand & Dybvig，1983；Rajan，1996）。可以通过规模经济、经验和获得银行享有的信息的方式抑制投资的信息不对称和代理问题（Myers & Majluf，1984）。银行贷款合同可以被视为"内部债务"，它可以解决公共债券发行产生的问题，而其他债务无法解决此问题（Fama，1985；Rajan，1992）。因此，紧密而又持久的银行借款人关系可以改善信贷供应量，增加银行重新谈判的意愿，并加强贷款期限的跨期平滑（Boot，2000）。这些提升价值的特征已经被证明即使是在系统性的金融危机中也能够适用（Bodenhorn，2003；Puri et al.，2011）。然而，这些好处并非没有代价。首先，当借款公司陷入困境时，就会出现软预算约束问题。了解到银行有动机支持公司收回原来的贷款，陷入困境的公司面临着承担低效风险或努力不足的反常激励（Dewatripont & Maskin，1995）。其次，关系型银行业务限制竞争并为市场进入制造障碍，导致了"阻碍"问题。随着关系的进一步发展，银行对借款公司有了更多了解，从而通过长期交易获得更多机会来将更多的违约风险转移到公司身上（Sharpe，1990；Rajan，1992）。此外，银行事后提取租金可能会扭曲事先的创业动力，并导致投资项目的非最优选择（Berglof & Von Thadden，1994）。

四、公司债务违约风险的经济后果

从经济后果上来看，债务违约风险即是债务人没有及时清偿债务，使得债权人的经济利益未能得到先前承诺的保障的事件发生的概率。当发生债务违约后，一方面，对债权人而言，债权人为了保障自己的经济利益，会要求企业及时偿还，如若偿还不上，则债权人有权对企业在其手中质押或抵押的资产进行处置，或者直接提请对企业的破产申请。在这一过程中，企业的债务压力无疑会持续加大，往后再继续签订的债务合同里，对企业借款条件的要求也会更高，企业的融资能力越来越弱，因此破产风险越来越高。另一方面，对投资者而言，由于企业发生了债务违约，会降低投资者对企业的预期盈利水平，因此会减少投资，造成企业股价下跌。除此两个重要方面之外，债务违约也会对导致其他的经济后果，例如增加了企业的审计费用（陈倩等，2018）；由于融资困难，而导致大规模裁员（Falato & Liang，2016）；企业因资金周转不开，现金流不足而减少企业的资本性支出，造成企业未来持续发展能力减弱等。

另一方面主要关注上市公司债务违约和某一特定主题的经济、管理现象的关系和机理分析，比如，与公司投资、社会就业、社会关系网络、民营企业创新、公司审计意见购买、股价崩盘风险和企业避税行为的关系等。查瓦和迈克尔（Sudheer Chava & Michael R. R.，2008）探讨了存在融资摩擦情形下，债务契约如何影响公司的投资行为并进而影响公司控制权的问题，他们使用不连续回归模型，显示当债权人通过加速贷款的威胁（the threat of accelerating the loan）来干预公司管理时，随着债务人违反债务合同，资本投资将会急剧下减，同时在存在代理问题和信息不对称情形下，这种投资的减少更为严重。安东尼奥·法拉托和奈利·梁（Antonio Falato & Nellie Liang，2012）研究了随着债务违约情形的发生，债权人拥有终止和重组贷款的权利，这些将导致公司大幅裁减员工。同时当融资摩擦更大、员工议价能力更弱以及宏观经济低迷时，员工的裁员幅度将更大，就业机会将会更少。张玮倩和方军雄（2017）发现债务违约制约了上市公司创新投资的力度，随着债务违约余额变大对创新投资的抑制程度越大。陈婧等（2018）通过对 A 股上市公司债务违约数据的整理，发现在债务违约前后审计费用提高，结果表明审计师对债务违约持有较高敏感性和谨慎性，这对于发挥审计师的债务风险预判能力有了更深入的认识。李明睿（2019）基于事前视角对上市公司的债务违约风险影响公司审计意见购买的行为进行了深入探讨，研究发现债务违约风险越高的公司越有可能进行审计意见购买，该现象在发生审计变更或存在超额审计费用的公司更加显著。后青松等（2016）对上市公司银行债务契约与企业避税行为的关系进行研究，认为我国商业银行具备识别债务契约发现企业避税的能力。李诗瑶（2019）通过建立 KMV 模型来度量上市公司的债务违约风险，分析了上市公司债务违约风险与股价崩盘风险之间的关系，研究结果表明公司债务违约风险与股价崩盘风险之间存在正相关关系，监管部门应强化对上市公司债务融资行为的披露，有效避免风险的跨市场传导。王广宇等（2019）分别从经济结构转型的宏观视角和公司债务违约的微观视角出发，对上市公司新一轮不良资产的形成机理进行了分析，研究认为公司债务违约能够使不良资产的数量不断增加。张婧等（2018）选取 2012 ~ 2016 年 A 股上市公司的债务违约数据，发现环境不确定性能加大公司债务违约的风险，企业社会责任履行能缓释二者间的关系。

五、公司债务违约风险的解决

关于解决公司违约问题的研究表明：除非债务结构相对复杂，否则非公开私人重组成本低于正式破产（Asquith et al. , 1994；Brunner & Krahnen，2008）。此外，如果违约前的管理不被取消或者如果该公司的资产继续被用于破坏价值的活动中（Weiss & Wruck，1998），正式破产可能无法挽救一家陷入困境的公司，或还会导致一系列的破产（Hotchkes，1995；Hotchkes & Mooradian，1997），然而，重组过程的实质可能比其形式更重要。吉尔森（Gilson，1997）记录了正式破产是如何更积极有效地减少杠杆率，并为陷入危机的公司提供更好的新起点。此外，企业融资以及违约事件的产生和解决可能受到政府部门非商业性目标以及预算约束，甚至在有些情况下拥有能够控制金融机构的管理者的强烈影响。例如，在一些经济体中，银企关联性越强越易得到银行贷款（Cull & Xu，2005）。法西奥等（Faccio et al. , 2006）利用来自 35 个国家的 450 家与政府关联公司的样本解释了通过帮助借入公司获得信用以及对公司绩效影响这种方式。他们发现，银行将政府的潜在援助纳入他们的贷款决策，政府的救助也可以损害公司的业绩。另外，他们还发现，在接受政府救助后，与政府有关联公司的表现不如无关联的同类型公司。

六、文献评述

如前所述,已有的国内外文献在理论和方法上对债务违约风险的研究提供了丰富的研究成果和信息,为本书的研究提供了丰富的研究理论和研究方法的借鉴。先前的研究一方面致力于研究债务违约单独或者结合其他因素会对企业产生怎样的影响。如债务违约会制约企业增加创新投资,并且这一抑制作用具有一定的持续性(张玮倩、方军雄,2017);由债务违约产生的成本可以抑制企业避税行为(王亮亮等,2018)。另一方面致力于债务违约的影响因素以及对债务违约的度量。如企业行业环境、债券期限等角度均能影响企业债券违约(杨国旗,2017);在频发的债务违约背景下,选择符合市场需要的 KMV 模型,对上市国企债务违约风险进行度量(邵治铭,2017)。不过,已有的研究也有一定的局限性。比如国外的研究理论和研究框架不一定适用于我国上市公司发展的现实状况,特别是在我国金融体制改革和资本市场扩大开放的背景下,我国资本市场正经历着诸多重大的改革和探索,因此,结合我国的资本市场改革和资本市场创新发展来研究债务违约风险问题更有助于现实问题的分析和探索。此外,虽然国内也有一些研究关注上市公司债务违约风险问题,但是,随着我国资本市场改革和资本市场扩大开放的不断深化,资本市场也在不断地发展和变化,尤其是对于债务违约风险的生产机制和溢出效应而言,相关的国内研究仍有欠缺,有待增加和改进该方面的研究。因此,本书在已有国内外研究的基础上,试图就上市公司债务违约风险生成机制和风险溢出效应问题做更为深入的研究,以期深刻揭示非金融上市公司债务违约风险的生产机制、发展变化和深层次原因,分析上市公司债务违约风险对银行的风险溢出效应。

当前有关公司债务违约风险方面的研究和探索并不是很丰富,现有的研究主要集中在债务风险的影响因素方面,包括社会因素、行业环境、盈余管理以及公司治理等对债务风险的影响。本书在总结已有文献的基础上,重点研究上市公司债务违约的动因,以及在此动因下债务违约风险的溢出效应,并且考虑不同产权性质以及不同货币政策对这种影响的差别,以期为上市公司和政府的政策制定提供一些相应的意见和建议,来促进资本市场的平稳健康发展。

第三节　研究思路

一、研究思路

近年来我国非金融上市公司债务违约事件频发引起了业界的广泛关注，本成果在分析非金融上市公司债务违约风险形成的宏微观背景的基础上，首先对债务违约风险的评估方法进行了梳理；其次，从金融周期、资本市场开放等宏观因素层面，以及上市公司金融化、债务期限结构等微观因素层面研究了非金融上市公司债务违约风险生成机制。最后，在对非金融上市公司债务违约风险评价的基础上，对公司债务违约风险的溢出效应进行了研究。基于上述内容，本研究共包含八章，各章的具体内容如下所示：

第一章是导论。主要介绍了本书的研究背景和意义。近年来，密集爆发的债务违约事件引起了债权人、投资者以及社会公众的高度注意，根据万得数据库显示，在 2008～2009 年间，只有极少数企业发生过债务违约，而到了 2010～2014 年这五年间，发生债务违约的企业数量攀升到了两位数，据企业预警通 App 口径统计，2020 年度共有 158 只信用债违约，涉及 51 家发债人。债务违约会给实体经济和微观主体带来严重的经济后果，这也使得上市公司债务违约成为当前金融研究领域的必要关注点之一。

第二章是相关理论基础和主要测度方法。主要介绍本成果相关的理论基础。关于公司债务违约风险的相关理论主要有，债务通缩理论、市场择时理论、代理成本理论、权衡理论等等，本部分对公司债务违约风险相关的理论基础进行了梳理。关于公司债务违约风险的测度方法主要有 Z 评分模型、Z 值法、Merton 模型、KMV 方法、风险模型等，本部分对本研究涉及的研究方法进行了梳理和介绍。

第三章是上市公司债务违约风险形成的背景分析。本部分首先从宏观经济环境、经济周期等宏观因素方面进行分析；其次，从上市公司面临的制度环境，如公司融资环境、企业破产机制、信贷环境等方面进行了分析；最后，从企业自身管理层面，如管理者过度自信、大股东利益侵占、控股股东股权质押等方面进行了分析。

第四章是上市公司债务违约风险的宏观生成机制。本部分主要从金融周期、资本市场开放和影子银行发展三个方面对上市公司债务违约风险生成的宏观因素进行了实证分析。

第五章上市公司债务违约风险的微观生成机制。本部分主要从企业金融化、债务来源结构、债务期限结构三个方面，对上市公司债务违约风险生成的微观因素进行了实证分析。

第六章上市公司债务违约的风险溢出效应。本部分主要从公司债务风险累积与商业银行不良贷款形成、公司债务违约对商业银行系统风险溢出效应等方面，对上市公司债务违约风险溢出效应进行了实证分析。

第七章宏观审慎监管与上市公司债务违约风险。本部分构建了包含家庭、企业、银行、信托、政府部门的五部门动态随机一般均衡模型，在模型中引入了动态资本充足率的行为方程。研究了宏观审慎监管对企业债务违约风险的影响。

第八章研究结论与建议。本部分总结了研究结论，给出相关对策建议，指出研究不足与后续研究展望。

本书的研究思路图如图 1-1 所示。

二、可能的创新之处

以往文献主要研究公司违约风险的度量和改进方法、影响因素以及违约对公司业绩、外部审计等的影响，而关于债务期限结构对违约风险的影响机制的研究较少。本研究进行实证分析探讨债务期限结构对违约风险的两种影响机制，得到展期风险效应更显著，有助于拓展企业违约风险领域的研究范畴；本研究还进一步发现展期风险效应在非国有企业和地方国有企业中更为显著。此外，本研究探讨了公司信用质量、现金持有以及融资约束程度对短期债务与违约风险关系的调节效应，丰富了债务期限结构和违约风险的相关研究内容。

关于债务来源结构，大多数学者关注公司债务来源与公司绩效、公司治理及非效率投资等之间的关系，而没有直接将其与公司的债务违约风险联系起来，本成果将其直接联系起来进行实证分析；本研究通过构建中介效应模型，检验负债来源结构与债务违约风险的关系中代理成本和流动性水平是否具有中介渠道效应，拓展了相关研究范畴。

由于发生违约上市公司数据比较零散，统计上存在一定困难，致使集中研究发生债务违约风险上市公司的文章相对较少。本研究首先通过整理上市公司年报，梳理了上市公司债务违约的数据，并通过比对上市公司贷款数据库得到债务违约上市公司与商业银行之间的借贷关系网络。其次，

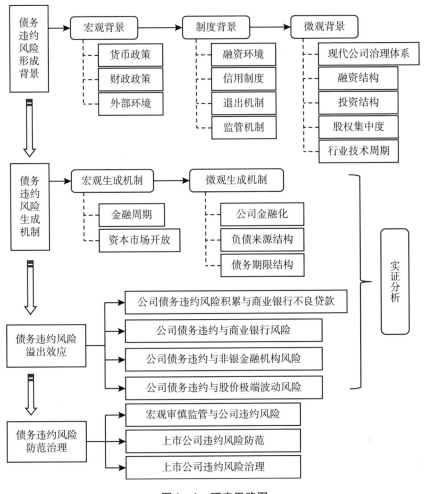

图 1 – 1　研究思路图

研究了发生过债务违约的上市公司与上市银行股价之间的相关关系，分析了发生债务违约的上市公司的风险溢出效应，利用 DCC – GARCH 的 Co-VaR 模型检验了这些企业对银行的风险溢出效应，丰富了债务违约风险的跨市场传导这一领域的研究。最后，还分析了宏观审慎监管对企业债务违约风险的影响。可见，本研究从宏观和微观层面深入剖析了非金融上市公司债务违约风险的形成机制及其溢出效应。

三、不足之处

虽然本成果做了一定的工作，但仍存在诸多有待完善和提高的地方。存在的主要不足如下：

第一，在机制分析方面，对于各因素如何影响非金融上市公司债务违约风险的机制解释不足，没有将机制、路径和方式等完全解释到位。后续还需要增加这一方面的笔墨和文字。在实证分析部分，各章节研究的内容比较丰富，但是各章节之间的关联性和协调性还有待于完善和提高，后续完善过程中还需要增加各章节之间的联系和协调性。

第二，本书测度上市公司金融化指标，金融资产持有比例时，未将货币资金与长期股权投资纳入其中，原因有以下两点：一是在货币资金中很难辨别哪些属于金融资产范畴，哪些属于企业生产经营范畴，所以在上市公司金融化水平的衡量指标中就没有考虑货币资金，但是部分用于金融投资的货币资金属于金融资产的范畴。二是长期股权投资的准则曾经多次发生了变化，另外还没有办法辨别上市公司联营或者合营的企业是不是属于企业金融化的范畴，所以在保守的原则下，本书在分析中将其忽略掉了，虽然大部分上市公司长期股权投资属于非金融化性质，但是有一小部分长期股权投资如参股的金融机构股权等属于金融资产。

第三，研究成果重点讨论和检验了非金融上市公司债务违约风险的生产机制和溢出效应，尽管成果从金融周期和资本市场开放等方面研究了非金融上市公司债务违约风险生成的宏观因素，但仍不够全面。非金融上市公司债务违约风险的生成原因涉及诸多方法，还有待于进一步地进行梳理和总结；尽管成果就非金融上市公司债务违约风险溢出效应进行了实证分析，主要分析了非金融上市公司债务违约风险对银行的风险溢出效应，涉及非金融上市公司债务违约对资本市场的风险溢出效应方面，有待于进一步的研究和讨论。

第二章　相关理论基础和主要测度方法

第一节　相关理论基础

一、债务通缩理论

债务通缩理论是欧文·费雪在解释美国经济大萧条成因时被提出的。费雪（1933）在具有影响力的论文《大萧条的债务——通货紧缩理论》中详细阐释了这一理论。费雪就经济大萧条的债务通缩理论，以整体经济处于过度负债状态为出发点，人们试图通过清算摆脱债务从而导致不良的销售和货币收缩，进而导致价格下跌。他确定了负债、通货紧缩、流通货币、货币流通速度、利率等九个影响大萧条时期经济的因素。

费雪强调了严重萧条中的两个主要因素："开始时过度负债和紧随其后的通缩"。他强调了名义债务实际价值的变化对价格水平变化的影响，而这种变化是在债务收缩时无法预期的。破产的可能性在价格下跌和价格上涨之间造成了不对称。破产，甚至更多地是由于价格下跌和过多的名义债务引起的对破产和贷款违约的恐惧，将增加贷款的风险溢价，导致从有违约危险的贷款组合中撤出无保险存款，并导致清算风险。资产和偿还贷款，所有这些都会压低资产价格并收缩货币供应。

费雪的债务通缩理论动态过程如下：1）首先由于一些随机冲击，例如股票价格泡沫破裂而导致的债务清算，导致抛售陷入困境，债务清算的尝试会导致遇险卖出，即债务病；2）存款的收缩（可能还有流通速度的减缓），即货币收缩；3）这些影响迫使消费者消费产品的价格水平下降，即美元病；4）价格水平下降减少企业的净资产，进而可能导致破产，即净资产减少；5）企业利润趋于下降，即利润减少；6）鼓励企业缩减整体生产，从而减少生产要素的投入水平，即减少生产，贸易和就业；7）上述影响将导致公众中悲观情绪的蔓延和不确定性的增加，即悲观情绪和不信任感；8）导致货币囤积，即流通滞后；9）名义利率降低，实际利率提高。

但是这九个步骤并不是完全按照时间顺序排列，不同的因素之间会产生相互影响并同时发挥作用，但是只有过度负债和价格下跌并存才是造成特别破坏性衰退的真正原因。如果仅存在两个主要因素之一，即被动的清算进行偿债或者物价水平降低两个因素只存在一个时，与两个因素共存的情况相比，产出（或价格）的下降幅度相对较小。两种因素共同存在的破坏力在于它们彼此之间的强化作用，最终导致"债务人付出的越多，他们所欠的就越多"。即更多的债务人试图还清他们的债务，这将迫使价格下跌，并可能导致整体价格水平下降，但价格下降是有条件的。

正如费雪认为，债务通过货币与经济中的个人联系并相互联系，正是这种不确定性状态可能迫使债权人要求其借款人贷款，然后，"多米诺效应"开始出现。如果很大一部分公众试图出售其资产以偿还到期债务，则出售资产的价格可能会大幅下跌。这种"苦恼出售"，或在今天也称为"大卖"，是上述动态过程发生的前提。而实际支出对价格变化的敏感性对名义债务程度的这种依赖关系是大萧条债务通缩理论的关键。

过度负债与通货紧缩间是相互作用的，在没有完全预期名义利率水平时，通货紧缩将对债务比率产生负面影响。这种影响是通过初始债务存量以及实际利率和基本余额的综合影响来实现的。首先，对于任何给定的债务存量和实际增长率，通货紧缩会降低名义 GDP。其次，在通货紧缩环境下，基本平衡可能会意外恶化，从而导致债务负担进一步增加。最后，对于任何给定的名义利率和实际增长率，通货紧缩都会提高利息的实际价值。如果利率保持不变或预计不会出现通缩，名义利率将不会立即调整以吸收冲击。一般来说，利息支付主要基于合同利率，而合同利率大部分是固定的，短期内不会适应国内价格。该渠道的影响取决于主权债务的期限结构和货币面额，以及价格指数债券在总债务中的份额。到 1933 年 3 月，美国实际债务，即以商品计算的债务，增加了约 40%，这一数据证实了费雪的理论。

二、市场择时理论

斯坦因（Stein，1996）率先提出市场择时假说。贝克尔和伍格勒（Baker & Wurgler，2002）在《市场择时与资本结构》中提出了市场择时理论。他们指出，股票市场时机指的是以高价发行股票和以低价回购的做法，其目的是利用股权成本相对于其他形式资本成本的暂时波动（况学文和彭迪云，2008）。以杠杆率作为因变量，公司过去的市净率的加权平均值作为自变量（以市净率来衡量管理人员认为的市场时机），回归发现杠杆与这一自变量负相关。过去市场估值可持续地影响资本结构，这种资本结构至少持续了十年。

MM 理论，权衡理论与优序融资理论在选择公司最佳资本结构时均基于有效市场假设。它们假设市场上的股票价格可以充分反映各种有效信息，股票的价格可以反映股票内在价值。而市场择时理论放弃了市场完全有效假设，认为市场上投资者不能根据信息作出理性选择，因此股票市场价值不代表其内在价值，企业股票价格会被高或低估，企业管理者在此基础上根据市场时机进行融资选择。即当市场价格高于股票内在价值时，发行股票进行融资，在市场价格低于内在价值时进行股票回购等融资方式。不同于以上三种理论，市场择时理论否定最优资本结构的存在。该理论认为，历史市场价值会作用于当下的资本结构，因此可以说资本结构是过去为股票市场择时不断累积的结果。

三、代理成本理论

詹森和麦克林（1976）在《公司理论：管理行为、代理成本和所有权结构》中利用产权理论、代理理论和金融理论的最新进展发展了公司所有权结构理论。在委托代理关系存在的背景下，企业选择最优资本结构的目标是使得代理成本最小，代理成本包括股东（委托人）与管理者之间的成本和股东与债权人之间的成本。由于债务和股权代理成本的存在使得公司现金流的概率分布受到其所有权结构的影响。债务与股权代理成本分别随各自在企业资本中的占比而增加。因此，债务和股权的最佳组合能够最小化代理成本，实现最佳资本结构。

股东与管理者之间的成本称为股权代理成本，企业管理者不会总是以股东的最大利益行事。在上市公司中，股东将决策权委派给职业经理人即企业管理者，同时承担决策的财富效应。股东和经理有不同的担忧，股东担心他们企业的财务回报，经理们担心其人力资本的回报，即关于职业安全，工作流动性和终生薪酬的"职业问题"。如果管理者对自身职业生涯的关注与股东的财务回报间存在脱节，将面临委托代理问题，因为管理者倾向于牺牲股东利益来增强其未来职业生涯的方式来制定公司战略。管理者对人力资本收益的关注与股东对财务收益的关注之间存在根本的不一致，之所以出现这种脱节，是因为存在信息不对称和有限理性的情况。劳动力市场在解决逆向选择（难以识别管理能力）和道德风险（经理可能采取难以识别的隐藏有害行为）的能力方面很弱。经理们知道，他们在选择项目和项目成功时所采取的行动向市场发出了有关其能力的信息，这些信号可能会严重影响其职业前景。因此，经理通过冒险活动影响这些信号，从而以牺牲财务回报为代价来提高自己的职业生涯回报。

股东为了自身利益会对代理人进行一定的激励，另外还可能会付出监控成本避免代理人的异常活动。大多数代理关系都会产生积极的监控和担保成本。委托人实现利益最大化的决策会破坏代理人利益。因为委托人与代理人间的分歧导致的福利损失也是代理关系的成本，我们将代理成本叫作"剩余损失"。故将股权代理成本定义为：（1）委托人监控成本；（2）代理人的担保支出；（3）剩余损失。

债权人和股东之间的成本称为债务代理成本。债权人与企业签订的债务债权合同对债权人保护有限，在企业发生破产清算无法按时足额偿还所欠债务时债权人受到损失。股东通常为追求更高的利润会选择风险项目进行投资，对应产生更高的风险。投资项目成功获得的利润不会被分配给债权人，债权人最多只能得到合同规定本息和，而股东可以从此项目中收益。投资项目失败导致企业无法按时偿还债务，债权人承担了企业风险损失。债权人为保障自身利益会要求在合同中加入限制性条款以限制股东或管理者的不当行为。这些限制性条款可能会造成机会成本的损失。

在企业融资决策中，提高债务比例可以降低股权融资成本，而提高股权融资比例也可以降低债务融资成本，股权和债务融资成本此消彼长。而代理成本由两者共同构成，需要权衡两种融资方式的比例，以实现企业总代理成本的最小化。

四、权衡理论

权衡理论是指企业权衡债务融资带来的利益和成本决定企业债务融资与权益融资的比例。债务融资的优势有：1）公司所得税计算的基数是扣除企业债务利息后的金额，因此债务可以带来节税效应，节税金额为债务利息总额与公司所得税率乘积；2）企业债务减少企业自由现金流，从而抑制管理者将企业资金投资于高风险低收益的项目。另外，债权人可以监督管理者提高其工作效率减少损害企业利益行为的发生，降低企业股权融资代理成本。

债务融资同时也会带来成本：1）过高的债务提高企业经营风险，增加破产可能性，增加陷入财务困境的成本，该成本包含由破产引起的直接成本以及破产可能对企业经营效率损害带来的间接损失。直接成本指企业清算过程产生的律师费用、协商费用等以及企业破产造成的资产清算损失。间接成本指在企业破产之前为了防止破产发生而进行的一系列紧急非理性行为带来的损失，如管理者降低产品价格出售以缓解资金紧张状况带来的利润损失；2）代理成本。债权人为保障自身利益会要求在合同中加入限制性条款以限制股东或管理者的不当行为（陆海蓉，2019），这些限制性条款可能会造成企业经营效率损失，形成代理成本。

此时考虑债务带来的利益和损失负债企业的企业价值由无负债企业价值转变而来：$V_L = V_U + T_cB - PV(FDC) - PV(AC)$，其中 V_L、V_U 分别代表负债和无负债企业价值，T_cB 为债务节税效应，$PV(FDC)$、$PV(AC)$ 分别表示负债带来的财务困境成本、代理成本现值。

因此和无负债时的企业价值相比，应该权衡负债节税和成本两部分孰高孰低。当负债水平较低时，税盾效应大于成本增加，此时提高负债比例可以提升企业价值。当负债比例到达一定水平，成本增加大于节税，此时再继续增加债务比例会降低企业价值。

当企业债务水平处于低位时，财务困境成本和代理成本之和较少，税盾效应更为显著。随着企业债务水平增加，企业价值不断增加但增速减缓。当债务水平到达某一节点，负债成本大于节税利益，此时企业价值随债务比例增加开始减小。在最优点时，两项成本增加值现值和节税利益现值增加值持平，资本成本为最优。

另外，不同企业和行业债务增加可能造成的财务困境损失有所差异。首先，国有企业、大中型企业一般信誉良好且容易获得资金供给方信任因此发生违约或破产的可能性较低，由此带来的成本也较少。其次，拥有固定资产较多的行业如房地产企业其资产变现能力较强因此破产造成的清算损失较少。

五、信息不对称理论

信息不对称理论最初由阿罗（1963）在《社会选择和个人价值观》中提出，他认为这是经济社会常见的现象。信息不对称理论解释了经济市场在不进行干预，自有调节过程中出现市场失灵问题的原因，当市场由于经济不对称出现失灵时就需要政府的积极干预。根据交易是否发生，信息不对称会导致逆向选择和道德风险。交易的卖方一般了解更多信息因此可以在交易前作出使自己获得更多收益的行为，被称为逆向选择。例如在二手车交易市场中，买房愿意以平均价格购买汽车，则汽车价值高于平均价格的卖家选择退出市场，此时交易市场中充斥大量价值低于平均水平的劣质汽车，类似的劳动力市场也会出现此现象。道德风险存在于交易完成之后，道德风险的发生会导致委托代理问题等。

经济学家乔治·阿克尔洛夫（1970）在论文《次品问题》，斯宾塞在《劳动市场的信号》及约瑟夫·斯蒂格利茨在《竞争性保险市场的均衡：论不完全经济学》中分别从商品、劳动力和保险三个不同的市场研究了信息不对称带来的影响。

信息的充分有利于经济系统的资源配置，信息和劳动力、资本、土地一样应该被视为一种生产要素。因此，具有信息优势的一方就可以获得超过交易商品价值的收益。

六、债务期限结构理论

斯蒂格利茨（Stiglitz，1974）在其论文 *On the irrelevance of corporate financial policy* 中提出公司债务期限结构不影响公司价值的观点。模型为这一结论的得出创造了理想的环境，即假设不存在交易成本、税收扭曲和其他摩擦等。后来许多学者放松了上述模型严格的假设条件认为债务的存在可以发挥节税效应并产生交易成本和其他浮动费用等，因此诸多因素都影响着企业最优债务期限结构的安排。

债务期限结构的权衡理论认为浮动成本需要较长期限债务节税效应抵消，因此，浮动成本与债务期限同向变化，而实际税率、资产风险、财务灵活性、公司价值波动性都与债务期限负相关；债务期限的代理成本理论认为债务期限随着企业成长机会的增加、自由现金流的增加为减小；在税收存在的情况下，实际税率、利率期限和利率波动性都和债务期限正相关；考虑公司融资决策的信号传递效应发现，公司质量越高偿债能力越强，也更善于发行短期债务（涂瑞，2014）；债务期限结构的流动性风险假说认为杠杆和公司价值波动性和债务期限正相关。

七、MM 理论

MM 理论是莫迪利阿尼和米勒（Modigliani & Miller，1958）率先提出的。MM 理论的基本模型有许多严苛的假设条件。首先，该理论认为只有存在税收时，企业价值与资本结构才相关。命题1：每一个企业的价值均由息税前利润（EBIT）根据风险等级所对应的贴现率贴现来决定，负债企业的价值与无负债企业的价值相同，即企业的价值与资本结构无关；命题2：有负债的公司权益成本与无负债公司的权益成本加上风险溢价相等。

风险溢价的高低由负债率高低判定（刘凌波，2011）。

其次，放松税收为零的假设，假设存在公司所得税的 MM 理论存在下列结论。命题 1：负债公司的价值是风险无负债公司的价值与负债产生的节税利益之和；命题 2：负债公司的权益资本成本为具有同样风险等级的无负债公司的权益资本成本与一定的风险补偿的和。

米勒模型是 1977 年米勒通过放松公司与个人所得税不存在假设而建立的，该模型认为个人所得税能够实现抵消负债节税的作用。

斯蒂格利茨（1969）和鲁宾斯坦（1973）将风险债务纳入他们的模型，并证明资本结构不影响公司价值。也就是说，他们证实了莫迪利阿尼和米勒（1958）的基本定理，即在完全和完美的资本市场中，企业经营现金流的分割方式不影响企业的价值。而且企业价值也不受资本结构中的债务与权益比例的影响，即企业生产性投资提供的现金流的总价值。因此，在没有向受托人和律师事务所等第三方支付破产成本的情况下，风险债务或无风险债务无差异。公司的价值是通过贴现公司投资的预期现金流获得的。这些现金流被分割成风险债务和风险权益的方式对公司价值没有影响。

八、委托代理理论

委托代理关系是指代理人按照委托要求，为实现委托人利益而从事的系列活动。目前在一个现代化的企业中，主要存在两种类型的委托代理关系：第一种类型是企业股东与企业经营者之间存在的委托代理关系，第二种类型为企业的股东及债权人间的委托代理关系。在此二种种委托代理关系中，三个主体所想要达成的目标是各不相同的，其中债权人想要的目标是企业不出现债务违约，如期得到固定的利息和本金，企业的管理者想要的目标是拥有高薪的工作，拥有豪华的办公室等等，而股东想要的目标则是企业实现更多的利润，达到企业价值的最大化。这样一来，因为委托人和代理人的目标有所不同，所以两者在相同的事务上很容易出现不同的看法，产生冲突，这时代理人很可能就会为了维护自己的私利而做出不利于委托人利益的行为。另外，代理人能在委托人毫不知情的情况下利用委托人的资产来增加自己的收入，减少委托人的收益，于是就有了委托代理问题。

委托代理理论能够有效地解释制造业企业的金融化行为和制造业企业金融化对债务风险的影响。首先，从股东与企业经营管理者之间的代理问题来看，由于当前宏观经济下行压力比较大，制造业企业整体生产经营的利润比较低，仅仅依靠主营业务的经营很难创造更高的利润，令企业的所有者满意，所以企业管理者面对金融业与房地产业高额利润的引诱，就将大量的资金投入其中来获取收益。另外，制造业企业的金融化现象可能存在着"轻罚重赏"的现象，如果金融投资获得成功，收益越高，企业的经营管理者获得的薪酬就越高，但是如果投资出现失败，这种金融资产配置行为可能将失败归咎于市场风险等一些外部的因素，进而能够尽可能地减少对管理者自身所造成的不利影响，这样一来就促使管理者加大金融资产的配置，追求短期收益，而忽视了对企业发展有利的生产经营投资，于是在削弱企业经营利润的同时加大了企业收益的不确定性，进而加大了制造业企业的债务风险。其次，从股东与债权人之间存在的代理问题来看，制造业企业在获得融资后进行投资时，通过分析风险收益状况，发掘从事高风险高收益的金融投资业务可能对自己更有利，然而作为委托人的债权人可能无法得知制造业企业的这种行为，最终这种高风险的行为增加了债权人损失的可能性，加大了制造业企业的债务风险。另外，相对于制造业企业的固定资产来说，金融资产的流动性比较强，制造业企业对于金融资产的配置和持有享有很大的自由决定权，所以这样就能够利用金融资产作为获取私有收益的工具，可能会损害债权人的利益，加大企业的债务风险。

第二节　主要测度方法

一、基于会计信息的传统模型

比弗（Beaver，1966）、阿尔特曼（Altman，1968）、奥尔森（Ohlson，1980）和兹米杰夫斯基（Zmijewski，1984）使用会计变量来估计静态模型中违约风险的可能性。基于会计数据的违约预测模型从可公开获得的账户中过滤相关信息，以评估违约风险。从某种意义上说，传统会计模型是使用已发布的财务报表进行的结构化基础分析，并且通常通过财务比率形成线性组合，该线性组合可以通过判别模型或对数模型最佳地区分未违约和违约公司的（匹配）样本。比弗（1966）采用单变量比率分析，而阿尔特曼（1968）和奥尔森（1980）使用多变量比率分析。

（一）Z评分模型

阿尔特曼（1968）在考虑了22个变量的各种组合后选择了具有最高预测能力的五个变量，最终模型如下：

$$Z = 0.012W_1 + 0.014W_2 + 0.033W_3 + 0.006W_4 + 0.00999W_5 \quad (2.1)$$

其中，W_1 指营运资金/总资产，在公司问题研究中经常发现的周转资本/总资产比率是衡量公司净流动资产相对于总资本的比率；W_2 指留存收益/总资产，这种随着时间的推移累积获利能力的度量方法较早被称为"新"比率之一。在这个比例中隐含考虑了公司的年龄；W_3 指息税前利润/总资产，该比率是通过将公司的总资产除以未扣除利息和税项的收益来计算的；W_4 指权益市场价值/总债务账面价值，股本通过优先股和普通股所有股票的总市值来衡量，而债务包括当期和长期；W_5 指销售/总资产，资本周转率是说明公司资产产生销售能力的标准财务比率。

（二）O 评分模型

奥尔森（1980）模型由九个基于会计的变量组成。奥尔森立足于本人研究的目的，没有新增任何新的比率，认为在不同预测变量之间进行选择的标准是简洁性。$SIZE = \log$（总资产/GNP 价格水平指数）。该指数以 1968 年的底值为 100。总资产以美元报告。索引年是截至资产负债表日的前一年；$TLTA =$ 总负债除以总资产；$WCTA$ 营运资金除以总资产；$CLCA$ 流动负债除以流动资产；$OENEG =$ 如果总负债超过总资产，则为 1，否则为 0；$NITA$ 为净收入除以总资产；$FUTL =$ 运营提供的资金除以总负债；$INTWO =$ 若近两年的净收入为负值则为 1，否则为零；$CHIN = (NI_t - NI_{t-1})/(|NI_t| + |NI_{t-1}|)$，其中 NI_t 是最近一段时间的净收入。

使用原始系数将 Z 分数和 O 分数计算为拟合值。通过这种方式进行计算，基于会计的评分不代表破产概率，但是可以使用逻辑变换转化为概率。奥尔森（1980）在其研究中建立了破产概率模型，由违约与非违约的二元样本空间所反映的任何特定结果的可能性的对数为：

$$l(\beta) = \sum_{i \in S_1} \log P(X_i, \beta) + \sum_{i \in S_2} \log(1 - P(X_i, \beta)) \quad (2.2)$$

其中，X_i 代表第 i 个观测值预测的向量；β 代表未知参数的向量；$P(X_i, \beta)$ 代表对于任意给定的 X_i，β 违约的概率；S_1 代表违约公司；S_2 代表非违约公司。

对于任何指定的函数 P，通过求解得到 β_1，β_2，…的最大似然估计 $\max_{\beta} l(\beta)$。

逻辑函数为：$P = 1 + \exp(-y_i)^{-1}$，这里，$y_i = \sum_j \beta_j X_{ij} = \beta' X_i$。

基于会计的违约衡量标准存在两个主要问题。财务报表本质上是向后看的；它们报告了公司过去一年的财务状况和业绩。它们也是基于持续经营的原则而准备的，也就是说，企业很可能不违约。这两个特征与违约风险的前瞻性度量不一致。此外，没有理论将公司的会计比率与违约联系起来。因此，只能就为什么可以使用一组会计比率来预测违约产生一个直观的论据。

（三）Z值法

罗伊（Roy，1952）将各银行的Z值作为衡量违约风险的指标，其计算方式为：（资产收益率 + 资本资产比率）/资产收益率的标准差。所有数据均来自财务会计数据。直观地，该度量表示标准偏差的数量，该标准偏差的数量低于为了减少股本资本而必须减少利润的平均值（Boyd et al.，2006）。

Z值可以用来表征银行与破产之间的距离。破产是指亏损超过权益（$E < -\nabla$）的状态（其中 E 是权益，∇ 是利润）。破产风险被定义为损失（负收益）超过权益的概率。因此，银行违约定义为 $-ROA < CAR$。根据尼可罗（Nicolo，2000）、拉文和莱文（Laeven & Levine，2009）的形式：

$$P(\nabla \leq -E) = P(r \leq -K) = \int_{-\infty}^{K} F(r) dr \qquad (2.3)$$

按照罗伊（1952）的方法，如果 μ 和 σ^2 均存在，根据切比雪夫不等式有：

$$P(r \leq -K) \leq \frac{\sigma^2}{(\mu + K^2)} = \frac{1}{Z^2} \qquad (2.4)$$

这里，$Z \equiv \dfrac{\mu + \dfrac{E}{A}}{\sigma}$。

其中，$ROA \left(= \dfrac{\nabla}{A}\right)$ 是资产收益率；$CAR \left(= \dfrac{E}{A}\right)$ 代表资本资产比率；$\sigma(ROA)$ 表示 ROA 的标准差。

因此，较高的Z值对应较低的破产风险上限。Z值越高表示银行越稳定。由于Z值高度偏斜，因此通常情况下使用Z值的自然对数，该对数是正态分布的。

在银行收益正常化的假设下，Z银行违约可能性的估计值，因为，

$$P(r \leq -K) = \int_{-\infty}^{-Z} N(0, 1) dr \qquad (2.5)$$

二、基于或有债权的模型

（一）Merton 模型

默顿（Merton，1974）模型主张，公司的股权价值可被看作是对公司

资产的欧式看涨期权。原因是，股东是公司资产的剩余索偿人，并且其责任受到限制。因此，股东获益和看涨期权收益等同。企业负债决定了期权执行价格，所以如果公司资产的价值低于到期债务的水平，那么企业股权价值为零，并面临违约。

在模型中，股东对公司资产持有欧式看涨期权。公司的债务在期权期限内是固定的，所有债务都应在期权到期时到期。如果资产的市场价值大于到期时的负债水平，则股东可以对公司的资产行使选择权，并且公司将继续存在。另一方面，如果资产市场价值小于到期债务，则股东不行权，且公司违约。

如下所示，看涨期权的布莱克 – 斯特尔斯（Black – Scholes，1973）公式给出了股票的市场价值 V_E。

$$V_E = V_A N(d_1) - Xe^{-rT}N(d_1 - \sigma_A \sqrt{T}) \tag{2.6}$$

这里，
$$d_1 = \frac{\ln(V_A/X) + \left(r + \frac{1}{2\sigma^2}\right)/T}{\sigma_A \sqrt{T}}$$

其中，V_A 指资产的市场价值；X 指在时间 T 到期的负债的账面价值；r 指无风险利率；σ_A 指资产 V_A 的标准差；N 是标准正态分布的累积密度函数；T 为到期时间，这里固定为 1 年。

根据默顿模型，在任何时间 T 的资产价值（V_A）为：

$$\ln V_{A,T} \sim N(\ln V_{A,0} + (\mu - 1/2\sigma_A^2)T, \ \sigma_A^2 T) \tag{2.7}$$

这里，
$$\mu = \ln(V_{A,t} - V_{A,t-1})$$

违约概率 $V_A(T) < X$ 的概率由下式给出：

$$DP = 1 - N\left(\frac{\ln(V_A/X) + (\mu - 1/2\sigma_A^2)T}{\sigma_A \sqrt{T}}\right) \tag{2.8}$$

（二）障碍选择模型

将股权建模为欧洲看涨期权的含意之一是，违约只能发生在期权到期时。这就意味着，企业只有在偿还债务时才能违约，这显然与现实不符。债务契约的存在意味着违约随时可能发生，这是将股权建模为障碍期权的主要论据之一。

布罗克曼和特托（Brockman & Turtle，2003）认为，应该使用路径依赖的期权而不是路径独立的期权（例如标准看涨期权）来对股票进行建模并为推断公司违约风险。默顿模型是与路径无关的，因为只有当资产价值在到期时跌至负债以下时才会发生违约。实际上，到期之前资产市值所遵循的路径是企业违约风险的重要决定因素，因此，障碍期权比股票的标准期权更适合建模。股票期权的相关障碍期权是公司资产的跌价买入期权，又称 DOC（down-and-out call）。对于 DOC，如果资产价值在到期时跌至负债以下，或者资产值在到期前跌至指定水平（称为障碍）以下，则权益值为零。

为了使适用于股票的 DOC 期权具有价值，该壁垒必须低于资产的初始市场价值 V_A。如果 V_A 跌落到障碍（B）以下，则股权毫无价值，期权到期，并且该公司违约。但是，障碍水平可以设置为等于，高于或低于期权的行使价 X。DOC 期权有两个估值公式，一个为 $B < X$ 估值公式，另一个为 $B \geq X$ 估值公式。这两个公式如下所示。

$$V_e = V_A N(d_1) - Xe^{-rT} N(d_1 - \sigma_A \sqrt{T}) - VA \left(\frac{B}{V}\right)^{(2r/\sigma^2)+1} N(d_1^{\beta})$$
$$+ X_e^{-rT} \left(\frac{B}{V}\right)^{(2r/\sigma^2)-1} N(d_1^B - \sigma_A \sqrt{T}) \qquad (2.9)$$

这里，当 $B < X$，$d_1 = \dfrac{\ln(V_A/X) + (r + 1/2\sigma_A^2)T}{\sigma_A}$ 且

$$d_1^B = \frac{\ln(B^2/V_A X) + (r + 1/2\sigma_A^2)T}{\sigma_A \sqrt{T}};$$

当 $B \geq X$，$d_1 = \dfrac{\ln(V_A/B) + (r + 1/2\sigma_A^2)T}{\sigma_A \sqrt{T}}$ 且

$$d_1^B = \frac{\ln(B/V_A) + (r + 1/2\sigma_A^2)T}{\sigma_A \sqrt{T}}。$$

由于有两个 DOC 期权的估值公式，因此还必须有两个公式来计算企业违约概率，一个用于 $B < X$ 时的公式，一个用于 $B \geq X$ 时的公式。当 $B < X$ 时的 DP 公式为：

$$DP = 1 - N\left(\frac{\ln(V_A/X) + (\mu - 1/2\sigma_A^2)T}{\sigma_A \sqrt{T}}\right)$$
$$+ \left(\frac{B}{V_A}\right)^{\frac{2\mu}{\sigma_A^2}-1} N\left(\frac{\ln(B^2/V_A X) + (\mu - 1/2\sigma_A^2)T}{\sigma_A \sqrt{T}}\right)$$

此方程式的第一项与标准期权的违约概率相同，表示到期时 V_A 小于 X 的概率。第二项是障碍捕获的违约风险的附加组成部分，表示 V_A 在到期前跌至 B 以下的可能性。相反，当 $B \geq X$ 时，违约概率公式为：

$$DP = 1 - N\left(\frac{\ln(V_A/B) + (\mu - 1/2\sigma_A^2)T}{\sigma_A \sqrt{T}}\right)$$
$$+ \left(\frac{B}{V_A}\right)^{\frac{2\mu}{\sigma_A^2}-1} N\left(\frac{\ln(B/V_A) + (\mu - 1/2\sigma_A^2)T}{\sigma_A \sqrt{T}}\right)$$

对于 $B \geqslant X$, 如果公司违约, 则必须在到期前达到障碍。因此, 以上公式给出了公司在到期之前达到壁垒的可能性。

(三) KMV 方法

默顿 (1974) 的 KMV 模型指出当企业价值比应还款价值小时, 企业会选择不进行还款, 即违约行为发生。其对违约风险的具体计算步骤为: 首先企业资产价值和股价波动率。

$$E = V \times N(d_1) - e^{-rt} \times D \times N(d_2) \qquad (2.10)$$

其中, E 为股权市场价值, D 为负债的账面价值包括短期负债和长期负债, V 为资产的市场价值, t 为债务期限 (这里取 $t = 1$), r 为无风险利率我国通常采用一年期的定期存款利率来计算, N 为正态分布累积概率函数。

其中, $$d_1 = \frac{\ln\left(\dfrac{V}{D}\right) + \left(r + \dfrac{\sigma_A^2}{2}\right)^t}{\sigma_A \sqrt{t}}, \quad d_2 = d_1 - \sigma_A \sqrt{t} \qquad (2.11)$$

公式 (2.11) 中, σ_A 代表股价波动率。

对上式两边求导得: $$\sigma_E = \left(\frac{V}{E}\right) \times N(d_1) \times \sigma_A \qquad (2.12)$$

联立方程可求出 V_A 和 σ_A。

然后, 计算违约距离 DD:

令违约点 $DP = 0.5$ (流动负债 + 长期负债) $\qquad (2.13)$

企业资产价值越靠近违约点, 企业发生违约的可能性越大, 违约距离 DD 为:

$$DD = \frac{V_A - DP}{V_A \times \sigma_A} \qquad (2.14)$$

设资产价值满足正态分布, 计算违约概率 EDF:

$$EDF = N\left[\frac{DP - V_A}{V_A \times \sigma_A}\right] = N(-DD) \qquad (2.15)$$

三、风险模型

基于会计和或有债权的违约预测框架中的相互竞争的论点 (Sloan, 1996; Pope, 2010), 在文献中提出了一种趋势, 该趋势主张将两种信息源结合起来。舒姆威 (Shumway, 2001) 指出, 因为静态模型没有考虑到企业在违约前的几个时期可能会有不利的指标, 所以在静态环境中估计违约风险的可能性会导致偏差, 并高估预测变量。

风险模型综合会计及市场数据对企业违约风险进行评估。舒姆威

（2001）认为，可以使用估计 logit 模型来估计离散时间风险模型，将股票市场变量添加到早期文献中使用的一组规模化会计指标中。离散风险模型使用时变变量来估计公司在每个时间点的违约风险。显然，企业在 $t+1$ 违约的概率取决于生存到 t 的时间。被解释变量为二元形式，即 $t+1$ 时不违约或违约。按照舒姆威（2001）和卡普贝尔等（Campbell et al.，2008）的估计方法，现在使用 logit 模型估计下一时期违约的可能性，在时间 t 的离散违约概率为：

$$P_{i,t}(X_{i,t}=1) = 1/[1 + \exp(-a_t - bZ_{i,t})] \qquad (2.16)$$

其中，$P_{i,t}$ 是公司 i 在时间 t 违约的可能性，如果公司在 $t+1$ 违约，则 $X_{i,t+1}=1$（如果不是，则为 0），$Z_{i,t}$ 是解释变量在时间 t 时的向量，其系数由 b 给出。从上述模型可以看出，$-a - bZ_{i,t}$ 值越高，企业违约的可能性越大。对于被解释变量的选择需视具体研究目的而确定。

风险模型通过显式计算时间来解决静态模型的问题。风险模型中的因变量是健康企业中公司所花费的时间。当公司出于违约以外的其他原因（例如合并）离开健康公司时，它们将不再被观察到。静态模型只是考虑了这类公司的健康状况。在风险模型中，公司的违约风险会随着时间而变化，其健康状况取决于其最新财务数据和年龄的函数。静态模型分配给公司的违约概率不会随时间变化。

四、均值—方差法

马科维茨（Markowitz，1852）提出投资组合选择模型。主要研究如何在各种条件下进行风险投资之间的权衡取舍。均方差模型的原理是将投资组合的预期收益用作投资收益，将方差用作投资风险。根据均值方差模型，在该模型中使用协方差表明对资产相关性对确定投资组合风险非常重要。给定风险水平，或通过最小化给定特定回报水平的投资组合方差来得出最小风险。

均值方差模型将单个证券的表现视为随机变量。投资组合的收益量化为平均值，风险量化为方差。按照夏（Xia，2002）和阿德考克（Adcock，2002）的方法，均值方差模型的标准公式如下：

$$\min_{w}\{\mu w^T V w - (1-\mu)\bar{r}^T w\} \qquad (2.17)$$

约束条件 $\sum_{i=1}^{n} w_i = 1$，$w_i \geqslant 0$，$i = 1, 2, \cdots, n$

这里，$w = [w_1 \quad w_2 \quad \cdots \quad w_n]^T$，$\bar{r} = [\bar{r}_1 \quad \bar{r}_2 \quad \cdots \quad \bar{r}_n]^T$，$r = [r_1 \quad r_2 \quad \cdots \quad r_n]^T$，$\bar{r} = E\{r\}$，$V = E\{(r - \bar{r})(r - \bar{r})^T\}$。

其中，n 指风险证券数量；w_i 指投资组合权重，即投资于证券 i 的资产比例；$\bar{r}$ 指预期的无风险回报；r 指证券的实际收益率；V 指证券预期收益率的方差；μ 指投资者的风险规避因素，且满足 $0 \leqslant \mu \leqslant 1$。

在该最优化问题中，$\bar{r}^T w$ 预期投资组合收益率，$w^T V w$ 是投资组合风险。解决二次型优化问题可以得出最优的投资组合选择，这可以使投资组合收益最大化，并使投资组合风险最小化。

自从比弗（Beaver，1966）的开创性工作以来，提出了各种各样的信用风险措施，并被从业者和学者广泛使用。最经典的模型，例如阿尔特曼（Altman，1968）的 Z 评分或奥尔森（Ohlson，1980）的 O 评分，都是基于会计数据。其他人则使用企业债务工具的利差，传统上的债券利差以及最近的信用违约掉期（CDS）利差（因为该方法比较直接简单，文章这里没有做出详细列举）。另一种选择是基于公司股权价格的一组度量，例如所谓的 Black Scholes – Merton（BSM）度量或穆迪的 KMV 模型。最后还包括评级机构提供的企业信用价值的评估。

本研究在度量违约风险时，首先选择了基于或有债权的 KMV 方法。因为在预测信用风险时，基于或有债权的模型要优于基于会计信息的模型。以前的大多数研究都表明，BSM 或类似机构提供的基于市场的措施在一年的时间范围内是更好的默认预测指标。基尔霍弗（Kealhofer，2003）将基于市场的 KMV 模型与信用评级进行了比较，结果表明，在预测和衡量违约风险方面，KMV 模型优于信用评级。希勒吉斯特等（Hillegeist et al.，2004）将 BSM 概率与阿尔特曼的 Z 评分和奥尔森的 O 评分进行了比较。他们的结果表明，BSM 概率比基于会计的任何度量都包含更多有关破产可能性的信息，并建议将其作为有力手段代理破产概率。为了寻找表现最佳的方法，哈格霍里等（Gharghori et al.，2002，2006）比较了 BSM 模型，具有权益的 BSM 模型（作为基于路径的障碍期权而不是标准看涨期权）和类似于 Z 评分的会计比率模型。他们的分析结果表明，以期权为基础的模型在衡量违约风险方面明显优于会计比率模型，并且两种基于期权的模型的表现都非常相似，因此作者建议更简单的 BSM 模型。同时，希尔施和威尔逊（Hilscher & Wilson，2017）将公司信用评级中的信息与坎贝尔等（Campbell et al.，2008）设计的违约预测模型提供的信息进行了比较。其依据是公开可用的会计和基于市场的指标。他们发现，评级是企业失败的相对较差的预测指标。所有这些学者都得出类似的结论：基于股票市场的 BSM 方法可以更好地预测一年期的违约。

再次，为了使本研究的研究结果更可靠稳健，本研究还有使用 Z 评分模型度量公司的违约风险。虽然基于市场价格的违约风险模型优于主要依赖历史会计信息的评分模型，但是 Z 评分模型在检验模型的稳健性上发挥了重要的作用。所以，本书也使用了 Z 评分模型来度量违约风险。

第三章　上市公司债务违约风险
形成的背景分析

本章的结构安排如下：首先，从宏观经济环境背景对公司债务违约形成的相关因素进行分析，主要结合国际经济环境和国内经济环境背景展开；其次，从公司融资环境、企业破产机制、信用评级制度等相关制度背景层面，分析公司债务违约形成的相关因素；再次，从公司治理改革、管理者过度自信、股权质押融资等公司管理层面分析公司债务违约形成的相关因素；最后，以一个发生债务违约公司为个案，对该公司的业务情况、业绩以及风险进行分析。

第一节　宏观经济环境背景分析

一、国际经济环境

（一）次贷危机的影响

2008 年美国次贷危机在短时间内演变为波及全球范围的国际金融危机，全球金融体系和各国实体经济部门都受到沉重打击。从贸易角度看，在次贷危机过后，美日欧等经济体在 2008 年 9 月后都出现衰退迹象，失业率上升，国内居民可支配收入持下降态势，居民消费能力也随之降低；次贷危机对美国普通居民提前消费的观念造成了较大影响，而银行的信用规模急剧收缩以及消费者对未来经济形势的悲观预期使居民减少了现期消费，这导致了欧美日等国家进口需求的大幅下降，对于严重依赖欧美市场的出口贸易公司产生了极大的负面影响，产品滞销，资金无法周转回流，债务风险大大增加（颜海明和戴国强，2015）。

从金融角度看，次贷危机爆发后，一方面，国际金融形势的持续恶化改变了国内投资者的投资预期，银行等金融机构也开始防范违约风险，其在对外贷款时变得更谨慎了，企业在获得融资方面的难度加大；另一方面，企业的有形资产（如固定资产）可以抵押给银行，从而获得贷款。但是恶劣的经济环境，企业有形资产的市场价值不断降低。因此，企业融资难度提高。融资难度加大后，企业难以获得资金进行再生产，导致资金链紧张甚至断裂，偿还债务更加困难（颜海明和戴国强，2015）。

从表 3 - 1、图 3 - 1 中知，2009 年相比较降为负值，可见次贷危机对那些以出口贸易为主的企业影响巨大。下面以中成进出口股份有限公司为例，表 3 - 2 和表 3 - 3 分别是其资产负债情况和偿债能力指标。

表 3 - 1	2007 ~ 2017 年我国进出口总额	单位：亿美元
截止日期	进口总额 - 累计值	出口总额 - 累计值
2007/12/31	9 558. 19	12 180. 15
2008/12/31	11 330. 86	14 285. 46
2009/12/31	10 055. 55	12 016. 63
2010/12/31	13 948. 29	15 779. 32
2011/12/31	17 434. 58	18 986. 00
2012/12/31	18 178. 26	20 489. 35
2013/12/31	19 499. 89	22 090. 04
2014/12/31	19 592. 35	23 422. 93
2015/12/31	16 795. 65	22 734. 68
2016/12/31	15 879. 26	20 976. 31
2017/12/31	18 437. 93	22 633. 49

资料来源：国泰安数据库。

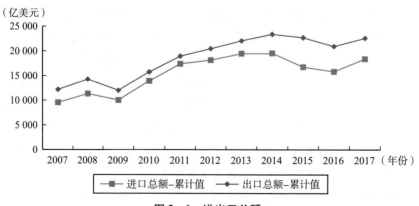

图 3 - 1　进出口总额

中成进出口股份有限公司以进出口业务为主，从表3-2、图3-2中可以看出，经过2008年次贷危机，企业2008年底的流动负债大幅度增加，而长期负债减少，从表3-3来看，2008年相对于2007年短期偿债能力指标中的流动比率和速动比率均有所下降，它们反映了企业用可在短期内转变为现金的流动资产偿还到期流动负债的能力。

表3-2　　　中成进出口股份有限公司2007～2018年资产负债额　　　单位：万元

证券代码	会计期间	资产总计	流动负债合计	长期负债合计
000151	2007/12/31	105 024.24	15 385.45	543.73
000151	2008/12/31	115 549.63	25 291.58	512.42
000151	2009/12/31	111 912.26	21 630.83	512.73
000151	2010/12/31	104 305.63	15 220.07	502.43
000151	2011/12/31	112 280.65	23 084.64	485.79
000151	2013/12/31	248 991.19	150 601.65	455.50
000151	2014/12/31	291 963.84	191 245.69	452.48
000151	2015/12/31	241 567.02	139 561.01	475.61
000151	2016/12/31	206 873.39	106 557.21	507.08
000151	2017/12/31	215 679.72	116 150.60	482.60
000151	2018/9/30	241 747.01	133 037.21	10 480.53

资料来源：国泰安数据库。

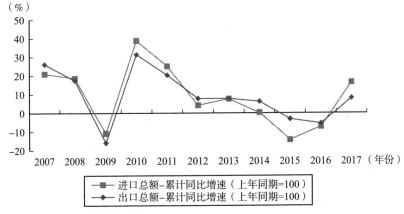

图3-2　进出口总额增速

资料来源：国泰安数据库。

表 3 – 3　　中成进出口股份有限公司 2007 ~ 2018 年偿债能力指标

股票代码	截止日期	流动比率	速动比率	利息保障倍数 A	资产负债率	产权比率
000151	2007 – 12 – 31	3.66	3.22	4.87	0.15	0.18
000151	2008 – 12 – 31	2.57	1.99	2.67	0.22	0.29
000151	2009 – 12 – 31	2.87	2.37	– 2.01	0.20	0.25
000151	2010 – 12 – 31	3.17	2.51	4.70	0.19	0.23
000151	2011 – 12 – 31	2.57	1.96	12.84	0.27	0.38
000151	2012 – 12 – 31	1.76	1.52	– 4.04	0.46	0.84
000151	2013 – 12 – 31	1.49	1.44	– 15.74	0.61	1.54
000151	2014 – 12 – 31	1.39	1.34	– 10.42	0.66	1.91
000151	2015 – 12 – 31	1.56	1.50	– 2.05	0.58	1.38
000151	2016 – 12 – 31	1.67	1.59	– 1.06	0.52	1.07
000151	2017 – 12 – 31	1.52	1.33	4.82	0.54	1.18
000151	2018 – 09 – 30	1.51	1.15	– 0.63	0.59	1.46

资料来源：国泰安数据库。

利息保障倍数表示获利能力对债务偿付的保障程度。从表中可以看出，从 2007 ~ 2008 年利息保障倍数下降幅度大，2009 年甚至变为负数，一定程度上反映了次贷危机给企业生产经营造成的影响，获利对债务偿付的保障能力大大降低，导致企业的债务违约风险增加。

（二）贸易战

贸易战是指某些国家高筑关税壁垒与非关税壁垒，不仅对别国商品进入本国市场做出一定的限制，还通过实施倾销和外汇贬值等措施对国外市场进行掠夺。据新华社报道，2018 年 6 月 15 日，特朗普政府以制裁中国侵犯知识产权为由发布了加征关税商品清。将对进口的约 500 亿美元中国商品开征 25% 的惩罚性关税，而中国也对原产美国的大豆、牛肉、汽车、水产品等总计约 340 亿美元的进口商品自 2018 年 7 月 6 日起加征 25% 关税。

美国对我国的贸易战直接影响了我国的净出口，短期内必然给中国经济和出口企业带来负面影响，导致中美贸易逆差或我国国际收支逆差。那些严重依赖欧美市场的出口贸易公司的营业收入和净利润下降，资金难以周转，债务违约风险增加。关税武器会优先打击我国的两类行业，一是传统劳动密集型产业，改革开放以来全球制造业向中国大规模转移，低廉的劳动力成本为我国出口创造了良好环境，劳动密集型行业在我国出口行业中占比靠前。二是技术密集型行业，这一行业的出口量在中国制造业的升级下不断增加，并且超过了劳动密集型产业，特朗普政府发动此次贸易战实际上是在维护美国在研究和技术方面的领先地位，遏制中国产业的转型升级。

从表3-4和图3-3可以看出，2018年前3个月出口额下降，从4月开始处于上升趋势但不明显，增速较低。以中成进出口有限公司为例，表3-5和表3-6给出了该企业近两年的资产负债情况和偿债能力指标的季度数据。

表3-4　　　　　　2018年1~9月我国向美国出口总额　　　　单位：千美元

时间	当月向美国出口总额
2018 – 01 – 31	37 582 670.89
2018 – 02 – 28	31 729 771.89
2018 – 03 – 31	30 687 403.80
2018 – 04 – 30	36 078 640.00
2018 – 05 – 31	39 314 217.00
2018 – 06 – 30	42 584 696.00
2018 – 07 – 31	41 536 431.00
2018 – 08 – 31	44 385 100.00
2018 – 09 – 30	46 693 504.00

资料来源：国泰安数据库。

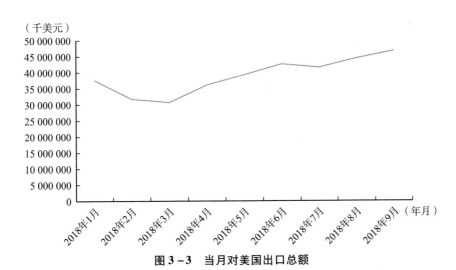

图3-3　当月对美国出口总额

表 3 - 5　　　　　中成进出口有限公司 2017～2018 年资产负债情况　　　单位：万元

证券代码	会计期间	资产总计	流动负债合计	长期负债合计
000151	2017 - 01 - 01	206 873.39	106 557.21	507.08
000151	2017 - 03 - 31	240 643.98	136 466.29	506.39
000151	2017 - 06 - 30	212 146.23	115 513.47	506.39
000151	2017 - 09 - 30	230 761.37	132 130.00	484.03
000151	2017 - 12 - 31	215 679.72	116 150.60	482.60
000151	2018 - 03 - 31	231 504.65	130 765.52	467.30
000151	2018 - 06 - 30	240 449.16	132 640.66	10 480.53
000151	2018 - 09 - 30	241 747.01	133 037.21	10 480.53

资料来源：国泰安数据库。

表 3 - 6　　　　　中成进出口有限公司 2017～2018 年偿债能力指标

股票代码	截止日期	流动比率	速动比率	利息保障倍数 A	资产负债率	产权比率
000151	2017 - 03 - 31	1.55	1.47	3.19	0.57	1.32
000151	2017 - 06 - 30	1.51	1.40	6.19	0.55	1.21
000151	2017 - 09 - 30	1.43	1.36	3.50	0.57	1.35
000151	2017 - 12 - 31	1.52	1.33	4.82	0.54	1.18
000151	2018 - 03 - 31	1.46	1.28	1.47	0.57	1.31
000151	2018 - 06 - 30	1.49	1.19	- 2.52	0.60	1.47
000151	2018 - 09 - 30	1.51	1.15	- 0.63	0.59	1.46

资料来源：国泰安数据库。

从表 3 - 5 和表 3 - 6 中可以看出，相比于 2017 年，该企业 2018 年资产总额和流动负债变化不大，短期偿债指标中的流动比率基本稳定，速动比率相比 2017 年变化幅度较小。而长期负债在 2018 年 6 月明显增加，增长幅度较大，长期偿债能力指标中的利息保障倍数变为负数。这一定程度上反映了 2018 年 3 月以来美国对我国的贸易战给企业带来的影响，获利对债务偿付的保障能力大大降低，资产负债率基本稳定在 0.5～0.6，产权比率有所上升，反映了企业所有者权益对债权人权益的保障程度降低，这些都表明企业的债务违约风险增加。

二、国内经济环境

（一）量化宽松的货币政策

2008 年金融危机爆发后，量化宽松的货币政策在发达国家盛行，降息、资产购买计划使市场流动性提高。同时，中国的"四万亿"投资计划，这一计划虽然在短期内能够起到刺激经济的作用，但从长远来看，严重影响了经济金融的健康发展。央行实行宽松的货币政策，增加货币的投放和供给，利率下降，企业的外部融资成本降低，有利于债务的偿还。但宽松的市场环境同时也会吸引企业增加投资，导致企业债务规模的上升。图 3 – 4、表 3 – 7 为 2011～2019 年我国各层次货币的发行量情况。

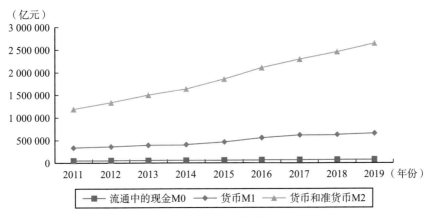

图 3 – 4　货币供给量

表 3 – 7　　　　　　　2011～2019 年各层次货币发行量　　　　单位：亿元

年度标识	流通中的现金 M0	货币 M1	货币和准货币 M2
2011 年	50 748.46	289 847.69	851 590.90
2012 年	54 659.77	308 664.23	974 148.80
2013 年	58 574.44	337 291.05	1 106 524.98
2014 年	60 259.52	348 056.40	1 228 374.80
2015 年	63 216.57	400 953.44	1 392 278.10
2016 年	68 303.86	486 557.23	1 550 066.66
2017 年	70 645.59	543 790.14	1 676 768.53
2018 年	73 208.40	551 685.91	1 826 744.22
2019 年	77 189.47	576 009.15	1 986 488.82

资料来源：国泰安数据库。

从图 3 - 4 中可以看出各层次货币供应量一直在增长，而从表 3 - 8 和图 3 - 5 中可以看出 2016 年增长率较高，在 2016 年底，我国广义与狭义货币供应量 M2、M1 的余额分别达到 155.0 万亿元和 48.7 万亿元，增速同比增长 11.33% 和 21.35%，货币政策较为宽松，从 2011~2014 年货币供应量增长率呈下降趋势。2013 年以后，受主要发达经济体加码量化宽松政策的影响，我国货币信贷扩张日益增加。2014 年我国经济进入"新常态"，使我国面临增速换挡、结构调整和前期政策消化三期叠加压力，因此央行实行稳健的货币政策，适时进行适度微调，目前我国实行的是稳健中性的货币政策（杨寓涵，2016）。

表 3 - 8   **2011~2019 年各层次货币供应量增长率**   单位：%

年度标识	流通中的现金 M0 增长率	货币 M1 增长率	货币和准货币 M2 增长率
2011 年	13.71	8.71	17.32
2012 年	7.71	6.49	14.39
2013 年	7.16	9.27	13.59
2014 年	2.88	3.19	11.01
2015 年	4.91	15.20	13.34
2016 年	8.05	21.35	11.33
2017 年	3.42	11.76	8.17
2018 年	3.62	1.45	8.94
2019 年	5.43	4.40	8.74

资料来源：国泰安数据。

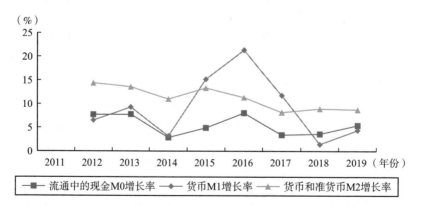

图 3 - 5 货币供给量增速

下面以 HE 集团为例，如表 3-9 和表 3-10 所示为该企业 2008~2016 年资产负债情况和偿债能力指标，由于受到 2008 年次贷危机的影响，2009 年末利息偿债倍数迅速下降为负数，企业利用其获利偿还债务较为困难，长期债务风险增大。从表 3-9 可以看出，企业在 2010 年短期债务和长期债务增长幅度均较大，可能与同期我国较为宽松的货币政策有一定联系，之后货币政策逐渐紧缩，企业 2011~2013 年利息偿债倍数又逐步下降为负数。

表 3-9　　　　　　　　　HE 集团 2008~2016 年资产负债情况　　　　　　单位：万元

会计期间	资产总计	流动负债合计	非流动负债合计
2008-12-31	1 223 059.78	444 453.93	8 500.08
2009-12-31	1 749 715.25	869 803.65	4 687.69
2010-12-31	2 926 715.62	1 867 334.84	110 502.03
2011-12-31	3 972 348.41	2 593 265.85	225 187.69
2012-12-31	4 968 831.67	3 134 123.71	292 094.06
2013-12-31	6 101 585.97	3 800 567.17	301 604.69
2014-12-31	7 500 645.71	4 162 805.67	425 843.34
2015-12-31	7 596 067.28	3 978 331.44	377 509.64
2016-12-31	13 125 529.03	7 345 285.51	2 022 206.89

资料来源：国泰安数据库。

表 3-10　　　　　　　　　HE 集团 2008~2016 年偿债能力指标

截止日期	流动比率	速动比率	利息保障倍数 A	资产负债率
2008-12-31	1.77	1.35	11.97	0.37
2009-12-31	1.48	1.28	-217.45	0.50
2010-12-31	1.26	1.07	558.55	0.68
2011-12-31	1.21	0.98	39.25	0.71
2012-12-31	1.27	1.04	-244.10	0.69
2013-12-31	1.30	1.12	-145.77	0.67
2014-12-31	1.43	1.25	-33.81	0.61
2015-12-31	1.38	1.16	-13.00	0.57
2016-12-31	0.95	0.74	12.35	0.71

资料来源：国泰安数据库。

（二）经济增速放缓

一直以来我国注重调整经济结构，由注重发展速度变为了注重发展质量的提高，经济增长放缓。面对经济新常态、供给侧结构性改革等国家政策，企业面临新的机遇和挑战。经济结构的改变，对于一些需要技术升级的企业来说，短期内债务的偿还压力可能会加大，但是当转型顺利完成进入更高层次的生产时会产生更大利润，债务风险随之下降。一般来说，经济增速放缓，一方面社会有效需求不足，对企业产品的需求量不大，企业营业收入难以增长，企业财务状况恶化，资金周转困难；另一方面，企业依靠营业收入增长维持企业再生产和扩大再生产所必要的投资，这使得企业难以提升技术和扩大再生产。因此，经济增速放缓，企业的营业收入增长率下降，企业依靠经营的净现金流来偿还借款本金和利息更加困难，公司债务违约风险增大。如从表 3 - 11 和图 3 - 6 所示 GDP 从 2007 ~ 2017 年逐年增长，但从表 3 - 12 和图 3 - 7 可以看出，GDP 的同比增速降低，我国总体经济增速放缓。

表 3 - 11 　　　　　**2010 ~ 2020 年底我国 GDP 累计值** 　　　　单位：亿元

截止日期	GDP 累计值	第一产业增加值	第二产业增加值	第三产业增加值
2010 - 12 - 31	412 119. 30	38 430. 80	191 629. 80	182 058. 60
2011 - 12 - 31	487 940. 20	44 781. 40	227 038. 80	216 120. 00
2012 - 12 - 31	538 580. 00	49 084. 50	244 643. 30	244 852. 20
2013 - 12 - 31	592 963. 20	53 028. 10	261 956. 10	277 979. 10
2014 - 12 - 31	641 280. 60	55 626. 30	277 571. 80	308 082. 50
2015 - 12 - 31	685 992. 90	57 774. 60	282 040. 30	346 178. 00
2016 - 12 - 31	740 060. 80	60 139. 20	296 547. 70	383 373. 90
2017 - 12 - 31	820 754. 30	62 099. 50	332 742. 70	425 912. 10
2018 - 12 - 31	900 309. 50	64 734. 00	366 000. 90	469 574. 60
2019 - 12 - 31	990 865. 10	70 466. 70	386 165. 30	534 233. 10
2020 - 06 - 30	456 614. 40	26 053. 00	172 759. 00	257 802. 40

资料来源：国泰安数据库。

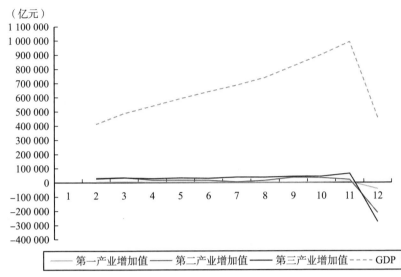

图 3-6　GDP 和产业增加值

表 3-12　　　　　　2010～2020 年底 GDP 累计值同比增长率　　　　单位：%

截止日期	GDP 累计同比	第一产业增加值_累计同比	第二产业增加值_累计同比	第三产业增加值_累计同比
2010 - 12 - 31	10.6	4.3	12.7	9.7
2011 - 12 - 31	9.5	4.2	10.7	9.5
2012 - 12 - 31	8.1	4.5	8.4	8
2013 - 12 - 31	7.8	3.8	8	8.3
2014 - 12 - 31	7.3	4.1	7.4	7.8
2015 - 12 - 31	6.9	3.9	6.2	8.2
2016 - 12 - 31	6.7	3.3	6.1	7.8
2017 - 12 - 31	6.9	3.9	6.1	8
2018 - 12 - 31	6.4	3.5	5.8	7.6
2019 - 12 - 31	6.1	3.1	5.7	6.9
2020 - 06 - 30	- 1.6	0.9	- 1.9	- 1.6

资料来源：国泰安数据库。

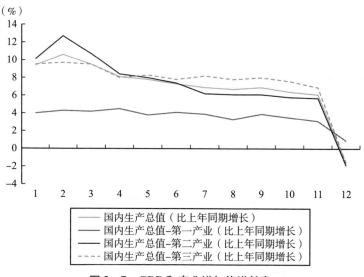

（%）

——— 国内生产总值（比上年同期增长）
——— 国内生产总值-第一产业（比上年同期增长）
——— 国内生产总值-第二产业（比上年同期增长）
- - - 国内生产总值-第三产业（比上年同期增长）

图 3 -7　GDP 和产业增加值增长率

下面以深圳 CW 数字技术有限公司和 HE 集团为例，探讨经济增速放缓对公司债务违约风险的影响。

由表 3 - 13 发现，CW 公司于 2014 年开始资产规模迅速扩张，流动负债从 2007 年出现回落趋势，并在 2014 年达到最低值，之后流动负债又增长；长期负债也是先减少后增加，在 2012 年达到最低值。从表 3 - 14 中可发现，流动比率和速动比率在 2014 年出现大幅增加，之后稳定在 1 ~ 2 之间，表明短期债务风险趋于降低；长期偿债能力指标中资产负债率在 0.5 左右，而利息保障倍数在 2014 年迅速降为负数，长期债务风险增加，之后逐渐恢复为正数。

表 3 - 13　　　　　CW 公司 2007 ~ 2017 年资产负债情况　　　　单位：万元

会计期间	资产总计	流动负债合计	非流动负债合计	负债合计	所有者权益合计
2007 - 12 - 31	105 215.54	59 171.67	0.00	59 171.67	46 043.87
2008 - 12 - 31	106 633.32	57 473.21	1 600.00	59 073.21	47 560.11
2009 - 12 - 31	105 131.28	52 511.52	1 600.00	54 111.52	51 019.77
2010 - 12 - 31	115 526.23	54 020.27	1 600.00	55 620.27	59 905.96
2011 - 12 - 31	130 218.11	64 170.50	1 578.64	65 749.13	64 468.98
2012 - 12 - 31	113 020.31	47 845.82	1 528.75	49 374.57	63 645.74

会计期间	资产总计	流动负债合计	非流动负债合计	负债合计	所有者权益合计
2013 – 12 – 31	109 194.37	42 830.88	1 477.39	44 308.27	64 886.10
2014 – 12 – 31	390 979.63	163 479.99	26 121.73	189 601.72	201 377.91
2015 – 12 – 31	526 897.38	264 551.40	26 987.27	291 538.67	235 358.71
2016 – 12 – 31	658 146.74	355 720.56	30 364.77	386 085.33	272 061.41
2017 – 12 – 31	757 686.28	446 423.91	35 118.32	481 542.22	276 144.05

表 3 – 14 　　　　　　　　CW 公司 2007～2017 年偿债能力指标

截止日期	流动比率	速动比率	利息保障倍数 A	资产负债率
2007 – 12 – 31	0.60	0.36	4.51	0.56
2008 – 12 – 31	0.65	0.32	2.22	0.55
2009 – 12 – 31	0.66	0.33	2.94	0.51
2010 – 12 – 31	0.94	0.49	7.04	0.48
2011 – 12 – 31	0.92	0.54	4.22	0.50
2012 – 12 – 31	0.89	0.50	1.83	0.44
2013 – 12 – 31	1.01	0.56	2.20	0.41
2014 – 12 – 31	2.26	2.11	− 26.33	0.48
2015 – 12 – 31	1.79	1.51	− 11.57	0.55
2016 – 12 – 31	1.55	1.29	− 7.75	0.59
2017 – 12 – 31	1.43	1.13	4.64	0.64

资料来源：国泰安数据库。

从表 3 – 15 中可以看出，HE 集团资产总额逐年增加，在 2016 年增长幅度很大；流动负债也呈逐年增加趋势，在 2016 年增加幅度较大；长期负债先减少后增加，2009 年最低；负债总额基本逐年增加。从表 3 – 16 中可以看出，短期偿债能力指标流动比率和速动比率在 2016 年之前基本都在 1 以上，2016 年和 2017 年指标表现不佳。2016 年的流动比率偏低，表明企业在短期内用转变为现金的流动资产偿还到期流动负债的能力较弱。长期负债能力指标中的资产负债率从 2010～2017 年基本稳定在 0.6 左右，利息保障倍数在 2009 年和 2012 年均出现大幅下降变为负数，企业息税前利润小于应付利息，债券风险增大。

表 3 - 15 　　　　　HE 集团 2007~2017 年资产负债情况 　　　单位：万元

会计期间	资产总计	流动负债合计	非流动负债合计	负债合计	所有者权益合计
2007 - 12	1 118 896. 51	404 322. 27	8 961. 33	413 283. 60	705 612. 91
2008 - 12	1 223 059. 78	444 453. 93	8 500. 08	452 954. 00	770 105. 77
2009 - 12	1 749 715. 25	869 803. 65	4 687. 69	874 491. 35	875 223. 90
2010 - 12	2 926 715. 62	1 867 334. 84	110 502. 03	1 977 836. 88	948 878. 74
2011 - 12	3 972 348. 41	2 593 265. 85	225 187. 69	2 818 453. 53	1 153 894. 87
2012 - 12	4 968 831. 67	3 134 123. 71	292 094. 06	3 426 217. 77	1 542 613. 90
2013 - 12	6 101 585. 97	3 800 567. 17	301 604. 69	4 102 171. 86	1 999 414. 12
2014 - 12	7 500 645. 71	4 162 805. 67	425 843. 34	4 588 649. 01	2 911 996. 70
2015 - 12	7 596 067. 28	3 978 331. 44	377 509. 64	4 355 841. 07	3 240 226. 21
2016 - 12	13 125 529. 1	7 345 285. 51	2 022 206. 89	9 367 492. 39	3 758 036. 64
2017 - 12	15 146 311. 1	7 689 445. 05	2 781 865. 40	10 471 310. 5	4 675 000. 61

表 3 - 16 　　　　　HE 集团 2007~2017 年偿债能力指标 　　　单位：%

截止日期	流动比率	速动比率	利息保障倍数 A	资产负债率
2007 - 12 - 31	1. 93	1. 20	19. 35	0. 37
2008 - 12 - 31	1. 77	1. 35	11. 97	0. 37
2009 - 12 - 31	1. 48	1. 28	- 217. 45	0. 50
2010 - 12 - 31	1. 26	1. 07	558. 55	0. 68
2011 - 12 - 31	1. 21	0. 98	39. 25	0. 71
2012 - 12 - 31	1. 27	1. 04	- 244. 10	0. 69
2013 - 12 - 31	1. 30	1. 12	- 145. 77	0. 67
2014 - 12 - 31	1. 43	1. 25	- 33. 81	0. 61
2015 - 12 - 31	1. 38	1. 16	- 13. 00	0. 57
2016 - 12 - 31	0. 95	0. 74	12. 35	0. 71
2017 - 12 - 31	1. 15	0. 87	8. 57	0. 69

资料来源：国泰安数据库。

从以上所列的两个公司来看，我国近年来经济增速放缓对不同公司的债务违约风险的影响有很大差异性，它与公司自身的经营状况密切相关。总体来说，近年来我国注重调整经济结构，由快速发展转变为高质量发展，企业面对经济新常态、供给侧结构性改革等国家政策，要积极适应并努力完成转型达到更高水平的生产，才能降低自身的经营风险，提高债务偿还能力。

第二节　相关制度背景分析

一、公司融资环境分析

公司的融资环境包括金融环境和法律环境。金融环境包含金融市场、金融机构及市场利率，其中利率是企业进行融资决策时考虑的主要方面。宏观经济政策、利率管制等影响利率的波动。在利率市场化下，金融市场的资金供求决定利率当资金供大于求时，一方面企业更容易筹集到资金，另一方面筹资的成本也会更低。当企业有较多的短期负债时，变动的利率会使债务的更替和成本具有更多的不确定性。因此，利率市场化程度越高，企业债务融资风险越大（何君，2014）。法律环境有限制筹资活动的法律、法规及规章，它们影响着企业的融资成本。

金融压抑是指金融发展的滞后在一定程度上阻碍了经济的发展。可分为三种类型：需求型金融压抑、供给型金融压抑、供需结构型金融压抑。需求型金融压抑指居民对正规的金融机构有效需求不足，致使金融发展较缓慢。供给型金融压抑指金融机构在供给方面的不足导致金融发展较缓慢，不利于经济健康发展。供需结构型金融压抑指一方面金融机构为居民提供有限的金融产品，另一方面居民对金融机构的需求也尚未得到应有的体现（黄丹，2014）。

利率市场改革实施以来，已取得一定的成效，但管制水平仍处于较高水平。金融压抑和利率市场化改革都讨论了政府干预给市场经济带来的影响。在政府的强干预下，金融市场的功能无法得到正常的发挥，必然对企业债务的偿还产生负面影响。

二、企业破产机制

破产机制指当企业陷入困境时，债务人化解财务危机的可采用的方式。目前存在三种方式：重整、和解和破产清算。破产清算是意味着企业的终结，当清算程序结束时，企业必须注销。而企业重整和私下债务重建的最终目的是让债务人走出财务困境，从而恢复清偿力（马改云，2010）。如果重整失败，就只能进入最终的破产清算程序。

重整程序是当企业无力偿还债务时，不立即进行财产的清算，而是利益双在法院主持下达成制定重整计划协议，并在规定时限内清偿债务，同时债务人企业可以继续经营业务。而在破产清算程序下，按照"绝对优先权原则"债权人优先被偿付，企业所有者即股东最后被清偿（马改云，2010）。因此，重整程序下，企业能否成功偿还债务取决于其重整期间的经营业绩，具有很大不确定性，相比破产清算债权人享有优先受让权，重整程序下企业的债务风险更大。

三、信用评级制度

企业信用评级是指信用评级机构站在第三方立场上，根据一定的评价体系与标准，在履行信息征集、评级程序后，根据被评级对象的相关要素，对未来能够如期履行承诺可信度的预测，并给定某种等级标识后向外界公开的一种活动。

目前，大公国际、中诚信国际、中债资信在我国资本市场信用评级业务中有较高市场份额，但与国际三大信用评级机构标普、穆迪、惠誉相比，仍存在很多不足，评级技术体系建设及相应的信息披露方面发展不成熟。企业在证券市场上发行证券进行直接融资或通过金融机构间接融资，一般来说其信用评级越高，融资成本就越低，相应的债务风险就越低。

四、商业银行信贷偏好

商业银行为规避风险，更倾向于将资金贷给享有政府担保的国有企业和信用良好的大企业，民营企业尤其是一些中小企业则会受到信贷歧视。银行向民营企业提供贷款的利率相对较高。一般地，中小企业从银行贷款的利率相比大型企业来说要高2%~4%。资金需求频繁且资金需求量少的特点也推了了民营企业的融资成本。融资成本的提高增加了发生债务违约风险的可能性。表3-17为金融机构2009~2015年对大中小型企业的贷款额，从中可以看出金融机构更偏好于向大中型企业贷款，对小型尤其是微型企业贷款额较少。

表 3 - 17　　　　金融机构 2009~2015 年对大中小型企业的贷款额　　　单位：亿元

统计年度	企业规模	贷款额	统计年度	企业规模	贷款额
2009	大型企业	113 232.79	2013	中型企业	157 600.15
2009	中型企业	81 853.98	2013	小型企业	116 360.75
2009	小型企业	54 310.21	2013	微型企业	11 887.11
2011	大型企业	138 494.17	2014	大型企业	188 606.40
2011	中型企业	107 524.41	2014	中型企业	183 018.46
2011	小型企业	104 150.79	2014	小型企业	135 267.04
2012	大型企业	139 275.28	2014	微型企业	14 732.35
2012	中型企业	141 825.95	2015	大型企业	185 950.91
2012	小型企业	101 596.53	2015	中型企业	187 474.80
2012	微型企业	10 132.15	2015	小型企业	148 354.65
2013	大型企业	154 344.22	2015	微型企业	17 173.71

资料来源：国泰安数据库。

五、政府干预

一方面，政府的财政政策，包括税收、国债、财政转移支付等手段。在紧缩的宏观政策下，货币的供给量减少，贷款利息率提高，企业经营成本也相应增加。反之，若财政政策扩张时，货币供给量的增加，使得利率以及企业融资成本降低。表 3 - 18 为 2008~2017 年国家财政收支总额，可以反映出政府的财政政策收入和支出，从表中可以看出，政府财政赤字状态不断持续，财政收支也逐年增加。

表 3 - 18　　　　　　　　2008~2017 年国家财政收支总额

年度标识	财政收入（亿元）	财政支出（亿元）	收支差额（亿元）	财政收入增长速度（%）	财政支出增长速度（%）
2008 年	61 330.35	62 592.66	- 1 262.31	19.50	25.70
2009 年	68 518.30	76 299.93	- 7 781.63	11.72	21.90
2010 年	83 101.51	89 874.16	- 6 772.65	21.30	17.80
2011 年	103 874.43	109 247.79	- 5 373.36	25.00	21.60
2012 年	117 253.52	125 952.97	- 8 699.45	12.90	15.30
2013 年	129 209.64	140 212.10	- 11 002.46	10.20	11.30

年度标识	财政收入 （亿元）	财政支出 （亿元）	收支差额 （亿元）	财政收入增长 速度（%）	财政支出增长 速度（%）
2014 年	140 370.03	151 785.56	− 11 415.53	8.60	8.30
2015 年	152 269.23	175 877.77	− 23 608.54	5.80	13.20
2016 年	159 604.97	187 755.21	− 28 150.24	4.50	6.30
2017 年	172 567.00	203 330.00	− 30 763.00	8.10	8.30

资料来源：国泰安数据库。

第三节　企业微观背景分析

一、公司治理改革

公司治理有狭义和广义之分，狭义上，可以将其理解为公司的董事会、股东和管理者之间的关系。广义上，它还包括公司与利益相关者之间的关系及有关法律、法规等。目前我国国有企业改革面临一些问题，如股权结构不合理，政府干预过多，不能发挥市场经济的最大作用，董事会运作程序不够规范，监事会监督力度不够等等。要保证公司的经营效果，就要对公司治理结构不断优化。首先协调股东与企业间的利益分配，如果股权分散，股东可能会失去对公司的控制权。如果管理者追求自己的利益做出损害股东利益的决定，股东的投资意愿将下降。其次要协调企业内部的关系，包括约束高层人员行为、对下层员工进行激励，最后还要关注公司抗风险能力的提高。企业发展越快，其伴随的风险就越大，而良好的治理机制，有助于规避或降低风险，保证公司顺利经营（张莹，2017）。

二、管理者过度自信

企业的债务融资风险包括以下两方面，第一，企业自身存在的风险；第二，融资渠道隐含的财务风险。当前，融资过程中的风险受到较大关注，并且关注点主要集中在筹集到资金的可能性、金融及限制。但筹集的债务资金的利用与未来偿还问题尚未得到足够的重视。

认知偏差是过度自信管理者普遍存在的问题，他们经常进行不切实际的绩效评估。基于此，当企业在进行外源融资时，对债务融资的偏好会导致更高的财务杠杆，且过度自信的管理者更愿意选择短期负债为投资项目筹措资金。这是由于他们认为在未来的利好状态下，企业的融资成本会更低。

三、股权质押融资

股权质押指公司股东为了获得贷款将其持有的公司股权出质给银行或其他金融机构的融资方式。相较于传统的固定资产抵押和质押融资、第三方担保融资等，企业进行股权质押融资的风险更大（李中亚和董慎秋，2011）。企业面临的经营风险或某些外部因素，都会对股价产生一定的作用。股权价格下跌后不足以偿还债务，另外企业还需偿还不足部分，这会导致公司债务违约风险增加。

表3-19摘取了CW公司2017年4~5月主要新增股权质押情况，除了4月28日和5月11日新增质押外均为长期负债。从表3-20中可以看出，相比2017年3月末，6月末该公司长期偿债指标中的利息偿债倍数从20.114258下降到6.27417。资产负债率从0.5787增加到0.5924，可见债务风险增大。

表3-19 　　　　　　CW公司2017年1~5月新增股权质押情况

质权方	变动日期	期限（年）	变动原因	数量增减（股）
中信证券	2017-04-28	0.13	新增质押	800 000
中信证券	2017-05-11	0.73	新增质押	1 000 000
中信证券	2017-05-15	1	新增质押	10 200 000
中信证券	2017-05-19	1	新增质押	9 300 000

资料来源：国泰安数据库。

表3-20 　　　　　　CW公司2016~2017年偿债能力指标

截止日期	流动比率	利息保障倍数A	资产负债率	产权比率
2016-12-31	1.55	-7.75	0.59	1.42
2017-03-31	1.56	20.11	0.58	1.37
2017-06-30	1.61	6.27	0.59	1.45
2017-09-30	1.46	2.34	0.63	1.68
2017-12-31	1.43	4.64	0.64	1.74

资料来源：国泰安数据库。

四、行业技术周期

一般地，行业的生命周期可分为四个阶段，即初创期、成长期、成熟期与衰退期。经济周期是经济学的核心问题之一，在研究不断深入的情况下，技术创新越来越被认为是驱动经济发展的主要力量，技术创新周期也变成了引发经济周期的主要因素。创新周期体现为新企业大量出现的周期性与企业家大量增加的周期性。行业技术创新属性致使各行业的技术创新密度不尽相同。与企业技术创新密切联系的就是资金投入，而金融制度和金融体系决定着资金的配置结构和配置效率。金融体系给予企业技术创新支付服务，利于企业家的创新活动，而且还推动了微观企业创新及经济结构升级（苗文龙等，2018）。

五、大股东利益侵占

大股东利益侵占行为指对可公司实施控制的大股东，他们借助其具有的控制权的优势对小股东及其他利益相关者的利益进行损害。他们的目标与企业目标背离时，利益侵占欲望较强。主要形式有非公平交易、资金占用、内幕交易与利润操纵、股权再融资等。

资金占用指大股东挪用企业巨额资金以获取私人利益，导致企业流动性受限，企业不能正常运转，公司债务违约风险大大增加。根据优序融资理论，企业最优融资顺序依次为内部融资、债务融资，最后为股权融资。股权再融资为上市公司进入证券市场，通过配股、增发和发行可转换债券等方式的直接融资。股权再融资的风险较高，公司债务违约风险也随之增大。

六、非效率投资

企业根据资本成本并综合考虑各种风险因素，设定一个基准收益率，以此计算所有净现值（NPV）大于零的项目都被实施，直至 NPV 等于零，此时达到均衡，企业投资就处于有效率的状态；如果投资于净现值为负（正）的项目则被称为投资过度（不足）（曾牧，2011）。投资过度和投资不足都是非效率投资。企业经营权和管理权的分离，使公司管理人员与股东利益不一致。为了谋求个人利益或出于对风险的规避，高管将过度投资或限制投资。（张嫚婕，2018）这对公司的经营业绩和利润产生负面影响，企业可用来偿还债务的资金减少，债务风险增大。

第四节　违约企业案例分析

一、基本情况

GRN 股份有限公司是一家综合性企业，以"GRN"品牌为核心，主营业务产品为服装、鞋类和配饰，其综合性体现在它集产品的研发、生产和营销为一体。为了避免与占据一线城市的专业运动鞋品牌直接竞争，GRN 以运动休闲为切入点，塑造了"运动快乐"的品牌理念，并将营销的重点放在二、三、四线城市。坚持自主研发是 GRN 的一大优势，与此同时，它也利用了晋江市的产业集群优势，将部分环节外包，它的销售模式主要以经销商销售为主。值得注意的是，公司于 2018 年 8 月变更了经营范围，增加了零售和从事货物及技术的进出口业务。2019 年 7 月，公司的经营范围又进一步拓展。由此可见，GRN 一直朝着多元化经营方向发展，但目前公司却面临着"股债双杀"的局面。

由表 3-21 可知，GRN 集团（香港）有限公司的股权质押比率现已高达 99.02%。这种高比例股票质押除了会因股票价格下跌带来爆仓风险之外，公司还会面临着因回购需求而带来的现金流压力，使上市公司或股东的将面临信用压力，并可能出现违约风险。GRN 的高比例质押也意味着当其面临债务危机时，亦无法通过股权质押获得融资（见表 3-22）。

表 3-21　　　　　　　　　2018 年股东持股情况

股东名称（全称）	持股比例（%）	期末持股数量	质押或冻结情况	
			股份状态	数量
GRN 集团（香港）有限公司	76.22	479 115 000	质押	474 420 000
			冻结	4 695 000
厦门国际信托有限公司 - GRN 1 号员工持股单一资金信托	3.54	22 222 096	未知	
中国证券金融股份有限公司	2.80	17 581 694	未知	
GRN 投资有限公司	1.67	10 500 000	质押	10 500 000
中央汇金资产管理有限责任公司	0.64	4 046 500	未知	
北信瑞丰基金 - 工商银行 - 华润深国投信托 - 华润信托·银安 1 号集合资金信托计划	0.36	2 254 692	未知	

资料来源：GRN2018 年年报。

表 3 – 22   **公司未偿还债券发行情况**

债券简称	发行日	到期日	债券期限	发行总额	发行利率
14GRN	2014 年 12 月 3 日	2019 年 12 月 2 日	3 年	8 亿元	6.80%
16GRNPPN001	2016 年 11 月 11 日	2019 年 11 月 10 日	3 年	5 亿元	5.00%

资料来源：GRN2014、2016 年年报。

2014~2017 年，联合信用评级有限公司对 GRN 的综合评定均为 AA 级（见表 3 – 23），表示其信用状况比较稳定。2018 年，GRN 销售净利率为 – 24.66%，同比下降 527.38%，再加上债务偿付压力巨大等多种因素，GRN 的主体长期信用等级在 2019 年 6 月被下调至 AA –。同年 9 月，由 AA – 被再度下调至 A。

表 3 – 23   **GRN 信用评级情况**

年份	2013	2014	2015	2016	2017	2018
主体信用评级	AA	AA	AA	AA	AA	AA
债项信用评级	AA	AA	AA	AA	AA	AA

资料来源：GRN 年报。

2019 年 11 月 11 日，GRN 于 2016 年发行的 3 年期债券"16GRNPPN001"到期，债券余额 4.5 亿元，但由于流动性资金紧张，GRN 未能按期足额偿付本息，已构成实质性违约。当月，GRN 的信用评级被降至 BBB 级，评级展望为"负面"。12 月 4 日，公司于 2014 年发行的 8 亿元"14GRN"（122346）债券到期，债券余额为 6.47 亿元，利率为 7%，但偿付结果和理由与上月如出一辙。伴随着债券再次违约的同时，GRN 的主体信用等级与该债券的信用等级均被下调至 CC 级，评级展望仍为"负面"。

二、Z – Score 模型评估

美国学者阿尔特曼在 20 世纪 60 年代提出 Z – Score 模型，该模型也被称为破产预测模型，其函数表达式分为上市公司和非上市公司，其中上市公司的函数为：

$$Z = 1.2X_1 + 1.4X_2 + 3.3X_3 + 0.6X_4 + 0.999X_5$$

在 Z 值模型中，企业破产的可能性与 Z 值呈负相关关系。在较好企业财务状况下，Z 值较大，用于衡量企业财务状况是否良好的临界值为

2.99，而评估企业破产可能性的临界值为 1.81。以下是采用此模型考察 GRN 财务状况的内容（见表 3 - 24、表 3 - 25）。

表 3 - 24 　　　　　2013 ~ 2019 年第三季度 GRN 财务数据　　　单位：亿元，%

财务数据	2013	2014	2015	2016	2017	2018	2019Q3
营运资金	6.60	22.93	16.68	18.80	6.08	- 7.28	- 7.82
资产总额	27.55	42.06	48.27	79.04	75.83	47.53	48.84
留存收益	7.47	7.83	9.31	9.47	7.70	- 0.23	- 1.89
息税前利润	5.67	4.18	4.46	4.33	4.93	- 3.98	- 0.43
股东权益	13.18	22.36	23.84	31.13	26.27	15.30	15.42
负债总额	14.37	19.70	24.43	47.91	49.56	32.23	33.42
销售收入	24.06	19.20	19.69	22.79	32.52	28.12	11.69
营运资金/资产总额	0.24	0.55	0.35	0.24	0.08	- 0.15	- 0.16
留存收益/资产总额	0.27	0.19	0.19	0.12	0.10	0.00	- 0.04
息税前利润/资产总额	0.21	0.10	0.09	0.05	0.07	- 0.08	- 0.01
股东权益市值总额/负债总额	0.92	1.13	0.98	0.65	0.53	0.47	0.46
销售收入/资产总额	0.87	0.46	0.41	0.29	0.43	0.59	0.24

资料来源：GRN 财务报表。

表 3 - 25 　　　　　　2013 ~ 2019 年第三季度 GRN 的 Z - Score 值

Z - Score 值	2013	2014	2015	2016	2017	2018	2019Q3
X_1	0.24	0.55	0.35	0.24	0.08	- 0.15	- 0.16
X_2	0.27	0.19	0.19	0.12	0.1	0.00	- 0.04
X_3	0.21	0.1	0.09	0.05	0.07	- 0.08	- 0.01
X_4	0.92	1.13	0.98	0.65	0.53	0.47	0.46
X_5	0.87	0.46	0.41	0.29	0.43	0.59	0.24
Z	2.78	2.39	1.98	1.30	1.21	0.43	0.24

资料来源：根据财务数据计算得到。

2013 到 2019 年第三季度，GRN 的 Z 值逐年降低，由 2.78 降至 0.24。2013～2015 年，Z 值稳定在 1.81～2.99 之间，说明企业财务很可能已经出现了困难。2016 年，企业的 Z 值开始降到了 1.81 以下，尤其在 2019 年第三季度仅为 0.24，这就表明目前企业存在着极大的财务困境，2019 年 GRN 实质性的债务违约也就具有其合理性了。

三、GRN 债务违约原因分析

(一) 外部原因

1. 宏观背景

近年来，我国经济发展下行压力加大，零售行业的发展状况（见图 3-8）也反映了这一形势，尽管我国商品总的零售额总体上是呈现上升的趋势，但是增速逐年下降，说明零售行业整体不振。我国宏观经济下行的压力造成市场对于鞋服行业的信心低迷，是鞋服行业发展仍然处于筑底阶段的原因之一。

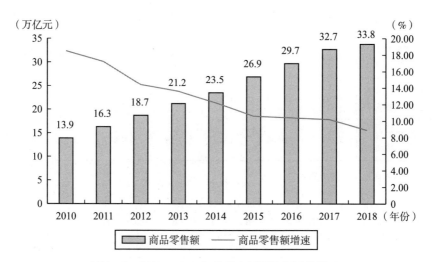

图 3-8　2010～2018 年我国商品零售额及其增速

资料来源：国家统计局。

2. 行业分析

2013～2018 年，我国运动鞋服行业的市场规模同比增长率逐年递增，同比增长率几近 100%。从市场占有率来看，外国品牌的市占率逐年上升，2013 年仅为 37.2%，2018 年已经超过了 50%，而我国品牌市场率一直处于被压制的局面，从 39% 下跌至 28.6%。事实上，运动鞋服行业的发展趋势越来越集中化，截至 2018 年，Nike、Adidas 两大品牌占据了中国市场 40% 以上的市场份额，国产龙头品牌安踏、李宁、特步、361 度最近几年保持了相对稳定的占有率，市占率达到 20% 以上，CR10 总共占据 83.8% 的份额。

另外，体育用品行业的企业家数量也呈现逐年增长的趋势，因此，我国运动鞋服品牌除了要和国外品牌竞争之外，本土品牌竞争依然激烈。GRN 门店的减少可以部分体现出鞋服行业激烈的竞争程度，由图 3-9～图 3-12 可以看出，2018 年 GRN 的零售终端数量减至 2 873 家，仅为 2013 年 1/2 左右。

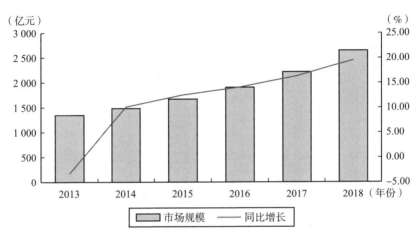

图 3-9　2013～2018 年中国运动鞋服行业市场规模

资料来源：前瞻产业研究院整理。

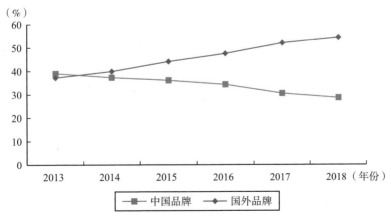

图 3-10　2013～2018 年运动鞋服国外品牌和中国品牌市占率

资料来源：前瞻产业研究院整理。

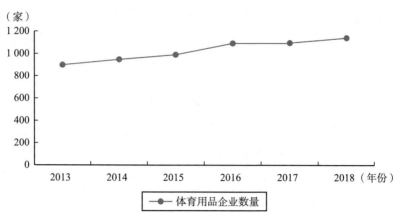

图 3-11　2013~2018 年我国体育用品行业企业数量

资料来源：公共资料整理。

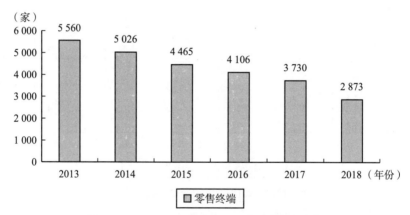

图 3-12　2013~2018 年 GRN 的零售终端数量

资料来源：根据 GRN 年报整理得到。

除此之外，行业中的各个运动品牌在市场中的定位和分层明显，相较于阿迪、耐克等高端品牌，GRN、特步、361 度和 Peak 等主要侧重于低端市场。但运动鞋服行业存在着产品同质化严重、营销渠道、经营方式、促销方式相似等一系列的问题，如果未能形成有效的差异化，企业就会因竞争加剧而导致利润下滑。

（二）内部原因

1. 财务分析

（1）偿债能力分析。

由图 3-13 可知，GRN 的流动比率与速动比率不稳定，而且自 2014 年开始急速下降，到 2017 年速动比率小于 100%，2018 年流动比率也低于了100%，这也就意味着企业并没有一个稳定的现金流去偿还债务，并且短期偿债能力愈发恶化。与此同时，GRN 的资产负债率却呈现上升趋势，近四年稳定在60%以上，这样一个相对较高且呈上升趋势的资产负债率会加大企业之后的偿债压力。

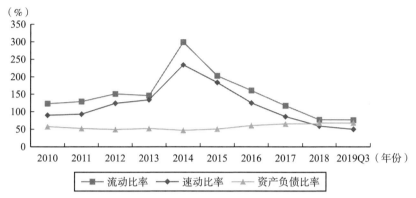

图 3 – 13　2010 ~ 2019 年第三季度 GRN 流动、速动和资产负债比率

资料来源：GRN 年报。

1）债务的期限结构安排。

①高比率的流动负债。

通过图 3 – 14 中的 GRN 流动负债占负债总额的比重可知，近几年GRN 的流动负债数额一直较高并且呈现增长的态势，2017 年流动负债比已经超过70%，2018 年和2019 年第三季度更是高达98%，这就说明 GRN对于短期资金的依赖较大。但是如果企业短期资金不能得到很好的周转，就会造成资金链断裂，最终影响企业的发展。

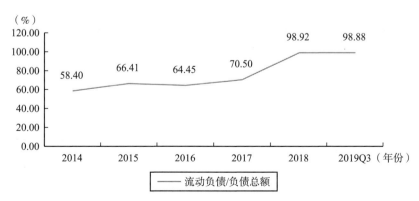

图 3 – 14　2014 ~ 2019Q3GRN 流动负债占负债总额的比率

资料来源：根据 GRN 年报整理得到。

②不断增长的短期负债。

本节将短期借款和一年内到期的非流动负债相加来考察 GRN 的短期负债水平。2014～2016 年 GRN 短期负债的同比增长率一直在上升,在 2016 年同比增长近一倍的情况下,2017 年增长率有所下降,但 2018 年短期负债又同比增长了 42%。事实上,GRN 近五年的短期负债同比增长率一直为正,也就意味着企业的短期负债其实一直在不断增长,截至 2019 年第三季度,GRN 的短期负债水平已经达到了 24.78 亿元,由此可以看出目前企业其实正面临着巨大的短期偿债压力(见图 3 – 15)。

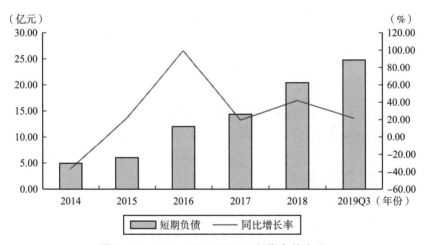

图 3 – 15   2014～2019Q3GRN 短期负债水平

资料来源:根据 GRN 年报整理得到。

2)债务融资结构。

①短期债务融资结构。

从 GRN 近 6 年的债务融资方式来看(见表 3 – 26),GRN 短期债务融资最初主要依靠短期借款和向企业借款,即银行信用和商业信用所占比重较大,比重和可以达到 70% 左右,但是银行信用占短期债务融资的比重不断下降,最终与商业信用占比逐渐持平,银行信用占比稳定在 30% 左右,商业信用占比稳定在 20% 左右。最近三年其他债务融资方式占比呈现上升趋势,比重接近 50%。事实上,其他债务融资方式占比的上升主要是由于一年内到期的非流动负债和其他流动负债比如短期应付债券升高造成的。所以,GRN 短期债务融资方式最初以银行借款和企业借款为主,近几年增加了通过发行短期融资券进行融资的方式。

表 3 - 26

融资方式	2014	2015	2016	2017	2018	2019Q3
短期借款	43.06	37.16	38.94	35.28	21.92	35.62
企业借款	52.67	31.37	22.63	18.57	27.74	18.03
职工借款	2.05	2.16	1.33	1.30	1.77	0.97
其他	2.22	29.31	37.10	44.86	48.57	45.38

表 3 - 26   **2014～2019Q3GRN 短期债务融资方式**   单位：%

资料来源：根据 GRN 年报整理得到。

②长期债务融资结构。

从长期债务融资方式上看，GRN 仍然以银行借款和发行债券为主，两者比重和高达 90%。另外，两种融资方式的占比大小体现了一种此消彼长的关系，自 2014 年以来，GRN 逐渐转变了长期债务的融资方式，由最初依靠发行债券融资到目前以长期借款融资方式为主（见表 3 - 27）。

表 3 - 27   **2014～2019Q3GRN 长期债务融资方式**   单位：%

融资方式	2014	2015	2016	2017	2018	2019Q3
长期借款	—	—	23.06	20.93	70.01	72.04
应付债券	96.95	96.95	76.04	78.10	—	—
其他	3.05	3.05	0.90	0.97	29.99	27.96

资料来源：GRN2014～2018 报表整理得到。

（2）营运能力分析。

由营运指标可以看出（见表 3 - 28），2019 年，GRN 的存货周转天数和应收账款周转天数急速上升，导致营业周期加倍延长。近年来，企业存货周转率和应收账款周转率波动下降，2019 年降幅尤其明显，这说明 GRN 出现了存货变现能力变差以及回笼资金能力下降的问题。另外，虽然企业的固定资产使用效率相对稳定，但流动资产周转率和总资产周转率呈下降的趋势。因此，根据以上的分析可知近几年 GRN 的运营能力下降，运营资金不充裕，由此便增加了其大量外部借债和陷入财务困境的可能性。

表 3 – 28

营运能力指标	2014	2015	2016	2017	2018	2019Q3
营业周期	299.5	292.99	326.77	276.11	291.69	524.43
存货周转天数	50.54	63.67	85.77	81.64	89.26	189.69
应收账款周转天数	248.96	229.33	240.99	194.47	202.43	334.76
存货周转率	7.12	5.65	4.2	4.41	4.03	1.42
应收账款周转率	1.45	1.57	1.49	1.85	1.78	0.81
固定资产周转率	3.67	3.6	3.68	4.34	4.21	——
流动资产周转率	0.69	0.58	0.55	0.72	0.86	0.47
总资产周转率	0.55	0.44	0.36	0.42	0.46	0.24

表 3 – 28　　　　　　2014～2019Q3GRN 营运能力指标　　　　单位：天，次

资料来源：GRN 年报整理得到。

（3）盈利能力分析。

近几年，GRN 的销售毛利率呈逐年下降的趋势，这可能是由于公司产品的市场竞争力降低，再加上近年来劳动力和原材料成本上升而导致成本升高所引起的。另外，公司的净资产收益率和总资产报酬率也是在逐年降低，2018 年和 2019 年第三季度均为负值，说明了公司净资产和总资产的投资回报率下降，进而表明企业获利能力不足。除此之外，另一个能揭示企业获利能力强弱的是成本费用利润率的大小，成本费用利润率与公司盈利能力呈正相关关系，而 GRN 的成本费用利润率逐年降低，并且从 2018 年开始变为负值，这也说明公司的盈利能力逐渐下降，甚至从 2018 年开始处于亏损的状态（见图 3 – 16）。

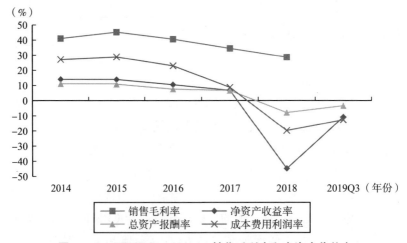

图 3 – 16　GRN2014～2019Q3 销售毛利率和净资产收益率

资料来源：GRN 年报整理得到。

由于社会融资成本的攀升，再加上下降的市场风险偏好，GRN等民营企业降低了融资规模。另外，GRN也表示原有的中票、短融及境外债融资计划也无法实施，意味着其亦无法从资本市场获得融资。从企业投资活动产生的现金流净额来看，2017年之前均为负值，2018年有所增加。另外，企业经营活动产生的现金流净额虽然略有波动，但是整体上还算稳定，而2019年第三季度的形势不容乐观，净现金流降至－3.13亿元。2019年，三大现金流量净额整体上表明企业自身经营变差，外部融资也面临困境，投资活动产生的现金流微乎其微，所以其很可能爆发财务危机（见图3－17）。

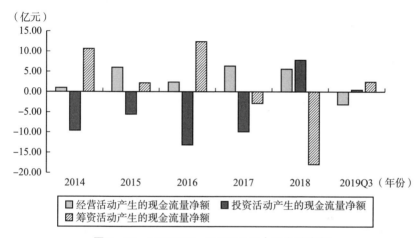

图3－17　GRN2014～2019Q3三大现金流净额

资料来源：GRN现金流量表。

（4）与同行业比较分析。

除了考察GRN自身财务状况的纵向变化之外，有必要将其财务状况与同业平均进行比较分析。为此，本节选取了38家属于服装制造行业的上市公司，所有数据均来自国泰安数据库，将各个上市公司的财务数据提取出来之后取得平均值，以此数据作为同业平均数据与GRN进行比较。

①GRN偿债能力较同业弱。

通过将GRN的资产负债率与同业进行比较之后发现（见图3－18），同业平均资产负债率比较稳定，基本维持在30%～35%之间，而GRN的资产负债率是处于一个不断攀升的状态，与同业平均水平之差不断扩大，近三年都在65%以上并且仍然有上升的趋势，大约是同业的1倍之多。就流动比率和速动比率来看，同业平均流动比率稳定在3～3.5之间，同业平均速动比率稳定在 1.75～2.5，而 GRN 的流动和速动比率自 2014 年开始急速下降，近年来远远低于同业平均水平，所以有理由认为其短期偿还债务的能力不足。综上，相较于同业来说，GRN 债务压力大且偿债能力弱。

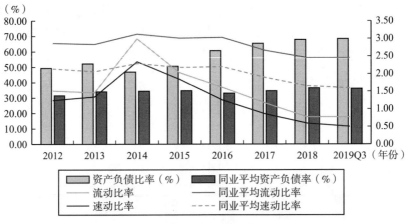

图 3 - 18　GRN 与同业平均的偿债能力对比

资料来源：国泰安数据库。

②GRN 盈利能力较同业弱。

2016 年之前，GRN 的成本费用利润率、营业毛利率、营业净利率均高于同业平均值，说明和同业相比，GRN 的盈利能力相对较强。但是三个比率转而低于同业平均水平集中发生在 2016～2017 年，自 2016 年之后，三大比率不断降低，也就说明 GRN 的盈利能力出现了严重下跌。2016 年，公司毛利率的稀释主要来自营业成本的上涨，而营业成本的上涨主要有两方面的原因，一是由于杰之行、阿迪达斯等品牌的进货成品的成本较高，并且运营实体终端门店需要花费的租金、人力等经营成本升高，二是 GRN 改进与品牌经销商的合作方式后，销售费用项下的货架成本变更至主营业务成本，由此造成了营业成本的进一步上升。

2018 年，与同业相比，GRN 的盈利能力下降得尤其明显，营业毛利率差同业平均水平 10 个百分点，营业净利率和成本费用利润率更是降到了 -20% 以下（见图 3 - 19）。

本年度公司利润的暴跌主要原因其实是公司向 14 个重点省级区域 GRN 品牌经销商购买了销售渠道资源，公司此次的购买行为一是造成了销售费用的上升，二是原本由经销商下单的商品无法实现对外销售，使得

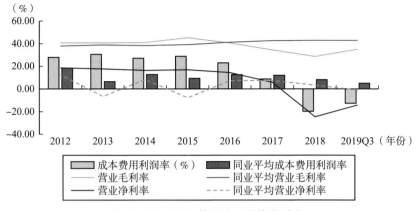

图 3 - 19　GRN 较同业盈利能力对比

资料来源：国泰安数据库。

公司当期销售规模、毛利进一步下降，加之市场竞争的加剧以及原材料价格的上涨，公司的盈利能力被严重削弱。

③GRN 运营能力较同业弱。

由图 3 - 20 可知，GRN 的应收账款周转率一直远远低于同业平均水平，说明其应收账款回收缓慢，资产流动速度慢，易于发生呆账甚至坏账的风险，如果应收账款回收不力会降低其流动资产，最终导致公司偿债能力的下降。另外，GRN 的存货周转率近年来一直拉开同业平均水平较高的差距，但却呈现连年下降的趋势，其高于同业平均水平的优势逐渐消失。截至 2019 年第三季度，GRN 的存货周转率已经降至了同业平均值之下，因此，如果 GRN 不能及时应对市场竞争，增强终端消费活力，其经营能力将会愈发恶化。

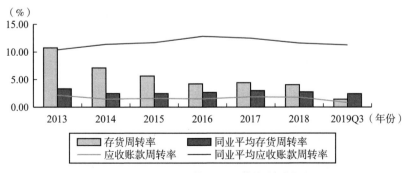

图 3 - 20　GRN 较同业运营能力对比

资料来源：国泰安数据库。

2. 战略分析

首先，GRN主张拓展多品牌、多市场、多渠道，因此在传统鞋服经营上采取了加速扩张的战略（见表3-29）。

表3-29　　　　　　　　　　GRN 在传统鞋服领域的投资情况

2016 年	收购杰之行 50.01% 股权（3.83 亿元）
	收购名鞋库 51% 股权（3.83 亿元）
	获得 AND1 品牌的中国市场授权（超过 2 600 万美元）
2017 年	收购名鞋库剩余 49% 股权（3.68 亿元）
	收购湖北胜道体育 45.45% 的股权（1.5 亿元）
	获得 PRINCE 在中国和韩国的授权（2 000 万美元）

资料来源：GRN 公告整理得到。

其次，GRN的战略不聚焦、资源分散。GRN除了将传统鞋服作为主营业务之外，从2014年开始了其在体育产业领域的谋划布局，希望朝着"全能体育"的目标前行。事实上，目前公司高额的债务部分可以归结于早先GRN在泛体育领域接连不断的投资（见表3-30）。

表3-30　　　　　　　　　　GRN 在体育领域的投资情况

2014 年	与中欧盛世资产管理（上海）有限公司成立合资公司，用于收购体育产业项目（拟出资 490 万元）
2015 年	间接入股虎扑体育（2.4 亿元）
	公司与虎扑体育成立了体育产业基金——动域资本（三年分两期共投入 10 亿元）
	投资西班牙足球经纪公司 BOY（约合 1.2 亿元）
	进军校园体育——成立康湃思（2 亿元）
2016 年	公司联合虎扑成立第二期体育产业基金——竞动域
	与厦门融一科技共同投资设立了享安保险经纪公司（6 500 万元）
	GRN 拟以 27 亿元收购威康健身 100% 股份进入健身领域，但以失败告终

资料来源：GRN 公告整理得到。

2015年，GRN向动域资本出资了4亿元，加计2016年投入的1亿元完成了第一阶段的投资合同义务，尽管2017年由于引入其他合伙人原因，GRN对竞动域的出资减至2.7亿元，公司也已经累计向动域资本投入超过了7亿元。动域资本对外投资了近20个标的，投资标的不仅有跑步、健身、足球、篮球、户外等热点运动，还涉及电竞、体育彩票等多个"互联网＋"概念项目。在构建体育产业集团上，GRN已经涉猎了校园体育、体育经纪、体育保险、体育健身等多个领域，但是在自身实力不足并且没有深入做实的情况下，投资耗资巨大的体育产业，结果可想而知。在公司如此大规模的扩张经营的同时，作为公司核心的GRN品牌却日益萎缩，其毛利率由2014年的41.02%下降到2018年的28.65%。结果，在2018年，公司迫于流动性紧张和运营困难的压力，终于做出了聚焦主业的战略调整，连续出售杰之行、康湃思以及虎扑股权等体育产业资产，但处置收入并未达到预期水平。

3. 经营现状分析

自2016年GRN加入招商及代运营和体育经纪业务之后，其收入在GRN主营业务收入构成中的比例有扩大的趋势，但是服装和鞋类仍然是GRN的核心业务，两产品业务收入占总收入比重达90%。但是，从GRN分产品毛利率情况来看，所有产品的毛利率都有波动下降的态势，即GRN的盈利已经大不如前，预计2019年净亏损将超过7.65亿元（见图3－21、表3－31）。

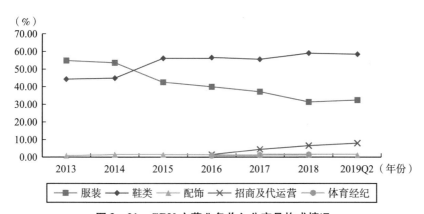

图3－21　GRN主营业务收入分产品构成情况

资料来源：根据GRN年报整理得到。

表3－31　　　　　GRN2013～2019Q2分产品毛利率情况　　　　单位：%

类型	2013	2014	2015	2016	2017	2018	2019Q2
服装	41.46	40.57	46.71	42.96	38.57	33.21	43.2
鞋类	39.73	41.69	44.31	37.95	28.95	22.35	29.63

类型	2013	2014	2015	2016	2017	2018	2019Q2
配饰	34.44	35.52	33.63	25.68	30.36	29.74	33.6
招商及代运营	—	—	—	64.97	46.61	47.67	58.83
体育经纪	—	—	—	98.92	90.28	90.43	—

资料来源：GRN 年报整理得到。

2018 年，GRN 表示公司将聚焦传统 GRN 品牌这一主业，拓展引入的 AND1、PRINCE 品牌业务，努力引进知名国际品牌。除此之外，GRN 还引入了京东战略合作，双方会在营销渠道、创新业务、仓储物流等方面展开全方位、多层次的合作。但 GRN 的此次调整能否使公司实现转亏为盈仍然是一个未知数。

如图 3-22 所示，2018 年，GRN 由于购买销售渠道导致了终端库存产品增加，截至 2019 年第三季度，存货占据资产总额的 11.56%，而存货高企会加大存货减值风险。另外，近几年由于市场竞争的加剧以及电子商务等新兴消费模式的兴起，冲击了线下零售业务，对于公司的运营造成了一定的负面影响。2019 年第三季度，GRN 流动资产 25.23 亿元，而流动负债高达 33.04 亿元，账上货币资金仅不到 1 亿元，远远不能覆盖到期债务。

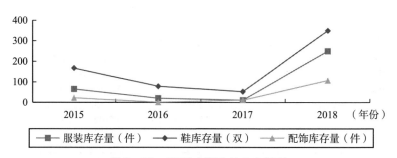

图 3-22 GRN 主营产品库存情况

资料来源：GRN 年报整理得到。

本部分分析了我国制造业企业金融化的现状、动因和影响。首先对制造业企业金融化现状进行了分析，发现当前我国制造业企业中金融资产和金融收益的数量呈现出明显的上升趋势，进一步研究发现主要增加的金融资产为投机性比较强的交易性金融资产、投资性房地产、可供出售金融资产，另外制造业企业的金融资产持有比例增长趋势很明显，说明制造业企业的金融化程度呈现出上升的趋势。其次分析了制造业企业金融化的动因，发现制造业企业金融化的动因主要包括追逐利润、缓解融资约束、管理盈余和实行多元化的战略。最后，以 GRN 企业为例分析了该企业发生违约的原因。GRN 企业不合理的资产负债结构、下降的盈利收入和运营能力以及盲目过分的多元化扩张经营，均对其债务违约事件产生了重大作用力。据此，企业应该认识到，自身要保持合理的资产负债结构并寻求多渠道融资方式，在聚焦主业的同时，积极开拓新市场并创新营销模式，增强企业的盈利能力，稳定企业的运营水平，避免使自身陷入债务违约的困境。

第五节　本章小结

本章对上市公司债务违约风险形成的背景进行了分析。主要的研究内容按照宏观经济环境背景、相关制度环境背景、企业微观背景和个案分析等重要议题依次展开。首先，从宏观经济环境背景对公司债务违约形成的相关因素进行分析，结合国际经济环境和国内经济环境背景展开；其次，从公司融资环境、企业破产机制、信用评级制度等相关制度背景层面，分析公司债务违约形成的相关因素；再次，从公司治理改革、管理者过度自信、股权质押融资等公司管理层面分析公司债务违约形成的相关因素；最后，以发生债务违约的上市公司为案例，对该上市公司的业务情况、业绩以及风险进行了分析。

第四章 上市公司债务违约风险的宏观生成机制

宏观经济环境的变化会对公司债务违约风险产生一定的影响，本章从宏观层面分析公司债务违约风险的生成机制。考虑到公司债务违约风险生成的宏观因素较多，本研究通过研读相关文献，结合当前我国宏观经济中的热点问题，重点从金融周期和资本市场开放两方面来研究宏观生成机制。本章的结构安排如下：首先，从金融周期的角度来分析金融周期对上市公司债务违约风险的影响；其次，结合我国资本市场不断扩大对外开放的背景，以沪港通为自然实验样本，研究资本市场开放对上市公司债务违约风险的影响。

第一节 金融周期与公司债务违约风险

一、引言

通常来说，经济周期波动包括复苏、繁荣、衰退、萧条。金融周期指在金融系统内外部冲击下，金融活动由于金融变量的扩张和收缩导致规律性、周期性、持续性的波动，反映了包括货币供给、信贷、资产价格等在内的金融变量在不断波动的经济波中的运动规律（卢丁全，2019）。金融周期与经济周期波动存在密切的联系，金融周期不仅在一定程度上反映了实体经济周期还具有一定的反作用。在通货膨胀出现时，货币的贬值导致企业的现金购买力下降，而债务的借入和偿还是以账面价值为基础的，这会减轻企业的债务负担，因此通货膨胀对债务人有利而对债权人不利。相反通货紧缩对债务人不利对债权人有利。

次贷危机给全球经济带来了巨大冲击，而且这一冲击具有较强持续性。我国同样受到较大冲击，为了应对金融危机及其防止由此带来的经济萎缩,我国实施了力度较大的刺激政策。在政策刺激下,我国非金融业部门的信贷规模迅速提高。国际清算银行(BIS)近期统计数据显示(见图4-1),金融危机后我国私人非金融业部门信贷占 GDP 比例从 2008 到 2018 年第四季度大幅提升,使非金融部门债务率也快速提高。

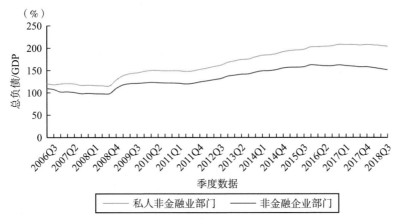

图 4-1 私人非金融部门及非金融企业部门债务占 GDP 比重

资料来源:国际清算银行。

从具体部门来看,在私人非金融部门信贷中,非金融企业部门信贷增幅最大。国际清算银行的统计数据表明,2008~2018 年我国与发达国家的非金融企业信贷额占 GDP 的比例的涨幅分别为 54% 和 3%。可见,我国非金融企业部门的债务水平增幅远远高于发达国家。由于目前我国经济增长较缓慢,再加上企业财务状况不断恶化,不断增长的非金融企业部门债务率加重了未来偿债负担,使信贷违约风险频发,这也是当前我国企业债务的主要风险。

由于我国过高的债务率,企业所承担的债务风险逐年积累,对经济的稳定增长造成不利的影响,埋下了很大的隐患。对公司债务违约风险的研究就显得很有必要。

近年来,金融在经济中的地位逐渐上升,经济周期愈发与金融周期趋同,从全球经济的发展经验来看,金融市场和宏观经济周期性波动并不完全一致。波里奥(Borio,2014)在反思全球金融危机时,将金融周期定义为价值和风险偏好与对待风险和金融约束的态度之间自我加强的相互作用。我国资本市场规模具有较大上升空间,社会融资总量中银行仍处于主导地位。外部冲击,如全球金融危机增加了经济环境不确定性,企业面融资约束居高不下，发生债务风险的概率加大。因此，本节从金融周期角度考察了融资约束对债务违约风险的影响。

本节可能的创新之处在于：大量现有文献都是从经济周期的波动来分析问题，国际金融危机发生以后，虽然有更多学者开始从金融周期的角度进行研究，但更多文献主要集中在研究金融周期和经济周期之间的关系或金融周期的测度方法上。本节是从金融周期的角度对公司债务违约风险进行分析。而且目前对我国公司债务违约风险的研究更多是对我国企业债务的现象进行描述，也有一些文献是从理论上对公司债务违约风险进行分析，通过实证来验证影响公司债务违约风险的因素比较少，基于现有文献并结合我国国情，考虑融资约束对债务违约风险的影响进行更深入的研究，能够对现有的文献进行补充。

本节余下部分的内容如下：第二部分为理论分析与研究假设，梳理金融周期、融资约束与公司债务违约风险之间的逻辑关系后，提出假设；第三部分研究设计，列示了本节所需指标的构建方式、数据来源及实证模型；第四部分实证结果分析，包含描述性统计、融资约束指标的构建结果、假设检验实证结果、稳健性检验与进一步分析。

二、研究假设

（一）金融周期与公司债务违约风险

按照明斯基的"金融不稳定假说"理论，在乐观预期下，经济体愿意承担较大风险。由此导致企业杠杆率攀升，提高了企业债务违约风险发生概率。国内学者就经济周期与企业杠杆率间的关系存在分歧。一些学者认为我国的企业杠杆率发展不同于美国。李晚晴和田野（2018）发现对我国企业微观杠杆率的指标（资产负债率）与宏观杠杆率指标（企业部门债务/GDP）的衡量上存在背离。我国企业的债务率有明显的逆周期性。而部分学者发现我国上市企业总体资产账面值负债水平有明显的亲周期性特征（王振山等，2010）。还有学者研究经济周期与投资关系。经济繁荣会提高投资者的情绪和乐观预期，企业投资机会和投资支出都会增加（陈艳，2013）。

虽然经济周期与企业杠杆率并未形成一致意见，但大部分文献一致认为我国企业的微观杠杆率具有明显的逆周期性。当金融周期扩张时，企业杠杆率将会降低，而且金融周期的扩张也会带动企业投资效率的提高，进一步提高企业盈利能力。企业杠杆率的逆周期性和企业盈利能力的顺周期性会大幅度降低公司的债务违约风险发生率。

假设 1：公司债务违约风险逆周期性变化，即在金融扩张期，公司债务违约风险趋于下降；在金融周期下行期，由于企业减少投资且盈利能力降低，债务违约风险增加。

（二）金融周期与融资约束

张朝洋和胡援成（2017）通过分析发现货币政策越宽松越能降低企业的融资约束。伊莱克达格和吴（Elekdag & Wu，2013）以新兴市场国家为研究对象，分析了它的信贷周期问题。发现信贷扩张与宽松的货币政策相伴而生；若信贷供给变得紧缩时，往往伴随着金融危机的发生。

金融周期处于扩张阶段，一方面是由于高涨的投资者情绪和较高的经济增长率，投资意愿的增强大大降低了企业融资约束；另一方面，金融周期的扩张时宽松的货币政策使借款利率大幅回落，企业的融资约束降低。

假设 2：企业融资约束与金融周期反向变动，即金融周期扩张会降低企业融资约束。

（三）金融周期、融资约束与公司债务违约风险

完美资本市场中，内、外源资金可以相互替代，所以公司没有进行流动性管理的必要。但是现实中资本市场并非完美，各种"摩擦"普遍存在。经济的扩张与收缩不仅表现为信贷的扩张和收缩（郑立根，2017）和融资成本（Myers，1984）及盈利能力（Bernake & Gertler，1989）的变化、在资本市场上的活跃程度，进而造成企业融资约束的改变。

我国资本市场发展程度并不高，债务融资是企业资金的主要方式，由此可见，银行贷款在其中扮演举足轻重的作用。而企业过度负债不可避免面临债务再融资，而融资约束的高低直接关乎企业债务再融资的难度。企业融资约束提高会提高融资成本，降低经营效率并增大企业的债务风险。金融周期与企业面临的融资约束是息息相关的。金融周期的扩张促使信贷扩张，利率的降低降低了融资成本；信贷扩张提高金融市场流动性，充足的货币供应量增强了企业外部融资能力，公司债务违约风险降低。

假设 3：金融周期扩张，企业融资约束降低，公司债务违约风险降低；金融周期衰退，企业融资约束提高，公司债务违约风险上升。

三、研究设计

（一）样本选取及数据来源

宏观经济数据选取：构建金融周期指标的数据来自 Wind，且均为年度数据。

企业数据选取：选取 2003～2018 年全部 A 股非金融类上市公司。在数据处理时做了以下处理：(1)剔除了 ST 上市公司；(2)剔除缺失数据。经处理最终得到包含 11 756 个样本的非平衡面板数据。相关指标数据从 CS-MAR 与 CCER 中获得。为了排除异常值影响，对连续变量采用 1% 水平上的缩尾处理。

（二）研究变量的选择

（1）金融周期指标。参考已有文献（马勇等，2016；苗文龙等，2018），本研究选择构建金融周期的指标有五个，分别为：利率、汇率、货币供应量、股票价格和信贷。根据以上指标的周期性特征，参考目前已有文献（马勇等，2016）的做法，首先将指标实际数值与平滑因子为 1 600 的 HP 滤波法获取各指标的均衡值作差（得到缺口值），用其衡量波动程度。求取差值后，参考标准文献运用 min－max 标准化方法将缺口值数据做以下处理：

$$V'_{it} = \frac{V_{it} - \mathrm{Min}(V_i)}{\mathrm{Max}(V_i) - \mathrm{Min}(V_i)} \times 100 \qquad (4.1)$$

其中，V_{it} 为指标 i 在时期 t 的缺口值，$\mathrm{Min}(V_i)$ 与 $\mathrm{Max}(V_i)$ 分别代表指标 i 在缺口值的最小值和最大值，V'_{it} 是标准化的指标值。

将各标准化后的指标变量加总即为金融周期指标。参考目前已有文献的做法，本研究使用简单平均（等权重）进行加总，得到金融周期序列。在此基础上再次使用 HP 滤波法将已计算出的金融周期序列作取对数处理，再用 HP 滤波法求得金融周期序列的均衡值，最后将原金融周期序列与均衡值相减得到金融周期指标的缺口值，将缺口值乘以 100 即为金融周期指数（FC）。

（2）融资约束指标。目前现有文献一般采用单一或多个金融变量构建融资约束指数，也有学者根据融资约束后果，利用随机前沿方程来衡量融资约束（徐娇，2015）。

根据已有研究成果的分析发现，融资约束的衡量指标并不具唯一性。本研究拟参照克利里（Cleary，1999）的做法，根据股利支付率作为分类标准。而于蔚等（2012）指出，由于我国金融制度的特殊性，分红标准应纳入企业再融资评价条件。可见，将股利支付率作为融资约束的评价指标对融资约束进行分组欠妥。本研究借鉴徐娇（2015）的研究方法，选取利息保障倍数指标（COV）作为融资约束的分组指标。此外，还增加了账面价值指标（BV）对样本进行预分组（Athey & Laumas，1994）。为了克服单指标分组的局限性，参考相关文献，将利息保障倍数和账面价值分别进行从小到大排序，前33%与后33%分别为高融资约束（设为1）与低融资约束（设为0）样本，然后取两者之间的交集，得到最终的高低融资约束组。

在得到不同融资约束水平的两组样本后，将融资约束作为被解释变量，解释变量选取以下变量：资产负债率（LEV）、公司规模（Size）、经营性净现金流（CFO）、主营业务收入增长率（SG）与股利分配率（Div），然后借助 Logistic 回归构建融资约束指数。FI 指数与融资约束指标间为呈正相关关系。

$$FI_{it} = C + \beta_1 LEV_{it} + \beta_2 Size_{it} + \beta_3 CFO_{it} + \beta_4 SG_{it} + \beta_5 Div_{it} + \varepsilon_{it} \qquad (4.2)$$

（3）债务风险指标。由于样本覆盖多行业，根据已有文献（李婷婷，2017），借鉴 Alexander Bathory 模型得到公司债务违约风险指标。将公司债务违约风险（DR）定义为：

$$DR = SZL + SY + GL + YF + YZ \qquad (4.3)$$

其中，SZL 是（利润总额 + 折旧 + 递延税款）/流动负债；SY 代表利润总额/（流动资产 − 流动负债）；GL 为所有者权益/流动负债；YF 是（所有者权益 − 无形资产净值）/负债总额；YZ 是（流动资产 − 流动负债）/总资产。DR 值和公司债务违约风险具有负相关关系。DR 值越低，企业对债务的偿还能力越小，企业的债务风险越高。

（4）控制变量。参考已有的文献（刘晓光和刘元春，2019），本节选取资产规模、市净率、投资机会、资本密集度、股权集中度、独立董事比例、上市年限以及固定资产比重，同时还控制了企业和年份固定效应。避免特定年份和企业特定的因素影响。各变量的具体定义如表4-1所示。

表4-1 　　　　　　　　　　　　　各变量定义

变量名称	变量符号	变量定义
Panel A：金融周期指标变量		
利率	i_t	银行7天同业拆借利率
汇率	e_t	人民币名义有效汇率指数
货币供应量	m_t	M2 同比增速
股票价格	s_t	上证综指
信贷	cre_t	私人部门信贷/GDP
金融周期	FC	滤波法构建金融周期指数

变量名称	变量符号	变量定义
Panel B：融资约束指标变量		
利息保障倍数	COV	息税前利润/利息费用
账面价值	BV	所有者权益
资产负债率	LEV	负债总额/总资产
公司资产规模	$Size$	总资产的对数
经营活动净现金流	CFO	经营活动产生的现金流/总资产
主营业务收入增长率	SG	（当年主营营业收入－上年主营业务收入）/上年主营业务收入
股利分配率	Div	每股股利/每股收益
融资约束	FI	Logistic 回归结果
融资约束滞后一期	FI_{t-1}	上一期 Logistic 回归结果
Panel C：被解释变量		
盈利能力	ROA	净利润/总资产
资产负债率	LEV	负债总额/总资产
债务风险	DR	巴萨利模型
Panel D：控制变量		
投资机会	$Growth$	（当年主营营业收入－上年主营业务收入）/上年主营业务收入
市净率	MB	每股股价/每股净资产
无形资产比重	IA	无形资产/总资产
资本密集度	CI	企业固定资产净额/企业员工数
股权集中度	HD	前十大股东持股比例的赫芬达尔指数
独立董事比例	DI	独立董事人数/全体董事人数
企业上市年限	Age	当前年度—企业上市年度
固定资产比重	FX	固定资产/总资产

（三）模型设定

（1）金融周期变动与公司债务违约风险。为了验证假设 1，探究金融周期对公司债务违约风险的作用机制，将模型设定为金融周期对企业的盈利能力、企业资产负债率以及公司债务违约风险的影响进行分析，采用面板固定效应进行估计。

$$ROA_{it} = \alpha_0 + \alpha_1 \times FC_{it} + \sum_{i=2} \alpha_i control_{it} + \sum YEAR + \sum IND + \varepsilon_{it}$$

$$(4.4)$$

$$LEV_{it} = \eta_0 + \eta_1 \times FC_{it} + \sum_{i=2} \eta_i control_{it} + \sum YEAR + \sum IND + \varepsilon_{it}$$

$$(4.5)$$

$$DR_{it} = \beta_0 + \beta_1 \times FC_{it} + \sum_{i=2} \beta_i control_i + \sum YEAR + \sum IND + \varepsilon_{it}$$

$$(4.6)$$

为了验证假设 1 成立，则 β_1 显著为正，即金融周期扩张，公司债务违约风险降低。

（2）为了验证假设 2 和假设 3，金融周期对融资约束的影响，进而对公司债务违约风险的影响。模型设定如下：

$$FI_{it} = \alpha_0 + \alpha_1 \times FC_{it} + \sum_{i=2} \alpha_i control_{it} + \sum YEAR + \sum IND + \varepsilon_{it}$$

$$(4.7)$$

$$DR_{it} = \eta_0 + \eta_1 \times FI_{it} + \sum_{i=2} \eta_i control_{it} + \sum YEAR + \sum IND + \varepsilon_{it}$$

$$(4.8)$$

$$DR_{it} = \theta_0 + \theta_1 \times FC_{it} + \theta_2 \times FI_{it} + \sum_{i=3} \theta_i control_{it} + \sum YEAR + \sum IND + \varepsilon_{it}$$

$$(4.9)$$

为了验证假设 2 成立，则 α_1 的数值显著为负，即在金融周期扩张时，企业融资约束降低；为了验证假设 3 成立，则 η_1 显著为负值，θ_1 显著为正值，θ_2 显著为负，且 β_1 大于 θ_1。

四、实证结果分析

（一）变量的描述性统计

表 4 - 2 是主要变量描述性统计结果。从不同企业的债务风险的标准差来看，债务风险存在很大差异，金融周期指标也表现出同样特征；而从融资约束的数值来看，多数企业的融资约束较小；样本中国有企业占比为 36.8%，民营企业占比为 63.2%；企业资产负债率的均值为 46.312，较符合实际情况；企业盈利能力之间的差距较大。

表 4 - 2　　　　　　　　主要变量的描述性统计

变量	观测数	均值	中位数	标准差	最小值	最大值
DR	11 756	3.023	2.406	3.538	-45.83	137.89

变量	观测数	均值	中位数	标准差	最小值	最大值
FC	11 756	1. 124	− 0. 453	30. 607	− 54. 764	41. 368
ROA	11 756	3. 809	3. 570	5. 896	− 164. 791	39. 990
LEV	11 756	46. 312	45. 141	17. 105	12. 563	85. 656
FI	11 756	− 2. 006	− 1. 596	7. 037	− 41. 267	18. 861
Size	11 756	22. 120	21. 954	1. 241	19. 813	26. 061
MB	11 756	2. 384	3. 027	12. 890	− 97. 000	112. 554
Growth	11 756	− 0. 967	7. 273	66. 696	− 97. 000	318. 809
CI	11 756	12. 417	12. 418	1. 042	6. 451	18. 793
HD	11 756	0. 160	0. 132	0. 114	0. 003	0. 810
DI	11 756	0. 373	0. 333	0. 056	0. 143	0. 800
Age	11 756	13. 434	2. 639	7. 081	0. 000	28. 000
FX	11 756	0. 001	0. 000	0. 026	0. 000	0. 807

（二）融资约束指标的构建

表 4 - 3 是方程（2）的 logistic 回归分析结果，可见，回归系数的符号与预先判断相同，融资约束和企业资产负债率（LEV）正相关，与其他变量存在负相关关系。而且变量数量的增加可以提高模型拟合优度。且所有解释变量都在 1% 的水平下显著不为 0，模型整体显著，因此得到衡量企业融资约束指数的表达式：

$$FI_{it} = 128. 2 + 0. 204 \times LEV_{it} − 6. 301 \times Size_{it} − 3. 046 \times CFO_{it}$$
$$− 0. 0198 \times SG_{it} − 0. 677 \times Div_{it} \quad (4. 10)$$

表 4 - 3　　　　　　Logistic 模型逐步回归结果

变量	模型 1	模型 2	模型 3	模型 4	模型 5
LEV	0. 0549 *** (0. 002)	0. 191 *** (0. 009)	0. 191 *** (0. 009)	0. 204 *** (0. 010)	0. 204 *** (0. 010)
Size	—	− 5. 914 *** (0. 253)	− 5. 976 *** (0. 260)	− 6. 222 *** (0. 284)	− 6. 301 *** (0. 292)
CFO	—	—	− 2. 644 *** (0. 635)	− 3. 050 *** (0. 435)	− 3. 046 *** (0. 432)
SG	—	—	—	− 0. 020 *** (0. 002)	− 0. 020 *** (0. 002)

变量	模型 1	模型 2	模型 3	模型 4	模型 5
Div	—	—	—	—	− 0. 677 *** (0. 123)
Constant	− 2. 734 *** (0. 103)	120. 000 *** (5. 173)	121. 400 *** (5. 317)	126. 300 *** (5. 807)	128. 200 *** (5. 976)
Loglikehood	− 3 068. 759	− 535. 993	− 520. 65503	− 441. 78425	− 431. 976
R square	0. 150	0. 852	0. 856	0. 878	0. 883
F	1 081. 860	6 147. 390	6 178. 070	6 335. 810	6 355. 430
Chi − square	0. 000	0. 000	0. 000	0. 000	0. 000

注：（1）括号里的数值是参数的标准误，括号上面的数值为参数的估计值；（2）* 表示在 10% 的水平下显著；** 表示在 5% 的水平下显著；*** 表示在 1% 的水平下显著。

（三）金融周期、融资约束与公司债务违约风险的回归结果分析

将样本数据代入（4.1）、（4.3）及（4.10）方程中求得 *FC*、*DR* 与 *FI*。

（1）金融周期的变动对公司债务违约风险的影响。将各指标加入方程（4.4）~（4.6）中回归，本节采用面板固定效应回归（fixed effect）作为回归分析方法，并采用稳健标准误进行估计。表 4 − 4 是验证假设 1 而进行回归分析得到的结果。

表 4 − 4　　　　　　金融周期对公司债务违约风险回归结果

变量	(4) ROA	(5) LEV	(6) DR
FC	0. 008 ** (0. 004)	− 0. 079 *** (0. 010)	0. 016 *** (0. 003)
Size	0. 032 (0. 090)	6. 328 *** (0. 230)	− 0. 040 (0. 080)
MB	− 0. 047 *** (0. 003)	− 0. 090 *** (0. 008)	0. 002 (0. 003)
Growth	0. 008 *** (0. 001)	0. 017 *** (0. 002)	− 0. 001 (0. 001)
CI	− 0. 529 *** (0. 064)	0. 028 (0. 162)	− 0. 00220 (0. 057)
HD	6. 173 *** (0. 753)	3. 484 * (1. 920)	1. 697 ** (0. 671)

变量	(4) ROA	(5) LEV	(6) DR
DI	− 2. 256 ** (0. 977)	3. 070 (2. 491)	− 0. 592 (0. 870)
Age	− 0. 621 (3. 142)	− 3. 795 (8. 010)	− 0. 110 (2. 798)
FX	3. 906 (2. 638)	− 17. 170 ** (6. 725)	− 3. 788 (2. 349)
Constant	10. 970 (7. 850)	− 90. 400 *** (20. 010)	4. 455 (6. 991)
Year	控制	控制	控制
Industry	控制	控制	控制
N	11 756	11 756	11 756
R²	0. 131	0. 127	0. 010

注：（1）括号里的数值是参数的标准误，括号上面的数值为参数的估计值；（2）∗表示在 10%的水平下显著；∗∗表示在 5%的水平下显著；∗∗∗表示在 1%的水平下显著。

表 4 - 4 呈现金融周期与公司债务违约风险的分析结果。其中，对于债务违约风险，金融周期指标（FC）在 1%水平下显著，验证了假设 1 的正确性；对于企业盈利能力，FC 的系数在 5%的水平下显著；而就企业微观杠杆率，FC 的系数为也在 1%水平下显著为负数。因此，当金融周期扩张，企业盈利能力提高，企业的杠杆率降低，公司债务违约风险降低。

（2）为了验证假设 2 和假设 3 的结果，将各指标代入到方程（4.6）~（4.9）中进行分析，表 4 - 5 为相应的回归结果。

表 4 - 5　　　　金融周期、融资约束与公司债务违约风险回归结果

变量	(6) DR	(7) FI	(8) DR	(9) DR
FC	0. 016 *** (0. 003)	− 0. 014 *** (0. 00199)	—	0. 010 *** (0. 003)
FI	—	—	− 0. 428 *** (0. 016)	− 0. 428 *** (0. 016)
Size	− 0. 040 (0. 080)	− 5. 034 *** (0. 050)	− 2. 195 *** (0. 112)	− 2. 195 *** (0. 112)

变量	(6) DR	(7) FI	(8) DR	(9) DR
MB	0.002 (0.003)	-0.016*** (0.002)	-0.005* (0.003)	-0.005* (0.003)
Growth	-0.001 (0.001)	-0.017*** (0.001)	-0.008*** (0.001)	-0.008*** (0.001)
CI	-0.002 (0.057)	-0.027 (0.035)	-0.014 (0.055)	-0.014 (0.055)
HD	1.697** (0.671)	0.278 (0.416)	1.816*** (0.647)	1.816*** (0.647)
DI	-0.592 (0.870)	0.779 (0.540)	-0.259 (0.839)	-0.259 (0.839)
Age	-0.110 (2.798)	-0.859 (1.736)	-0.478 (2.698)	-0.478 (2.698)
FX	-3.788 (2.349)	-4.470*** (1.457)	-5.702** (2.266)	-5.702** (2.266)
Constant	4.455 (6.991)	110.700*** (4.336)	51.270*** (6.979)	51.270*** (6.979)
Year	控制	控制	控制	控制
Industry	控制	控制	控制	控制
N	11 756	11 756	11 756	11 756
R^2	0.010	0.790	0.079	0.079

注：（1）括号里的数值是参数的标准误；括号上面的数值为参数的估计值；（2）＊、＊＊与＊＊＊分别表示在10%、5%与1%的水平下显著。

1）金融周期与融资约束的检验与分析。方程（4.7）回归结果表明，对于融资约束而言，金融周期的系数在1%水平下显著为负数。即，金融周期的扩张会降低企业融资约束。

2）融资约束与公司债务违约风险的检验与分析。由式（4.8）的回归结果可知，对于债务违约风险来说，融资约束的系数在1%置信水平下显著为负数，可见，融资约束的提高，企业的外部融资可获得性越低，企业再融资的能力降低，公司债务违约风险增大。

3）融资约束中介效应检验。通过上面的回归方程的检验结果可知，随着金融周期的扩张，企业融资约束降低，而企业融资约束的降低，有利于公司债务违约风险的降低。借鉴袁飞飞和张友棠（2019）的做法，对融资约束的中介效应进行检验。

方程（4.6）的回归结果表明，金融周期（FC）和公司债务违约风险（DR）间有显著相关性，所以，符合中介效应检验的第一步假设；方程（4.7）的实证回归结果表明，FC 与 FI 也有显著相关性，中介效应检验的第二步假设也得到满足；由方程（4.9）的回归结果显示，FC 与 FI（融资约束）的回归系数分别为正数和负数，且均在 1% 水平下显著。当融资约束加入模型后，FC 的系数出现下降趋势，但显著性未改变。故在金融周期对公司债务违约风险的影响中融资约束具有部分中介效应作用。

（四）稳健性检验

本节进行的稳健性检验如下：1）增加融资约束指标的构建变量，将资产负债率指标（ROE）纳入融资约束指标的构建中，发现了该指标与融资约束间的负相关关系。因此，新变量的加入提高了融资约束的解释力，同时验证了本研究的可靠性；2）解决内生性问题，参考刘晓光和刘元春（2019）将所有解释变量滞后 1 期，并将其作为工具变量，然后进行 GMM 回归，得到的回归结果与前述研究相同。两种稳健性检验的结果反映在表4-6 中和表 4-7 中。

表4-6 　　　　　　　　　　稳健性检验（1）

变量	(6) DR	(7) FI	(8) DR	(9) DR
FC	0.016 *** (0.003)	− 0.017 *** (0.003)	—	0.010 *** (0.003)
FI	—	—	− 0.368 *** (0.012)	− 0.368 *** (0.012)
Size	− 0.040 (0.080)	− 5.023 *** (0.067)	− 1.889 *** (0.097)	− 1.889 *** (0.097)
MB	0.002 (0.003)	0.008 *** (0.002)	0.005 * (0.003)	0.005 * (0.003)
Growth	− 0.001 (0.001)	− 0.001 ** (0.001)	− 0.001 ** (0.001)	− 0.001 ** (0.001)
CI	− 0.002 (0.057)	0.243 *** (0.047)	0.087 (0.054)	0.087 (0.054)
HD	1.697 ** (0.671)	− 2.980 *** (0.560)	0.600 (0.639)	0.600 (0.639)

变量	(6) DR	(7) FI	(8) DR	(9) DR
DI	−0.592 (0.870)	1.725** (0.726)	0.043 (0.828)	0.043 (0.828)
Age	−0.110 (2.798)	−0.338 (2.336)	−0.235 (2.663)	−0.235 (2.663)
FX	−3.788 (2.349)	−4.355** (1.962)	−5.391** (2.236)	−5.391** (2.236)
Constant	4.455 (6.991)	104.900*** (5.837)	42.500*** (6.773)	42.500*** (6.773)
Year	控制	控制	控制	控制
Industry	控制	控制	控制	控制
N	11 756	11 756	11 756	11 756
R^2	0.010	0.587	0.103	0.103

注：（1）括号里的数值是参数的标准误，括号上面的数值为参数的估计值；（2）＊表示在 10% 的水平下显著；＊＊表示在 5% 的水平下显著；＊＊＊表示在 1% 的水平下显著。

表 4-7　　　　　　　　　　　稳健性检验（2）

变量	(6) DR	(7) FI	(8) DR	(9) DR
FC	0.016*** (0.004)	−0.021*** (0.007)	—	0.007** (0.004)
FI	—	—	−0.389*** (0.010)	−0.387*** (0.010)
Size	−0.300*** (0.023)	−4.901*** (0.039)	−2.218*** (0.054)	−2.199*** (0.055)
MB	−0.0588*** (0.016)	0.133*** (0.025)	0.004 (0.010)	−0.007 (0.012)
Growth	−0.002 (0.001)	−0.001 (0.002)	0.001 (0.001)	−0.002** (0.001)
CI	0.419*** (0.033)	−0.327*** (0.044)	0.297*** (0.027)	0.292*** (0.027)
HD	0.541** (0.270)	−0.400 (0.410)	0.476** (0.213)	0.386* (0.224)

变量	(6) DR	(7) FI	(8) DR	(9) DR
DI	-1.166 *** (0.428)	2.580 *** (0.720)	-0.138 (0.326)	-0.166 (0.328)
Age	-0.340 *** (0.054)	0.975 *** (0.082)	0.101 *** (0.034)	0.038 (0.046)
FX	6.552 ** (3.009)	19.740 *** (3.623)	13.730 *** (3.141)	14.200 *** (3.139)
Constant	2.114 * (1.201)	110.100 *** (1.872)	45.960 *** (1.444)	44.760 *** (1.519)
Year	控制	控制	控制	控制
Industry	控制	控制	控制	控制
N	8 193	8 193	8 193	8 193
R^2	0.042	0.719	0.385	0.383

注：（1）括号里的数值是参数的标准误，括号上面的数值为参数的估计值；（2）＊表示在10%的水平下显著；＊＊表示在5%的水平下显著；＊＊＊表示在1%的水平下显著。

（五）进一步分析

1. 企业所有制对公司债务违约风险的影响存在异质性差异

所有制差异可能影响融资约束水平，并且也可能导致在公司债务违约风险方面出现差异。银行借款在我国企业融资比重中占很大的一部分。因此，在银行业贷款占主要部分的条件下，融资约束和企业性质相关联。一方面，国有企业较民营企业来说，更容易获得贷款支持（邓可斌和曾海建，2014），因此受到更小的融资约束。另一方面，国有企业的优势更容易获得隐性担保（陆正飞等，2015）也有助于其获得融资。在这些优势下，国有企业获得外部融资的数量并不大会受到是否已经过度负债的影响，不易出现破产风险。在相对高融资约束下，民营企业受金融周期影响更大。由此可推断，金融周期、融资约束对不同类型企业的债务风险影响会有差异。将各指标代入方程（4.9）进行回归，回归结果如表4-8所示。

民营企业和国有企业中的金融周期系数都为正，国有企业中的系数很小，而且不具有民营企业中的显著性；民营企业、国有企业中融资约束的系数均在1%的水平下显著为负，民营企业中这一系数的绝对值更大。

表 4 − 8　　　　　　　　企业所有制与公司债务违约风险回归结果

变量	全样本 DR	国有 DR	民营 DR
FC	0.010 *** (0.003)	0.007 (0.008)	0.012 *** (0.003)
FI	− 0.428 *** (0.016)	− 0.315 *** (0.037)	− 0.498 *** (0.015)
Size	− 2.195 *** (0.112)	− 1.597 *** (0.251)	− 2.526 *** (0.108)
MB	− 0.005 * (0.003)	0.004 (0.0103)	− 0.006 *** (0.002)
Growth	− 0.008 *** (0.001)	− 0.004 *** (0.001)	− 0.010 *** (0.001)
CI	− 0.014 (0.055)	0.014 (0.114)	− 0.039 (0.055)
HD	1.816 *** (0.647)	2.103 (1.350)	1.539 ** (0.654)
DI	− 0.259 (0.839)	− 0.396 (1.660)	− 0.213 (0.865)
Age	− 0.478 (2.698)	− 0.313 (3.599)	—
FX	− 5.702 ** (2.266)	− 8.310 *** (3.215)	1.924 (8.147)
Constant	51.270 *** (6.979)	38.100 *** (11.660)	58.220 *** (2.461)
Year	控制	控制	控制
Industry	控制	控制	控制
N	11 756	4 341	7 415
R^2	0.079	0.028	0.178

注：（1）括号里的数值是参数的标准误，括号上面的数值为参数的估计值；（2）＊表示在10%的水平下显著；＊＊表示在5%的水平下显著；＊＊＊表示在1%的水平下显著。

2. 企业现金持有水平对公司债务违约风险的影响

企业的现金流是企业进行决策的基石，企业现金流来源由留存收益及外部融资两部分组成。连玉君等（2008）发现融资约束越强的企业的现金—现金流敏感性也越强，融资约束的企业常持有大量预防性现金。并且现金流风险显著正向作用于现金持有量（Han & Qiu，2007）。现金持有水平越高，金融周期波动造成公司债务违约风险的可能性越低；且现金水平越高的企业，面临的融资约束可能更大，出现公司债务违约风险的概率上升。因此，金融周期、融资约束对现金差异的公司的债务违约风险的影响应该存在差异。为了验证推论，根据企业现金持有水平（（货币资金＋交易性金融资产）／总资产）的均值进行分为高低组。然后对方程（4.9）回归，结果如表4-9所示。

表4-9　　　　　　　现金持有水平与公司债务违约风险回归结果

变量	全样本 DR	高现金持有水平 DR	低现金持有水平 DR
FC	0.010 *** (0.003)	0.011 *** (0.003)	0.0121 ** (0.006)
FI	-0.428 *** (0.016)	-0.435 *** (0.015)	-0.411 *** (0.034)
Size	-2.193 *** (0.112)	-2.286 *** (0.106)	-2.085 *** (0.233)
MB	-0.005 * (0.003)	-0.003 (0.003)	-0.008 (0.005)
Growth	-0.008 *** (0.001)	-0.010 *** (0.001)	-0.006 *** (0.001)
CI	-0.014 (0.055)	-0.034 (0.053)	0.024 (0.108)
HD	1.813 *** (0.647)	1.163 * (0.669)	2.277 * (1.222)
DI	-0.256 (0.839)	0.222 (0.820)	-0.166 (1.608)
Age	-0.479 (2.698)	-0.798 (1.576)	—
FX	-5.704 ** (2.266)	0.084 (2.786)	-5.580 (3.783)
Constant	51.800 *** (6.969)	54.500 *** (4.442)	48.030 *** (5.360)
Year	控制	控制	控制

变量	全样本 DR	高现金持有水平 DR	低现金持有水平 DR
Industry	控制	控制	控制
N	11 756	5 566	6 190
R^2	0.079	0.216	0.043

注：（1）括号里的数值是参数的标准误，括号上面的数值为参数的估计值；（2）＊、＊＊、＊＊＊分别表示在10%、5%、1%水平下显著。

从表4－9可知，不论现金持有水平的高低，金融周期的系数都为正数。但是在低现金持有水平企业中金融周期的作用更强。融资约束在高现金持有水平与低现金持有水平中均显著为负值，并且融资约束对高现金持有水平的企业做成的影响更大。

第二节　资本市场开放与公司债务违约风险

一、引言

我国正处于转变发展模式，不断优化经济结构，转换增长动力的关键时期，经济下行的压力加大。世界大变局演变趋势明显，全球风险点激增。2019年中央经济工作会议强调必须坚持以改革开放为动力，要通过深化改革，进一步扩大资本市场开放，激发各类经济主体的发展潜能，牢牢守住不发生系统性风险的底线。在我国政府的努力下，资本市场开放先后取得了"沪港通""深港通"等一系列令人瞩目的成就，对外开放的层次进一步提升。国家金融稳定发展委员会宣布将进一步优化金融领域的外资营商环境。在对外开放的总部署下，我国资本市场开放的步调逐步加快。2020年4月1日起，证监会取消了外资股比上限和歧视性审批许可、承诺允许外资机构进入我国资本市场，并指出将坚持市场化、法制化的改革方向，不断推进资本市场开放。这为我国资本市场的健康发展营造了良好的氛围，将有效提高资本市场服务实体经济的能力。

随着我国资本市场的不断开放，境外机构投资者纷纷看好我国资本市场的发展潜力，长线资金进入我国资本市场，为我国资本市场注入了大量流动性。据Wind资讯整理得出，自"沪港通"开通至2019年底，北向资金净流入由764.1亿元上升至5 025.17亿元，"沪港通"的资金净流入从764.1亿元升高到2 362.53亿元，另外，"深港通"资金净流入由2016年开通时的764.1亿元攀升至2019年的2 662.64亿元。受疫情的影响，2020年以来，我国资本市场出现了一定的波动。但分析人士认为，随着疫情控制态势转好，中国经济将回归增长主线，我国资本市场将继续保持向好，服务实体经济的途径和力度将得到提升。日前，证监会等部门一系列加大资本市场开放力度政策的发布，资本市场开放如何影响实体经济的发展，将成为学术界乃至社会各界关注的热门话题。"沪港通"作为资本市场开放的外生冲击事件，是我国金融改革史上的一个里程碑，为学术界提供了一个天然的实验平台。目前学术界对资本市场开放对经济的影响展开了大量研究。从现有文献来看关于资本市场开放的研究主要集中在提高企业价值（Chen et al.，2009）、提高经营效率（Guadalupe et al.，2012）、公司治理（姚铮和汤彦峰，2009；张宗益和宋增基，2010）、促进经济增长（McKinnon，1973；Shaw，1973；Bekaert et al.，2001；邵军和徐康宁，2008）等方面。但前期去杠杆、去产能等新规则的出台，使我国部分企业的融资渠道变少，融资成本越来越高，实体经济大多面临资不抵债等违约风险。"沪港通"在为我国带来大量境外投资者、注入大量外资的同时，是否能起到有效提高股票流动性、降低公司债务违约风险的作用是亟待回答的问题。

实体经济的健康发展与完善的金融体系和监管体系息息相关，资本市场完善度较低会提高企业外部融资成本，融资受限公司的资金主要取决于内部资金的可用性（Guermazi & Amira，2014）。基于我国资本市场机制不健全的特征，学者们深入探究资本市场开放对我国经济的影响时发现，我国上市企业信息的准确性较低，国内投资者不大关注企业的详细信息，导致机构投资者在投资选择时具有较强的投机性。当存在高度信息不对称时，就会导致股市的出现较大波动性，增加股价崩盘风险，甚至出现市场失灵。资本市场的自由化，使股票市场投资结构更具多样性，增加了股票市场的流动性和信息透明度。高股票流动性可以增加股价信息含量，吸引外部投资，降低资本成本（Bolton et al.，2011），资本成本的降低能够缓解公司的财务约束（Bruno et al.，2014；Edmans et al.，2013；Fang V. W. et al.，2009；V. W. Fang et al.，2017；Tian，X. & Wang，T.，2014）。但是当资本突然大量流入发展中国家的股票市场时，资本市场是否有足够的能力处理一体化的市场、防止风险的发生是值得深思的问题（S. Arshad et al.，2014）。

在世界各国竞争局势日益激烈的背景下，资本市场开放是否能够提高股票流动性，降低债务违约风险值得深入研究。本节检验了股票流动性对债务违约风险的影响，并以沪港通的开通作为资本市场开放的政策事件，利用双重差分模型验证了资本市场开放对流动性与债务违约风险关系的调节作用。通过实证分析发现，股票流动性与债务违约风险具有显著的负相关关系；资本市场开放能够加强股票流动性与债务违约风险的负相关关系，并且这一调节关系在国有企业中较为明显；进一步地，在具有高公司治理水平、企业创新水平、高成长机会、低杠杆水平的企业中以上结果依然成立；利用倾向评分匹配（PSM）样本、更换计量方法等再次分析后，结论依然稳健。

本节可能的贡献如下：（1）国内针对股票流动性的文献主要集中于其与公司价值关系层面，本节丰富了该领域的研究。（2）资本市场开放的目的之一便是提高资本市场的运转效率，防止系统性风险的发生。本节通过"沪港通"这一自然实验检验了资本市场开放对股票流动性与债务违约风险关系的调节作用，且这一调节作用在国有企业中较明显。为下一步稳步推进资本市场开放提供了证据，并为资本市场开放指明了方向。（3）通过影响机制分析发现，资本市场开放对股票流动性和债务违约风险的调节作用在高创新、高公司治理、高成长机会、低杠杆水平样本中更强，暗示了资本市场开放降低债务违约风险的有效途径。（4）本节进一步拓展了实施资本市场开放的微观证据，为完善金融机制体制，加快推进资本市场开放和防止系统性风险提供了理论依据。

本节的研究安排为，第二部分为制度背景、理论分析与研究假设；第三部分为研究设计，检验了股票流动性对债务违约风险的影响以及资本市场开放对流动性与债务违约风险间关系的调节作用；第四部分是实证结果分析，按照公司属性、公司治理水平和创新水平进一步划分样本，进一步分析了资本市场开放对股票流动性与债务违约风险的影响机制；第五部分是稳健性检验，通过 PSM 方法、改变计量方法等方式进行了稳健性检验，最终支持了结论；第六部分是拓展性检验；第七部分是进一步分析。

二、制度背景、理论分析与研究假设

（一）制度背景

对外开放是我国的基本国策之一。1978 年党的十一届三中全会的召开，标志着我国步入改革开放时期。与此同时，我国资本市场开放也放开了脚步。中国资本市场开放缓解了外汇资金短缺的现状，为我国实体经济的发展，提供了良好的外部环境。在最近十几年里，证券市场随着外部监管环境及市场环境的不断优化实现了飞速发展。中国资本市场开放经过长时间的发展逐步实现了双向开放，"沪港通"联通机制是中国资本市场迈向双向开放的标志性事件，也是我国金融改革史上的一个里程碑。本部分将对"沪港通"的主要内容和资本市场相关开放政策进行简要概述。

在"沪港通"开通以前，境外投资者参与我国资本市场交易的途径发生了显著的变化，境外投资者的投资范围也逐步扩大。随着资本市场开放的推进，合格境外机构投资者（QFII）、人民币合格境外机构投资者（RQFII）、合格境内机构投资者（QDII）单向开放制度的实施，B 股市场的作用被迅速边缘化。虽然此时资本市场的投资额度占 A 股市场的规模的比例较小，在投资额度等方面存在一定的缺陷，但这一系列的制度实现了 A 股市场的首次对外开放，扩展了境外机构投资者投资我国证券市场的渠道。

2014 年 11 月，"沪港通"正式启动，我国资本市场的双向开放顺利进行。"沪港通"作为资本市场的一项重大制度创新，顺应了投资者的需求，拓宽了企业和居民的融资渠道，对优化资本配置、完善资本市场体系具有重要意义。随后，"深港通"于 2016 年 12 月 5 日开通。"深港通的开通"改变了境外投资者仅能在上海证券交易所上市部分股票的现状，进一步深化了资本市场改革。诸多海外媒体认为"沪港通"的开通使中国资本市场开放迈上了一个新台阶，且可能实现全球投资版图的变化（陈胜蓝和马慧，2017）。因此，本节将"沪港通"的实施，作为天然的实验平台进行实证分析。

（二）理论分析

有效市场理论认为，资本市场上活跃的投资者均为理性人。他们能对股价的变动做出预测，在收益与风险间做出取舍。有效市场假说根据股价反映出的信息状况分弱、半强、强式三种有效市场假说。其中，股价在弱式有效市场中只能反映企业的历史信息。半强式有效市场中，股价能反映企业盈利预测值等公开信息；而在强式有效市场中，公开及未公开的信息均能由股票价格反映出来，投资者能够全面地掌握企业的信息。总之，市场有效性的划分标准为股价信息含量，其中包含的历史信息和内部信息反映出了企业公司治理的优劣。"沪港通"等资本市场开放政策的实施，我国资本市场带来了大量境外机构投资者，作为理性者的代表的机构投资者资金实力雄厚，能够充分挖掘上市公司的经营信息，降低投资风险。机构投资者作为一种公司治理机制，能缓解企业股权及内部监控不合理等问题，降低管理层的代理成本，激励企业追求长期价值。

有效市场假说假设信息成本为零，并且不存在信息不对称的现象。但在现实中，信息不对称的存在，降低了信息披露的质量，不利于良好资本市场的构建。另外，虚假信息的发布可能成为市场中的噪声，影响资本市场的有效性，且这一负向作用在以散户为主的资本市场中表现得更为明显。随着资本市场开放进程的加快，大量外部投资者的进入能够减弱利益相关者之间的信息不对称（R Morck et al.，2005）。默顿（Merton，1987）根据不完全信息的资本市场模型提出了投资者认知假说。他认为投资者在进行投资时更倾向于选择信息透明度高及知名度高的企业。企业境外上市能够快速增加企业知名度（陆正飞，2018），进而降低企业融资成本。资本市场开放水平的提高，能够为我国带来大量境外投资者，进一步增加企业知名度，降低企业交易成本，减小企业陷入财务困境的风险。起源于交易成本的流动性假说认为，海外上市能够改善股票流动性，股票流动性的提高有利于资本成本的降低。较低的资本成本，将降低企业财务杠杆，避免发生债务违约。另外，股票流动性能提高机构投资者的持股比例，机构投资者的增加有助于企业降低非效率投资，起到缓解融资约束、提高企业创新能力的作用。中国资本市场的不断开放，受到越来越多的境外投资者的关注。基于市场分割理论可知，我国系统性风险对于境外投资者来说是可分散的非系统风险，境外投资者的投资热情能够正向推动股票市场流动性。"沪港通"等对外开放政策，进一步放宽了投资主体，外资的大量进入扩大了股东规模，提高了上市公司的股票流动性，分散了企业经营风险。因此，本节认为资本市场开放下境外投资者能够影响股票流动性，缓解企业融资约束，提高我国资本市场运营效率，进而影响债务违约风险。

（三）研究假设

近年来，我国对外开放进程不断加快，金融体系得到了长足发展。与此同时金融市场的波动性加剧，金融风险的大量出现成为制约我国经济上行的重要原因。在全球经济一体化市场，投资者甚至实时跟踪股市波动，以避免全球金融市场剧烈变化带来的波动溢出效应。

1. 股票流动性与债务违约风险

我国正处于金融改革转型期，前期去杠杆、去产能等政策的实施，使我国企业濒临资不抵债等的债务违约风险。据不完全统计，2016 年我国信用债券市场违约金额高达 342.58 亿元，比 2014 年与 2015 年债务违约总额的 3 倍还要多。2018 年私营企业中发生多起债务违约事件，严重制约了我国实体经济的发展。

发生违约风险的企业通常表现为现金流不足以支付偿债成本、平均现金流降低、资金加剧波动（Jonathan Brogaard et al.，2017）。股票流动性可能会对风险承担产生影响。股票市场在为交易资产创造流动性，促进资本的有效配置，吸引更多的投资的同时，可以迫使企业管理者可以做出更好的投资决策，产生更高的现金流，减少现金流的波动，从而降低违约风险。另外，股票流动性能提高企业的公司治理能力（Edmans，2009；Edmans & Manso，2011）。良好的公司治理能够约束管理者，敦促他们进行增值投资，并防范机会主义的管理行为，实现违约概率的降低。股票流动性还能够提高企业价值（Fang et al.，2014）、增加股东的能动性（Ø. Norli et al.，2015）、为投资者提供以最小的成本快速交易股票的能力（Bolton，P. et al.，2011），从而降低违约风险。流动性的提高使知情投资者利用其掌握的私有信息获取利润，利润的获取迫使投资者去挖掘更多的信息，并利用所获信息进行交易，进而提高了股价信息含量（Holden & Subrahmanyam，1992；Subrahmanyam & Titman，2001）。企业管理者借助股价中包含的信息制定最优经营决策，实现现金流的大量增加，减弱现金流的波动，实现违约风险的降低。克拉克（J. Brogaard，2017）通过分析十进制规则对股票流动性的冲击后，认为较低的违约风险往往伴随高流动性。克拉克（El Kalak，2017）利用 hazard 模型，发现虽然在不同行业中流动性指标预测破产的能力迥异，但高流动性的股票与较低的债务违约风险相关。基于以上分析，提出如下假设：

H1：股票流动性与债务违约风险具有负相关关系。

2. 资本市场开放、股票流动性与债务违约风险

在金融国际化背景下，加快我国金融改革，完善金融体系成为我国金融领域迫切需要解决的问题。由于地方政府债务的急剧增长，金融市场风险被充分地暴露了出来。为了有效缓解债务违约风险，降低违约风险发生的概率，防止系统性风险的发生、完善我国金融市场风险管理体系，我国汲取国外经验不断加大了资本市场开放力度。

随着沪港通这一资本市场开放政策的实施，使我国香港和内地投资者可以交易对方交易所流通的股票，实现了国内与国际资本市场实现了平稳接轨。金融自由化计划增加流动性、深化金融市场、提高交易系统效率以及提高金融合同透明度和法律执行的承诺，对金融市场参与者具有吸引力，为资本市场带来了大量境外投资者。外国投资者的存在增加了对诸如审计或金融分析等经济信息服务的需求。财务分析师和审计师提高了信息透明度，有助于缓解公司内部人员（经理、控股股东）和外部人员之间的

信息不对称，提高了股票市场流动性（R. M. Stulz，1999；Henry P. B.，2000），从而降低了股权融资成本，提高了金融稳健性。他们作为流动性提供者可能会给交易者带来净收益，减少中间投入的延迟或失败付款的风险。随着资本市场开放进程的不断加快，境外机构投资者进入我国资本市场的途径得到拓宽。有大量的理论指出，外国中介机构在当地金融体系中存在减轻逆向选择和道德风险问题来提高其效率，实现价格发现的功能，优化资源配置，实现资本市场的长足发展。资本市场的发展将促进储蓄、投资和吸收能力的发展，促进中期大规模资本流动的繁荣，激发股票市场的市值和交易量的增长（Fund，2012）。另外，国际间资本的高速流动将增强国内外股票市场间的关联性，提高股价信息的有效性（钟凯等，2018；连立帅等，2019），提高国内股票市场流动性（Anderson R. C. & D. M. Reeb，2003）、改善资本市场的经营环境，为资本市场的发展注入新的动力，降低公司债务违约风险（Obstfeld，1994；巴曙松，2003）。戈皮纳斯（Gopinath et al.，2015）发现，金融市场开放减少了资本错配，大大提高了市场流动性。此外，金融开放可以提供更多的投资组合选择，有助于跨国风险分散（邓敏，2013），减少逆向选择及道德风险，缓解金融市场的流动性问题（R. M. Stulz，1999），促进金融发展（Chinn，M. D. & H. Ito，2006；M. Trabelsi & M. Cherif，2016）。因此，资本市场开放是否必然会降低债务违约风险，或者是否有可能通过更高水平的市场流动性来降低债务违约风险从而有利于经济增长，这一问题对许多正在考虑加快资本市场开放速度的发展中国家具有重要意义。基于以上分析提出以下假设：

H2：资本市场开放能够加强流动性与债务违约风险的负相关关系。

随着中国的经济改革，中小型国有企业私有化，而大型国有企业公司化，这导致了许多中国上市公司的高度国有制。我国国有企业和非国有企业在代理问题、经营效率、治理结构等方面存在的差异较大。与发达市场不同，发展中国家通常面临糟糕的法律和监管环境，中国市场也不例外。与非国有企业相比，我国国有企业更易出现内部控制问题，如财务信息披露不足、投资者保护不力以及严重依赖银行体系等。国有企业所披露的业绩信息存在粉饰的可能，发布的财务数据的准确性也有待提高。故国有企业在内部治理方面远不及非国有企业。

产权制度的主要功能是降低交易费用，提高市场配置效率。佩罗蒂（A. R. Perotti，1995）认为，国家所有权有助于创造流动性，因为私有化过程中保留的国家所有权可能会降低投资者对监管变化的感知风险。政府所有权可以改善流动性的最明显的原因是国家为防止企业违约，对企业债务提供了隐性担保，并给予国有企业优先获得信贷的权利（G. Borisova et al.，2011；G. Borisova et al.，2015）。在这样的制度环境下，政府可能比非国有企业更好地保护国有企业。有研究表明产权制度可以作为公司治理的效应的替代变量（张永杰等，2018；袁媛等，2019）"沪港通"政策的实施可能通过提高国有企业的外部治理效应实现企业高效运营（刘焱等，2020）。公司治理水平的提升能够约束管理者进行增值投资，实现资本流动，实现违约概率的降低。基于以上分析提出如下假设：

H3：在国有企业中，资本市场开放加强流动性与债务违约风险的负相关关系的作用更明显。

三、研究设计

（一）样本选取

本节将 2009~2015 年 A 股上市公司作为研究样本，并借助"沪港通"这一资本市场开放事件提供的天然的实验组和对照组进行实证分析。为了不破坏自然实验平台，参考钟覃琳等（2018）的做法，未纳入2016 及以后年度的数据。本节剔除了金融行业、数据大量缺失的企业。经筛选，最终得到 8 127 个样本观测值。数据来自 wind 数据库与 CS-MAR 数据库。本研究所使用的数据处理软件为 Stata16.0 及 MATLAB R2018b。

（二）实证模型

本节参考安德尔森和里伯（Anderson R. C. & D. M. Reeb，2003）、洛雷罗和塔博达（Loureiro & Taboada，2015）、钟凯等（2016）、王竹泉等（2017）、阿里（S. Ali，2018）的模型，构建如下模型：

$$EDF_{i,t} = \beta_0 + \beta_1 liquidity_{i,t} + \beta_2 post \times hsc + \beta_3 post + \beta_4 hsc + \beta_5 size_{i,t}$$
$$+ \beta_6 age_{i,t} + \beta_7 lm_{i,t} + \beta_8 tcu_{i,t} + \beta_9 e_{i,t} + \beta_{10} ptheta_{i,t} + \beta_{10} roa_{i,t}$$
$$+ \beta_{11} roe_{i,t} + \beta_{12} casset_{i,t} + \beta_{13} lev_{i,t} + \beta_{14} k_{i,t} + \varepsilon_{i,t} \qquad (4.11)$$

模型（4.11）用来检验 H1。如果 β_1 显著为负，则说明股票流动性越高，债务违约风险越低，即股票流动性与债务违约风险正相关。为了检验资本市场开放对股票流动性与债务违约风险关系的调节作用，构造模型（4.12）：

$$EDF_{i,t} = \beta_0 + \beta_1 liquidity_{i,t} \times post \times hsc + \beta_2 liquidity_{i,t} \times post$$
$$+ \beta_3 liquidity_{i,t} \times hsc + \beta_4 liquidity_{i,t} + \beta_5 post \times hsc$$
$$+ \beta_6 post + \beta_7 hsc + \beta_8 size_{i,t} + \beta_9 age_{i,t} + \beta_{10} lm_{i,t}$$

$$+ \beta_{11} tcu_{i,t} + \beta_{12} e_{i,t} + \beta_{13} ptheta_{i,t} + \beta_{14} roa_{i,t} + \beta_{15} roe_{i,t}$$
$$+ \beta_{16} casset_{i,t} + \beta_{17} lev_{i,t} + \beta_{18} k_{i,t} + \varepsilon_{i,t} \qquad (4.12)$$

在模型（4.12）中，我们重点关注的是 $liquidity \times post \times hsc$ 的系数，当这该系数为负时，表明资本市场开放能提高股票流动性与公司债务违约风险的负向关系。否则认为资本市场开放对股票流动性和债务违约风险关系的调节作用不强。

（三）变量选择与定义

（1）债务违约风险。

本节使用利用 KMV 模型计算得到预期违约概率 EDF 作为债务违约风险的度量指标。巴拉斯和沙姆韦（Bharath & Shumway, 2008）表明，EDF 能够很好地预测公司债务违约风险。KMV 模型计算违约概率的思路如下：

① 公司资产价值 V_a 与企业资产价值波动率 σ_a 的计算。

$$E = V_a N(d_1) - De^{-rt} N(d_2) \qquad (4.13)$$
$$d_1 = (ln(V_a/X) + (r + 0.5\sigma_a^2)\tau)/\sigma_a \sqrt{\tau} \qquad (4.14)$$
$$d_2 = d_1 - \sigma_a \sqrt{\tau} \qquad (4.15)$$

② 计算违约距离 DD。

得到第一步中的变量后，计算违约点，违约点 = 短期负债 + 0.5 × 长期负债（即，$DP = SD + 0.5 \times LD$）。则 DD 为：

$$DD = (E(V_a) - DP)/(E(V_a) \times \sigma_a) \qquad (4.16)$$

③ 违约概率 EDF 的计算。

$$EDF = [1 - N(DD)] \times 100\% \qquad (4.17)$$

其中，E 为企业股权价值，D 为企业负债的市场价值，τ 为企业负债的期限，r 为一年期定期存款的平均利率。

（2）主要解释变量。

流动性的衡量。流动性的衡量指标可从市场宽度、市场深度、及时性和市场弹性四个维度进行挖掘。从这四个维度出发，大多数学者一般采用基于市场宽度的买卖价差指标及基于市场深度的成交量与换手率等指标。由于我国采用竞价交易机制，所以买卖价差指标不适合用来衡量我国股票流动性（陈仲常等，2006）。股票交易量和换手率等成交深度指标，可以将交易者的交易意愿较好地体现出来。故本节选取换手率（liquidity1）（苏冬蔚、麦元勋，2004；熊家财、苏冬蔚，2014）、股票成交量（liquidity2）（H. Berkman & V. R. Eleswarapu, 1998；陈辉等，2017）作为股票流动性的度量指标。成交量越大或换手率越高，流动性水平越高。

沪港通标的虚拟变量。若样本中的上市公司属于"沪港通"标的，定义为 $hsc=1$，否则为 0。另外，以 2014 年"沪港通"的实施年份为时间节点，将 2014 年之后的年份定义 $post=1$，否则 $post=0$。

（3）其他变量。

本节控制了流动性错配（lm）、营业收入增长率（$rgrowth$）、企业规模（$size$）、企业成立年限（age）、流动负债（tcu）、股权价值（e）、波动率（$ptheta$）、总资产报酬率（roa）、净资产收益率（roe）、流动资产合计（$casset$）、资本结构（lev）、资本存量（k）。除此之后异质性指标有企业属性（Soe）、企业创新（rds）、公司治理（CGQ）、成长机会（MTB）、企业杠杆（BL）。变量定义见表 4–10。

表 4–10   变量含义与说明

变量名称	变量符号	含义
违约概率	EDF	利用 KMV 计算得到的违约概率
换手率	$liquidity1$	（某时期的成交量/流通股总股数）的自然对数
成交量	$liquidity2$	股票成交数量的自然对数
陆港通标的	$open$	若当年纳入沪港通或深港通试点样本，则定义为 1，否则为 0
陆港通实施时点	$post$	"陆港通"启动时点的虚拟变量，2014 年后定义为 1，否则定义为 0
企业属性	Soe	国有企业定义为 1，非国有企业为 0
企业创新	rds	高创新水平定义为 1，低创新水平定义为 0
公司治理	CGQ	高公司治理水平定义为 1，低公司治理水平定义为 0
成长机会	MTB	高成长机会定义为 1，低成长机会定义为 0
企业杠杆	BL	高企业杠杆定义为 1，低企业杠杆定义为 0
流动性错配	lm	流动性负债（一年期及以内的所有负债）/总负债 – 流动性资产（一年期及以内所有资产）/总资产的自然对数
营业收入增长率	$rgrowth$	（本期营业收入 – 上期营业收入）/上期营业收入的自然对数
企业规模	$size$	公司总资产的自然对数
企业成立年限	age	Ln（企业上市年限 +1）
流动负债合计	tcu	短期借款、应付账款、应付工资等短期债务之和的自然对数
股权价值	e	企业年总市值的自然对数
波动率	$ptheta$	企业股权价值波动率的自然对数
总资产报酬率	roa	企业净利润/上年末总资产的自然对数

变量名称	变量符号	含义
净资产收益率	*roe*	净利润/平均净资产的自然对数
流动资产合计	*casset*	一年内或个营业周期内变现或耗用的资产之和的自然对数
资本结构	*lev*	企业年末总负债与总资产的比值的自然对数
资本存量	*k*	企业固定资产原值 – 累计折旧

四、实证结果分析

(一) 描述性分析

由表 4 – 11 可知，*EDF* 的均值为 0. 246、25 分位数为 0. 038、75 分位数为 0. 347，说明我国企业发生违约风险的概率较高，并且不同企业间发生违约概率的差异较大。*liquidity*1、*liquidity*2 的标准差分别为 0. 829 和 1. 194，表明不同企业的股票流动性差异也较大。

表 4 – 11　　　　　　　　主要变量的描述性统计

变量	Mean	Sd	P25	P50	P75
EDF	0. 258	0. 266	0. 052	0. 187	0. 346
*liquidity*1	5. 889	1. 168	5. 324	6. 039	6. 647
*liquidity*2	7. 751	1. 994	6. 662	7. 505	8. 447
post	0. 600	0. 484	0	1	1
hsc	0. 471	0. 483	0	0	1
rgrowth	1. 727	1. 894	0. 110	2. 131	3. 233
size	1. 568	1. 577	0. 429	1. 335	2. 476
age	2. 363	0. 7801	2. 197	2. 639	2. 890
lm	0. 241	0. 224	0. 107	0. 243	0. 384
tcu	20. 833	1. 791	19. 603	20. 797	21. 974
e	1. 773	1. 043	1. 032	1. 644	2. 358
ptheta	3. 923	0. 254	3. 758	3. 930	4. 095
roa	1. 725	0. 803	1. 289	1. 799	2. 246
roe	1. 954	0. 991	1. 479	2. 239	2. 938
casset	0. 626	1. 447	– 0. 338	0. 440	1. 440
lev	3. 655	0. 723	3. 311	3. 845	4. 160
k	– 0. 634	1. 934	– 1. 846	– 0. 713	0. 508

（二）回归结果分析

（1）股票流动性与债务违约风险。

我们首先检验股票流动性是否对债务违约风险有显著影响。表4-12给出了式（4.11）的回归结果，其中违约风险用 *EDF* 来衡量，股票流动性用 *liquidity*1（换手率）和 *liquidity*2（成交量）来衡量。*Liquidity*1 和 *liquidity*2 作为被解释变量的结果分别在前两列与后两列中列示。其中，列（1）与列（3）采用最小二乘估计，另两列采用固定效应模型估计，并且均控制了时间和行业效应。

表4-12 股票流动性与债务违约风险

因变量：*EDF*	（1）	（2）	（3）	（4）
*liquidity*1	-0.060*** (0.003)	-0.039*** (0.003)		
*liquidity*2			-0.020*** (0.002)	-0.038*** (0.002)
post × hsc	0.023*** (0.011)	0.031*** (0.009)	0.024** (0.011)	0.032*** (0.008)
post	0.014 (0.033)	0.002 (0.06)	0.071* (0.038)	0.041 (0.059)
hsc	0.014 (0.009)	-0.016* (0.008)	0.032*** (0.01)	-0.012 (0.008)
rgrowth	-0.001 (0.002)	0.001 (0.001)	-0.002 (0.002)	-0.001 (0.001)
控制变量	控制	控制	控制	控制
k	0 (0.002)	-0.001 (0.002)	-0.003** (0.002)	-0.001 (0.002)
Constant	0.511 (0.045)	0.517*** (0.092)	0.248*** (0.045)	0.449*** (0.089)

注：*、**、*** 分别表示显著性水平为10%、5%、1%。下同。

从表4-12可以看出，其中列（1）中 *liquidity*1 的系数为 -0.060，且在1%水平上显著，表明 *liquidity*1 每增加一单位，*EDF* 降低0.060个单位。列（2）中 *liquidity*1 的系数为 -0.039，同样在1%水平上显著，表明 *liquidity*2 每增加一个单位，*EDF* 降低0.039个单位。列（3）、列4中 *liquidity*2 的分别为 -0.020、-0.038，且均在1%水平上显著。总体结果表明，流动性与违约风险呈负相关，且具有显著的统计学意义，表明流动性越高的企业违约风险水平越低。验证了假设 H1。

（2）资本市场开放、股票流动性与债务违约风险。

在本部分，我们将探讨资本市场开放对股票流动性与违约风险关系的影响。表 4-13 中列（1）~列（3）为换手率与资本市场开放的交互项与债务违约风险的回归结果，列（4）~列（6）为成交量与资本市场开放的交互项与债务违约风险的回归结果。

表 4-13　　　　资本市场开放对流动性与债务违约风险调节作用

EDF	（1）	（2）	（3）	（4）	（5）	（6）
$liquidity1 \times$ $post \times hsc$	-0.007 * (0.015)	-0.002 ** (0.009)	-0.006 (0.016)			
$liquidity1 \times$ $post$	0.003 (0.012)	-0.003 (0.007)	0.083 * (0.013)			
$liquidity1 \times$ hsc	0.000 (0.013)	-0.003 (0.008)	-0.018 (0.015)			
$liquidity1$	-0.059 *** (0.011)	-0.034 *** (0.006)	-0.050 *** (0.012)			
$liquidity2 \times$ $post \times hsc$				-0.047 *** (0.01)	-0.009 (0.007)	-0.019 ** (0.009)
$liquity2 \times post$				-0.038 *** (0.006)	-0.023 *** (0.004)	0.006 (0.006)
$liquidity2 \times$ hsc				0.041 *** (0.009)	-0.002 (0.006)	0.013 (0.008)
$liquidity2$				0.008 (0.006)	-0.014 *** (0.004)	-0.024 *** (0.006)
$post$	-0.003 (0.084)	0.024 (0.073)	-0.458 *** (0.073)	0.331 *** (0.057)	0.199 *** (0.066)	-0.045 (0.045)
hsc	0.014 (0.084)	0.002 (0.049)	0.105 (0.086)	-0.284 *** (0.066)	-0.005 (0.048)	-0.099 (0.061)
$post \times hsc$	0.064 (0.091)	0.042 (0.054)	0.029 (0.092)	0.396 *** (0.073)	0.117 ** (0.052)	0.148 * (0.068)
$rgrowth$	-0.001 (0.002)	0.000 (0.001)	-0.003 *** (0.002)	-0.002 (0.002)	-0.001 (0.001)	-0.002 (0.002)

EDF	(1)	(2)	(3)	(4)	(5)	(6)
size	0.023*** (0.005)	0.016** (0.007)	−0.011 (0.01)	0.028*** (0.005)	0.010 (0.007)	0.002 (0.009)
age	0.071*** (0.004)	0.005 (0.012)	0.087*** (0.017)	0.096*** (0.004)	0.032*** (0.011)	0.163*** (0.017)
lm	0.022 (0.017)	−0.022 (0.014)	−0.046** (0.02)	0.018 (0.016)	−0.026* (0.014)	−0.011 (0.02)
tcu	−0.004** (0.002)	−0.001 (0.005)	0.025*** (0.007)	−0.009*** (0.002)	0.000 (0.005)	0.010** (0.004)
e	−0.007** (0.004)	−0.002 (0.004)	0.024*** (0.005)	−0.001 (0.004)	0.002 (0.003)	0.007 (0.005)
ptheta	0.001 (0.002)	−0.005* (0.003)	−0.016*** (0.004)	0.000 (0.002)	−0.005* (0.003)	−0.011*** (0.004)
roa	−0.003 (0.005)	0.000 (0.004)	0.012** (0.006)	0.004 (0.005)	0.003 (0.004)	0.001 (0.006)
roe	0.008** (0.004)	0.001 (0.004)	−0.016*** (0.005)	0.001 (0.004)	−0.003 (0.003)	0.001 (0.005)
casset	−0.016*** (0.005)	−0.016*** (0.006)	−0.026*** (0.008)	−0.018*** (0.005)	−0.014* (0.006)	−0.008 (0.008)
lev	−0.001 (0.005)	−0.001 (0.007)	−0.017* (0.01)	0.006 (0.005)	−0.001 (0.006)	−0.008 (0.008)
k	0.001 (0.002)	−0.001 (0.002)	−0.006** (0.003)	−0.003*** (0.002)	0.000 (0.002)	−0.006** (0.003)
Constant	0.504*** (0.082)	0.482 (0.098)	−0.227* (0.134)	0.034 (0.059)	0.276*** (0.091)	−0.260*** (0.086)

注: *、**、***分别表示显著性水平为10%、5%、1%。

从表 4 - 13 可以看到, $liquidity1 \times post \times hsc$ 和 $liquidity2 \times post \times hsc$ 的回归系数均为负数。其中,列(1)与列(4)为最小二乘估计结果,列(2)与列(5)为固定效应估计结果,其余两列为差分 GMM 估计结果。以上结果表明,资本市场开放能够加强流动性与债务违约风险之间的负相关关系。验证了假设 H2。

产权制度是公司治理的重要基石,不同产权制度下的公司治理结构、客户关系、代理问题和经营效率等存在较大差异,这势必会影响资本市场开放的调节作用。为了分析资本市场在不同产权制度下对流动性与违约风险的调节作用（张永杰、潘临，2018），表4－14为式（4.12）根据产权进行分组的回归结果。

表4－14　　资本市场开放对流动性与债务违约风险调节作用：产权性质

因变量：EDF	（1）	（2）	（3）	（4）
$liquidity1 \times post \times hsc$	− 0.067 *** (0.015)		0.073 *** (0.018)	
$liquidity1 \times post$	0.142 *** (0.01)		0.043 *** (0.007)	
$liquidity1 \times hsc$	0.036 ** (0.014)		− 0.080 *** (0.017)	
$liquidity1$	− 0.108 *** (0.009)		− 0.004 (0.006)	
$liquidity2 \times pos \times hsc$		− 0.025 ** (0.011)		− 0.007 (0.013)
$liquidity2 \times post$		0.007 (0.007)		− 0.020 *** (0.004)
$liquidity2 \times hsc$		0.012 (0.01)		− 0.01 (0.012)
$liquidity2$		− 0.026 *** (0.007)		0.009 ** (0.004)
$post$	− 0.812 *** (0.057)	− 0.058 (0.054)	− 0.213 *** (0.043)	0.187 *** (0.027)
hsc	− 0.198 ** (0.081)	− 0.091 (0.071)	0.502 *** (0.105)	0.091 (0.091)
$post \times hsc$	0.371 *** (0.088)	0.178 ** (0.08)	− 0.417 *** (0.108)	0.074 (0.093)
$rgrowth$	− 0.006 *** (0.002)	− 0.008 *** (0.002)	− 0.002 *** (0.001)	− 0.004 *** (0.001)
$size$	0.041 *** (0.01)	0.014 (0.011)	− 0.039 *** (0.009)	0.002 (0.008)
age	0.058 *** (0.017)	0.087 *** (0.016)	0.030 *** (0.005)	0.042 *** (0.006)
lm	0.003 (0.022)	− 0.006 (0.024)	− 0.036 * (0.021)	0.048 *** (0.019)

因变量：*EDF*	（1）	（2）	（3）	（4）
tcu	0.007 * (0.005)	0.029 *** (0.009)	0.023 *** (0.007)	− 0.018 *** (0.003)
e	− 0.006 (0.006)	− 0.005 (0.006)	0.028 *** (0.005)	0.035 *** (0.005)
ptheta	− 0.011 *** (0.004)	− 0.006 (0.004)	− 0.009 *** (0.003)	− 0.012 *** (0.003)
roa	− 0.016 * (0.009)	− 0.016 * (0.009)	0.001 (0.006)	0.007 (0.006)
roe	0.012 (0.007)	0.012 (0.007)	− 0.002 (0.005)	− 0.005 (0.005)
casset	− 0.027 *** (0.008)	− 0.027 *** (0.008)	− 0.006 (0.007)	0.005 (0.007)
lev	− 0.015 (0.01)	− 0.030 *** (0.011)	− 0.002 (0.009)	0.047 *** (0.008)
k	− 0.014 *** (0.003)	− 0.010 *** (0.003)	− 0.001 (0.003)	− 0.013 *** (0.003)
Constant	0.496 *** (0.101)	− 0.348 ** (0.164)	− 0.393 *** (0.111)	0.070 (0.065)

注：*、**、***分别表示显著性水平为10%、5%、1%。

表4-14中，列（1）和列（2）、列（3）和列（4）分别为国有企业、非国有企业的差分 GMM 估计结果。"陆港通"的净效应 *liquidity*1 × *post* × *hsc* 的回归系数在国有企业中为 − 0.067，并且在1%水平上显著。但在非国有企业中 *liquidity*1 × *post* × *hsc* 的回归系数为 0.073，也在1%水平上显著。*Liquidity*2 × *post* × *hsc* 在第（2）列中显著为负，而在第（4）列不显著为负。这一结果表明，在国有企业中，资本市场开放能够加强股票流动性与债务违约风险的负相关关系。验证了假设 H3。

（三）影响机制分析

表4-13得到了资本市场开放能够调节流动性与债务违约风险的关系，表4-14验证了产权性质对上述关系的影响。但是这调节作用是否会受企业创新、公司治理、成长机会和企业杠杆的影响而发生改变值得进一步研究，本部分采用动态面板模型进行了回归分析。

（1）企业创新（*rds*）。供给侧结构性改革的关键是提高企业创新水平，但企业创新常受限于高融资约束。"陆港通"政策的实施将企业提供直接融资渠道，缓解企业融资受限的现状，促进企业发展。本节预期高创新水平企业在资本市场开放政策中可能更能优化资源配置，降低企业债务违约风险。参考张璇等（2017）的方法利用研发投资密度作为企业创新的测度指标，其中研发投资密度（rds）为企业研发支出额/销售额。研发投资密度大于其50分位数时，将其定义为 H_rds，否则定义为 L_rds。为了检验企业创新水平对资本市场开放对股票流动性与违约风险的调节作用的影响，表4－15中显示了高企业创新组（列（1）、列（2））、低企业创新组（列（3）、列（4）），式（2）的回归结果。

表4－15　　资本市场开放对流动性与债务违约风险调节作用：企业创新

因变量：EDF	H_rds		L_rds	
	（1）	（2）	（3）	（4）
liquidity1 × post × hsc	− 0.036 ** (0.017)		0.017 (0.018)	
liquidity1 × post	0.109 *** (0.011)		0.044 *** (0.007)	
liquidity1 × hsc	0.005 (0.015)		− 0.036 ** (0.016)	
liquidity1	− 0.077 *** (0.01)		− 0.017 ** (0.007)	
liquidity2 × post × hsc		− 0.028 ** (0.011)		0.017 (0.012)
liquidity2 × post		− 0.01 (0.006)		− 0.021 *** (0.005)
liquidity2 × hsc		0.011 (0.011)		− 0.031 *** (0.011)
liquidity2		− 0.003 (0.006)		0.013 *** (0.005)
post	− 0.633 *** (0.065)	0.052 (0.044)	− 0.236 *** (0.048)	0.188 *** (0.034)
hsc	− 0.042 (0.089)	− 0.089 (0.081)	0.226 ** (0.096)	0.273 *** (0.081)
Post × hsc	0.229 ** (0.098)	0.229 *** (0.083)	− 0.055 (0.108)	− 0.111 (0.088)

因变量：EDF	H_rds		L_rds	
	（1）	（2）	（3）	（4）
rgrowth	-0.005 *** (0.002)	-0.004 ** (0.002)	-0.006 *** (0.001)	-0.007 *** (0.001)
size	-0.006 (0.01)	-0.019 *** (0.01)	0.001 (0.012)	0.033 *** (0.011)
age	0.049 *** (0.018)	0.136 ** (0.017)	0.036 *** (0.007)	0.025 *** (0.007)
lm	-0.041 * (0.025)	0.026 *** (0.024)	-0.018 (0.027)	0.052 ** (0.026)
tcu	0.022 *** (0.006)	-0.003 (0.004)	0.024 * (0.013)	-0.036 *** (0.012)
e	0.011 (0.007)	0.015 ** (0.007)	0.011 ** (0.005)	0.018 *** (0.005)
ptheta	-0.008 * (0.004)	-0.011 *** (0.004)	-0.007 ** (0.003)	-0.011 *** (0.003)
roa	-0.001 (0.009)	0.004 (0.009)	-0.001 (0.008)	-0.006 (0.008)
roe	0.003 (0.007)	0.000 (0.007)	-0.001 (0.006)	0.002 (0.006)
casset	-0.021 ** (0.008)	0.012 (0.008)	-0.020 * (0.011)	0.011 (0.011)
lev	-0.012 (0.01)	0.017 * (0.01)	-0.008 (0.014)	0.046 *** (0.014)
k	-0.006 * (0.003)	-0.002 (0.003)	-0.008 ** (0.004)	-0.009 ** (0.004)
Constant	0.082 (0.121)	-0.136 (0.085)	-0.337 (0.213)	0.454 ** (0.195)

注：* 、** 、*** 分别表示显著性水平为 10% 、5% 、1% 。

表 4 - 15 列 （1） 和列 （2） 中，$liquidity1 \times post \times hsc$ 和 $liquidity2 \times post \times hsc$ 的回归系数分别为 -0.036、-0.028，并且均在 1% 水平上显著为负。而在低企业创新组，即列 （3） 和列 （4） 中相应的系数为 0.017。以上结果表明，资本市场开放能够加强流动性与债务违约风险之间的负相关关系在企业创新水平较高的企业中更为明显。

（2）公司治理（*CGQ*）。信息透明度的提高能有效提高公司质量，并使投资者面临着较少的逆向选择问题，从而为治理水平较高的公司提供更多的流动性，进而降低了债务违约风险（S. Ali et al. ，2018）。但在本节样本期内，如机构持股、董事会规模、独立董事占比存在等公司治理指标存在大量数据缺失，所以本节参考马妍妍等（2009）的做法将员工数量作为公司治理水平的衡量指标。当公司治理大于其 50 分位数时，将其定义为 *H_CGQ*，否则定义为 *L_CGQ*。为了检验公司治理水平对资本市场开放对股票流动性与违约风险的调节作用的影响，表 4 – 16 中显示了高公司治理组（列（1）、列（2））、低公司治理组（列（3）、列（4）），式（2）的回归结果。

表 4 – 16　　资本市场开放对流动性与债务违约风险调节作用：公司治理

因变量：*EDF*	*H_CGQ*		*L_CGQ*	
	（1）	（2）	（3）	（4）
*liquidity*1 × *post* × *hsc*	− 0. 078 *** (0. 017)		0. 061 *** (0. 018)	
*liquidity*1 × *post*	0. 152 *** (0. 012)		0. 044 *** (0. 006)	
*liquidity*1 × *hsc*	0. 068 *** (0. 016)		− 0. 054 *** (0. 016)	
*liquidity*1	− 0. 129 *** (0. 012)		− 0. 015 *** (0. 005)	
*liquidity*2 × *post* × *hsc*		− 0. 029 ** (0. 013)		0. 002 (0. 013)
*liquidity*2 × *post*		0. 020 ** (0. 009)		− 0. 023 *** (0. 004)
*liquidity*2 × *hsc*		0. 023 * (0. 012)		0. 001 (0. 013)
*liquidity*2		− 0. 045 *** (0. 009)		0. 013 *** (0. 004)
post	− 0. 906 *** (0. 07)	− 0. 205 *** (0. 07)	− 0. 225 *** (0. 035)	0. 206 *** (0. 029)
hsc	− 0. 424 *** (0. 09)	− 0. 223 ** (0. 093)	0. 277 *** (0. 099)	− 0. 016 (0. 09)

因变量：EDF	H_CGQ		L_CGQ	
	（1）	（2）	（3）	（4）
Post × hsc	0.488 *** (0.098)	0.260 *** (0.100)	−0.323 *** (0.109)	0.005 (0.096)
rgrowth	−0.010 *** (0.002)	−0.011 *** (0.002)	−0.002 * (0.001)	−0.002 * (0.001)
size	−0.014 (0.012)	−0.005 (0.011)	−0.016 ** (0.008)	−0.025 (0.008)
age	0.071 *** (0.019)	0.161 *** (0.017)	0.024 *** (0.005)	0.016 *** (0.005)
lm	−0.057 * (0.024)	−0.026 (0.023)	0.011 (0.019)	0.001 (0.019)
tcu	0.027 *** (0.006)	0.009 ** (0.004)	0.007 (0.004)	0.014 *** (0.004)
e	0.019 *** (0.006)	0.024 *** (0.006)	0.015 *** (0.005)	0.012 ** (0.005)
ptheta	−0.015 *** (0.004)	−0.015 *** (0.004)	−0.007 ** (0.003)	−0.008 *** (0.003)
roa	−0.002 (0.009)	−0.004 (0.009)	−0.003 (0.006)	−0.008 (0.006)
roe	−0.003 (0.008)	0.002 (0.008)	0.003 (0.005)	0.008 * (0.005)
casset	−0.015 (0.009)	−0.006 (0.009)	0.004 (0.007)	0.007 (0.007)
lev	−0.019 * (0.011)	0.002 (0.009)	−0.004 (0.008)	−0.007 (0.007)
k	−0.004 (0.003)	−0.006 ** (0.003)	−0.004 (0.003)	0.000 (0.003)
Constant	0.326 ** (0.129)	−0.005 (0.098)	−0.011 (0.082)	−0.296 *** (0.075)

表 4 – 16 列 （1） 和列 （2） 中，liquidity1 × post × hsc 和 liquidity2 × post × hsc 的回归系数分别为 − 0.078、 − 0.029，并且在 1% 水平上显著为负。而在列 （3）、（4） 中相应的系数分别为 0.061 和 0.002。以上结果表明，资本市场开放能够加强流动性与债务违约风险之间的负相关关系在公

司治理水平较高的企业中更为明显。

（3）成长机会（*MTB*）。随着"沪港通"政策的实施，外资大量流入中国资本市场，帮助我国 A 股市市场识别成长性较好、价值高的企业。良德列斯和日丹诺夫（E. Lyandres & A. Zhdanov，2013）通过研究发现，具有较高成长机会的企业，能够较容易地获得外部融资，发生破产风险可能性也较小。本节用市净率（*MTB*）来衡量企业的成长机会，*MTB* 越高则企业具有较高的成长机会，*MTB* 越低则企业具有较低的成长机会。当企业成长机会大于其 50 分位数时，将其定义为 *H_MTB*，否则定义为 *L_MTB*。表 4 – 17 为以高成长机会和低成长机会分组后，式（4.12）资本市场开放对股票流动性与债务违约风险调节作用的回归结果。

表 4 – 17　　资本市场开放对流动性与债务违约风险调节作用：成长机会

因变量：*EDF*	*H_MTB*		*L_MTB*	
	（1）	（2）	（3）	（4）
*liquidity*1 × *post* × *hsc*	− 0. 056 *** (0. 016)		− 0. 040 (0. 02)	
*liquidity*1 × *post*	0. 062 *** (0. 009)		0. 076 *** (0. 012)	
*liquidity*1 × *hsc*	− 0. 028 ** (0. 014)		0. 032 * (0. 019)	
*liquidity*1	− 0. 010 (0. 008)		− 0. 066 *** (0. 011)	
*liquidity*2 × *post* × *hsc*		− 0. 033 * (0. 017)		0. 002 (0. 016)
*liquidity*2 × *post*		0. 025 *** (0. 006)		− 0. 026 *** (0. 009)
*liquidity*2 × *hsc*		− 0. 001 (0. 016)		− 0. 005 (0. 015)
*liquidity*2		− 0. 035 *** (0. 006)		0. 015 * (0. 008)
post	− 0. 302 *** (0. 053)	− 0. 076 * (0. 045)	− 0. 487 *** (0. 07)	0. 134 ** (0. 062)
hsc	0. 067 (0. 084)	− 0. 061 (0. 115)	− 0. 055 (0. 107)	0. 149 (0. 111)

因变量：EDF	H_MTB		L_MTB	
	（1）	（2）	（3）	（4）
Post × hsc	0.477 *** (0.095)	0.333 *** (0.119)	0.177 (0.116)	− 0.061 (0.118)
rgrowth	− 0.002 (0.002)	− 0.003 *** (0.002)	0.000 (0.002)	− 0.002 (0.002)
size	− 0.001 (0.012)	0.022 * (0.013)	− 0.028 * (0.015)	− 0.008 (0.014)
age	0.071 *** (0.01)	0.083 *** (0.013)	0.112 *** (0.018)	0.119 *** (0.016)
lm	− 0.001 (0.021)	− 0.034 (0.021)	− 0.035 (0.032)	0.045 (0.031)
tcu	0.012 *** (0.004)	− 0.003 (0.003)	0.039 *** (0.011)	0.002 (0.006)
e	0.030 *** (0.006)	0.009 (0.007)	0.006 (0.008)	0.006 (0.008)
ptheta	− 0.009 *** (0.004)	− 0.007 (0.004)	0.000 (0.005)	0.001 (0.005)
roa	0.012 (0.008)	− 0.002 (0.008)	− 0.013 (0.008)	− 0.017 (0.01)
roe	− 0.017 *** (0.005)	− 0.002 (0.007)	0.013 * (0.008)	0.018 ** (0.009)
casset	− 0.020 ** (0.009)	− 0.020 * (0.011)	0.000 (0.012)	0.024 ** (0.012)
lev	− 0.002 (0.009)	0.018 *** (0.01)	− 0.052 (0.014)	− 0.019 (0.013)
k	− 0.008 ** (0.004)	− 0.004 (0.005)	− 0.006 (0.004)	− 0.006 * (0.004)
Constant	− 0.268 *** (0.075)	0.147 ** (0.064)	− 0.371 * (0.199)	− 0.284 ** (0.118)

在表 4 – 17 中，列（1）和列（3）中，*liquidity*1 × *post* × *hsc* 的系数为 − 0.056 和 − 0.033，表明在高成长机会企业中资本市场开放对股票流动性与债务违约风险的调节作用更明显。列（2）和列（4）中，*liquidity*2 × *post* × *hsc* 的回归系数分别为 − 0.040 和 0.002，都不显著。表明资本市场

开放对股票流动性与债务违约风险的关系调节作用在高成长机会企业中更加显著。

（4）企业杠杆（*BL*）。资本市场开放后，境内外投资者在评估企业价值和可持续发展时将会计信息作为首先依据。高质量的会计信息能够降低外国投资者与境内企业间的信息不对称，提高企业信息的透明度，实现高效融资。杠杆率较高的企业存在较大的经营风险，故低杠杆率的企业备受境外机构投资者青睐。本文中企业杠杆（*BL*）=（短期债务 + 长期债务）/资产账面价值（S Nadarajah，2018）。当企业杠杆大于其 50 分位数时，将其定义为 *H_BL*，否则定义为 *L_BL*。因此，本文将样本企业根据企业杠杆的高低划分两个子样本，检验资本市场开放对股票流动性和债务违约风险的调节作用是否在杠杆水平较低的企业中更显著。

在表 4 - 18 中，列（1）和列（2）为高杠杆企业的回归结果，其余为低杠杆企业的回归结果。其中，列（1）~（2）中 *liquidity*1 × *post* × *hsc* 和 *liquidity*2 × *post* × *hsc* 的回归系数分别为 0.012、0.006。而在低杠杆组，即列（3）和列（4）中相应的系数分别在 10%、1% 水平上显著为负数。表明，资本市场开放加强流动性与债务违约风险之间的负相关关系的作用在杠杆水平较低的企业中更为显著。

表 4 - 18　　资本市场开放对流动性与债务违约风险调节作用：企业杠杆

因变量：*EDF*	*H_BL*		*L_BL*	
	（1）	（2）	（3）	（4）
*liquidity*1 × *post* × *hsc*	0.012 (0.018)		- 0.010 * (0.019)	
*liquidity*1 × *post*	0.075 *** (0.01)		0.073 *** (0.009)	
*liquidity*1 × *hsc*	- 0.026 (0.017)		- 0.012 (0.017)	
*liquidity*1	- 0.050 *** (0.009)		- 0.043 *** (0.009)	
*liquidity*2 × *post* × *hsc*		0.006 (0.014)		- 0.058 *** (0.012)
*liquidity*2 × *post*		- 0.019 ** (0.008)		0.007 * (0.004)
*liquidity*2 × *hsc*		- 0.013 (0.014)		0.033 *** (0.011)

因变量：EDF	H_BL		L_BL	
	（1）	（2）	（3）	（4）
liquidity2		0.010 (0.008)		−0.018 *** (0.004)
post	−0.432 *** (0.062)	0.150 *** (0.055)	−0.407 *** (0.056)	−0.044 (0.031)
hsc	0.173 * (0.102)	0.156 (0.100)	0.050 (0.098)	−0.239 *** (0.083)
Post × hsc	−0.08 (0.111)	−0.093 (0.105)	0.067 (0.108)	0.432 *** (0.09)
rgrowth	−0.005 (0.002)	−0.005 *** (0.002)	−0.005 *** (0.002)	−0.004 ** (0.002)
size	0.031 * (0.016)	0.042 (0.017)	−0.010 (0.012)	−0.002 (0.011)
age	0.070 *** (0.009)	0.084 *** (0.011)	0.029 ** (0.015)	0.126 *** (0.014)
lm	0.003 (0.03)	0.031 (0.030)	−0.009 (0.028)	0.074 *** (0.026)
tcu	0.011 (0.014)	−0.003 (0.014)	0.019 *** (0.003)	−0.009 *** (0.003)
e	0.009 (0.006)	0.015 ** (0.006)	0.018 ** (0.007)	0.028 *** (0.007)
ptheta	−0.026 *** (0.004)	−0.026 *** (0.004)	−0.007 (0.004)	−0.011 *** (0.004)
roa	−0.016 * (0.009)	−0.017 * (0.009)	0.002 (0.008)	−0.002 (0.008)
roe	0.011 (0.007)	0.013 * (0.007)	−0.007 (0.006)	−0.009 (0.006)
casset	−0.017 (0.012)	−0.004 (0.013)	−0.017 * (0.009)	0.006 (0.009)
lev	−0.008 (0.015)	0.012 (0.015)	0.002 (0.013)	0.031 *** (0.012)
k	−0.015 *** (0.004)	−0.012 *** (0.004)	−0.015 *** (0.004)	−0.018 *** (0.004)
Constant	0.069 (0.248)	−0.154 (0.24)	−0.085 (0.077)	−0.024 (0.058)

注： *、 **、 *** 分别表示显著性水平为10%、5%、1%。

五、稳健性检验

（一）倾向得分匹配法（PSM）

为了降低样本选择性偏差对实证分析结果的影响，本节利用 PSM 为陆港通标的企业匹配样本，匹配变量包括换手率、所有控制变量、年份及行业变量。根据 logit 回归得到倾向得分，采用最邻近无放回 1∶1 匹配方法为陆股通行业匹配对应控制样本（陈丽英等，2020），卡尺范围为 0.01。

从表 4 – 19 中可以看出样本匹配前变量间具有较大差异。匹配之后，处理组和实验组间的差异不再显著。利用 PSM 匹配后的样本继续实证分析发现，结论具有稳健性。相应的回归结果如表 4 – 20 所示。

表 4 – 19　　　　　　　　　　PSM 平衡性测试

Panel A：匹配变量平衡性测试

变量	不匹配 匹配	均值 处理组	均值 控制组	标准偏差	误差消减	t 值 t	t 值 $p > |t|$
*liquidity*1	U	5.671	6.024	−30.6	81.8	−16.91	0.000
	M	5.685	5.749	−56		−2.77	0.555
rgrowth	U	1.802	1.889	−4.8	56.9	−2.65	0.001
	M	1.798	1.760	2.1		0.99	0.443
size	U	2.226	1.188	83.4	99.6	18.44	0.000
	M	1.652	1.655	−0.3		0.28	0.779
age	U	2.534	2.598	−18.5	57.4	−4.44	0.000
	M	2.573	2.557	4.5		0.77	0.441
lm	U	0.235	0.254	−8.3	83.5	−2.5	0.013
	M	0.239	0.237	1.4		0.29	0.768
tcu	U	21.367	20.908	69.0	97.9	20.69	0.000
	M	21.331	21.335	−0.3		0.08	0.935
e	U	2.378	1.529	90.5	97.9	27.06	0.000
	M	1.889	1.906	−1.9		−0.46	0.648
ptheta	U	3.889	3.964	−29.3	86.9	−8.78	0.000
	M	3.937	3.947	−3.8		−0.88	0.379
roa	U	1.941	1.611	48.3	94.2	14.55	0.00
	M	1.786	1.805	−2.8		−0.64	0.525

Panel A：匹配变量平衡性测试

变量	不匹配	均值		标准偏差	误差消减	t 值	
	匹配	处理组	控制组			t	$p > |t|$
roe	U	2.303	2.041	50.2	98.0	14.28	0.000
	M	2.090	2.099	-0.9		-0.20	0.839
casset	U	1.444	0.478	73.2	99.8	21.97	0.000
	M	0.942	0.940	0.1		0.03	0.974
lev	U	3.877	3.858	4.0	56.4	1.22	0.223
	M	3.885	3.877	1.8		0.40	0.688
K	U	0.340	-0.755	64.9	99.3	19.42	0.000
	M	-0.335	-0.327	-0.5		-0.11	0.911
year	U	2 012	2 011.9	3.6	74.6	1.07	0.284
	M	2 012	2 012	-0.9		-0.20	0.844
ind	U	5.031	5.311	-8.3	72.9	-2.55	0.012
	M	5.298	5.233	-2.3		0.47	0.640

Panel B：样本总体均值偏差检验

样本	LR chi2	Mean Bias	Med Bias	p > chi2
Unmatched	941.26	37.7	35.1	0.000
Matched	6.03	2.4	1.9	0.998

表 4 - 20　　　稳健性检验 1：资本市场开放、流动性与债务违约风险

因变量：*EDF*	(1)	(2)	(3)	(4)
*liquidity*1 × *post* × *hsc*		-0.003 (0.009)	-0.017 (0.019)	0.002 (0.023)
*liquidity*1 × *post*		0.002 (0.007)	0.103 *** (0.013)	0.086 *** (0.017)
*liquidity*1 × *hsc*		-0.002 (0.008)	0.001 (0.017)	-0.032 (0.022)
*liquidity*1	-0.037 *** (0.003)	-0.037 *** (0.006)	-0.075 *** (0.013)	-0.048 *** (0.017)
post	0.030 *** (0.009)	-0.002 (0.081)	-0.581 *** (0.077)	-0.465 *** (0.103)

因变量：*EDF*	（1）	（2）	（3）	（4）
hsc	−0.021 ** （0.008）	−0.008 （0.048）	−0.019 （0.097）	0.207 （0.129）
post × hsc	0.030 *** （0.009）	0.048 （0.054）	0.082 （0.106）	0.031 （0.136）
rgrowth	−0.001 （0.001）	−0.001 （0.001）	−0.003 （0.002）	−0.001 （0.002）
size	0.014 ** （0.007）	0.014 ** （0.007）	0.043 *** （0.012）	−0.043 *** （0.012）
age	−0.003 （0.012）	−0.003 （0.012）	0.110 *** （0.025）	0.065 *** （0.015）
lm	−0.018 （0.014）	−0.018 （0.014）	−0.01 （0.026）	−0.063 ** （0.027）
tcu	−0.001 （0.005）	−0.001 （0.005）	−0.003 （0.008）	0.020 *** （0.007）
e	−0.004 （0.003）	−0.004 （0.004）	−0.004 （0.007）	0.053 *** （0.006）
ptheta	−0.006 ** （0.003）	−0.006 ** （0.003）	−0.019 *** （0.004）	−0.016 *** （0.004）
roa	−0.001 （0.004）	−0.001 （0.004）	0.005 （0.008）	0.010 （0.007）
roe	0.001 （0.004）	0.001 （0.004）	−0.001 （0.007）	−0.013 *** （0.006）
casset	−0.012 ** （0.006）	−0.012 ** （0.006）	−0.029 *** （0.009）	−0.013 （0.01）
lev	0.000 （0.006）	0.001 （0.006）	0.013 （0.012）	−0.018 * （0.01）
k	−0.002 （0.002）	−0.002 （0.002）	−0.014 *** （0.003）	0.004 （0.004）
Constant	0.523 *** （0.087）	0.518 *** （0.093）	0.290 （0.178）	−0.121 （0.166）

在表 4 - 20 中，列（1）和列（2）中 *liquidity*1 为 −0.2037 且分别在 1% 水平上显著。列（2）中 *liquidity*1 × *post* × *hsc* 的系数为 −0.003。列（3）和列（4）分别为国有企业与非国有企业中资本市场开放对股票流动

性和债务违约风险的回归结果，对应的系数分别为 - 0.017 和 0.002。其中 1 ~ 2 列采用固定效应进行回归，列 3 ~ 4 采用动态面板模型进行回归。这些结果说明用 PSM 方法匹配样本后，股票流动性与债务违约风险间负相关关系依然稳健。资本市场开放能够加强股票流动性与债务违约风险的负相关关系，且这一作用在国有企业中更明显。

（二）引入滞后变量

表 4 - 21 为引入主要被解释变量滞后项的回归结果。

表 4 - 21　　稳健性检验 2：资本市场开放、股票流动性与债务违约风险

因变量：EDF	（1）	（2）	（3）	（4）
$L.\ liquidity1 \times post \times hsc$		- 0.009 (0.015)	- 0.036 (0.013)	0.002 (0.013)
$L.\ liquidity1 \times post$		0.033 *** (0.009)	0.007 (0.01)	0.001 (0.008)
$L.\ liquidity1 \times hsc$		0.003 (0.013)	- 0.013 (0.011)	- 0.007 (0.012)
$L.\ liquidity1$	- 0.008 *** (0.003)	- 0.067 *** (0.008)	- 0.017 ** (0.009)	- 0.002 (0.007)
$post$	- 0.033 (0.078)	- 0.214 *** (0.08)	0.005 (0.219)	- 0.059 (0.089)
hsc	- 0.017 ** (0.008)	- 0.01 (0.08)	0.032 (0.065)	0.028 (0.075)
$post \times hsc$	0.020 ** (0.008)	0.085 (0.092)	- 0.180 ** (0.079)	0.016 (0.084)
$rgrowth$	- 0.001 (0.001)	- 0.003 ** (0.001)	- 0.002 (0.002)	- 0.001 (0.001)
$size$	0.011 * (0.006)	0.020 *** (0.004)	0.020 ** (0.009)	0.001 (0.008)
age	0.024 *** (0.009)	0.075 *** (0.003)	0.032 (0.026)	0.01 (0.009)
lm	- 0.008 (0.013)	0.039 *** (0.014)	- 0.003 (0.02)	- 0.008 (0.016)
tcu	- 0.002 (0.004)	- 0.007 *** (0.002)	0.000 (0.007)	- 0.003 (0.006)

因变量：EDF	（1）	（2）	（3）	（4）
e	0.000 (0.003)	−0.002 (0.004)	−0.004 (0.005)	0.005 (0.004)
ptheta	−0.002 (0.002)	0.003 ** (0.002)	−0.003 (0.004)	−0.001 (0.003)
roa	0.002 (0.004)	−0.001 (0.006)	−0.003 (0.007)	0.004 (0.005)
roe	−0.004 (0.004)	0.006 (0.005)	0.001 (0.006)	−0.004 (0.004)
casset	−0.008 (0.005)	−0.011 *** (0.004)	−0.012 (0.008)	−0.004 (0.007)
lev	0.004 (0.006)	0.010 * (0.005)	−0.007 (0.009)	0.011 (0.007)
k	−0.003 (0.002)	−0.003 ** (0.002)	−0.005 (0.003)	−0.001 (0.003)
Constant	0.199 ** (0.079)	0.520 (0.065)	0.356 ** (0.141)	0.068 (0.108)

注：*、**、*** 分别表示显著性水平为 10%、5%、1%。

从表 4-21 可以看到，列（1）中 liquidity1 的系数在 1% 水平上显著为负，列（2）中 liquidity1 × post × hsc 的系数分别为 −0.009。国有企业样本（列（3））中 liquidity1 × post × hsc 的系数为 −0.036，非国有企业中这一系数是正值。以上结果说明上文的结论依然稳健。

（三）改变样本

表 4-22 在进行回归分析时，去掉了沪港通和深港通开始实施的时间，即排除 2014、2016 年的数据。

表 4-22　　　　稳健性检验3：资本市场开放对流动性与债务违约风险

EDF	（1）	（2）	（3）	（4）
liquidity1 × post × hsc		−0.001 (0.008)	−0.020 (0.022)	0.056 *** (0.017)
liquidity1 × post		0.005 (0.005)	0.104 *** (0.013)	0.042 *** (0.007)

EDF	(1)	(2)	(3)	(4)
liquidity1 × hsc		-0.015** (0.007)	0.010 (0.018)	-0.085*** (0.017)
liquidity1	-0.031*** (0.002)	-0.028*** (0.004)	-0.068*** (0.011)	-0.004 (0.006)
post	0.051 (0.079)	0.024 (0.086)	-0.486*** (0.069)	-0.215*** (0.043)
hsc	-0.016** (0.007)	0.073* (0.043)	-0.017 (0.1)	0.527*** (0.103)
post × hsc	0.020** (0.008)	0.023 (0.047)	0.043 (0.121)	-0.313*** (0.108)
rgrowth	-0.002 (0.001)	-0.002 (0.001)	-0.005 (0.003)	-0.003** (0.001)
size	0.006 (0.006)	0.005 (0.006)	0.030* (0.017)	-0.044*** (0.009)
age	-0.001 (0.007)	0.000 (0.007)	0.006 (0.03)	0.025 (0.005)
lm	-0.010 (0.012)	-0.010 (0.012)	-0.003 (0.043)	-0.029 (0.025)
tcu	-0.003 (0.004)	-0.003 (0.004)	0.004 (0.005)	0.020*** (0.006)
e	0.000 (0.003)	0.000 (0.003)	-0.013 (0.008)	0.044*** (0.004)
ptheta	-0.001 (0.003)	-0.001 (0.003)	-0.010*** (0.006)	-0.013*** (0.003)
roa	-0.002 (0.004)	-0.002 (0.004)	-0.018 (0.011)	0.011** (0.005)
roe	0.001 (0.003)	0.000 (0.003)	0.016 (0.01)	-0.016*** (0.004)
casset	-0.005 (0.005)	-0.005 (0.005)	-0.005 (0.015)	-0.001 (0.008)
lev	0.006 (0.006)	0.006 (0.006)	-0.024 (0.016)	-0.001 (0.009)
k	0.000 (0.002)	0.000 (0.002)	-0.003 (0.005)	-0.003 (0.003)
Constant	0.475*** (0.073)	0.454*** (0.078)	0.413*** (0.151)	-0.320*** (0.102)

注：*、**、***分别表示显著性水平为10%、5%、1%。

在表 4 - 22 中，列（1）中，*liquidity*1 的系数为 - 0. 031，在 1% 水平上显著。列（2）中 *liquidity*1 × *post* × *hsc* 的系数为 - 0. 001。列（3）和列（4）分别为国有企业和非国有企业的回归结果，其中列（3）中 *liquidity*1 × *post* × *hsc* 的系数为 - 0. 020。列（4）中该系数为 0. 056 且在 1% 水平上显著。综合以上结论可以说，改变样本后，上文假设依然成立。

六、拓展性检验

（一）现金流的影响

随着资本市场逐步开放，越来越多的企业的上市不局限于一个证券市场，交叉上市使企业投资对现金流的敏感度下降，极大地降低了外部融资约束。"沪港通"为我国资本市场带来了境外机构投资者，进一步降低了我国企业的融资约束。另外，现金流通过提供准确数据，能够发现财务风险的作用，利于优化企业的经营管理效率。本节预期资本市场开放调节股票流动性与债务违约风险关系的作用在高现金流的企业中将更加突出。我们用经营活动现金流量净额与总资产的比值代表经营活动现金流（*CFO*），当 *CFO* 大于其 50 分位数时，将其定义为 *H_CFO*，否则定义为 *L_CFO*。表 4 - 23 为检验资本市场开放对股票流动性和债务违约风险关系的调节作用在高经营活动现金流及低经营活动现金流中的回归结果。

表 4 - 23　资本市场开放对股票流动性与债务违约风险
调节作用：经营活动现金流的影响

EDF	*H_CFO*		*L_CFO*	
	（1）	（2）	（3）	（4）
*liquidity*1 × *post* × *hsc*	- 0. 011 * （0. 017）		0. 003 （0. 011）	
*liquidity*1 × *post*	0. 056 *** （0. 007）		0. 076 *** （0. 006）	
*liquidity*1 × *hsc*	- 0. 050 *** （0. 016）		- 0. 035 *** （0. 01）	
*liquidity*1	- 0. 019 *** （0. 007）		- 0. 041 *** （0. 006）	
*liquidity*2 × *post* × *hsc*		- 0. 031 * （0. 018）		- 0. 015 （0. 011）
*liquidity*2 × *post*		0. 009 * （0. 005）		- 0. 005 （0. 005）

EDF	H_CFO		L_CFO	
	(1)	(2)	(3)	(4)
liquidity2 × hsc		0.006 (0.018)		0.003 (0.01)
liquidity2		− 0.025 *** (0.005)		− 0.011 *** (0.004)
post	− 0.322 *** (0.045)	− 0.056 (0.041)	− 0.436 *** (0.036)	0.048 (0.033)
hsc	0.254 *** (0.092)	− 0.069 (0.134)	0.203 *** (0.062)	0.015 (0.077)
Post × hsc	0.112 (0.098)	0.265 * (0.137)	− 0.008 (0.066)	0.091 (0.078)
rgrowth	− 0.006 (0.002)	− 0.005 (0.002)	− 0.006 *** (0.001)	− 0.004 *** (0.001)
size	− 0.014 (0.014)	0.003 (0.015)	− 0.008 (0.007)	0.004 (0.007)
age	0.049 *** (0.014)	0.157 *** (0.015)	0.042 *** (0.006)	0.114 *** (0.008)
lm	0.021 (0.025)	0.014 (0.024)	− 0.016 (0.016)	0.004 (0.015)
tcu	0.016 *** (0.003)	− 0.004 (0.003)	0.028 *** (0.004)	0.004 (0.002)
e	0.017 *** (0.005)	0.011 * (0.006)	0.016 *** (0.004)	0.011 *** (0.004)
ptheta	− 0.012 *** (0.004)	− 0.002 (0.005)	− 0.010 *** (0.003)	− 0.011 *** (0.003)
roa	0.016 *** (0.006)	0.003 (0.007)	− 0.002 (0.005)	− 0.004 (0.005)
roe	− 0.009 ** (0.004)	0.003 (0.006)	− 0.002 (0.004)	0.000 (0.004)
casset	− 0.011 (0.012)	− 0.002 (0.013)	− 0.021 *** (0.006)	− 0.004 (0.006)
lev	− 0.01 (0.011)	0.008 (0.011)	− 0.018 *** (0.007)	0.004 (0.006)

EDF	H_CFO		L_CFO	
	(1)	(2)	(3)	(4)
k	− 0.007 * (0.004)	− 0.003 (0.005)	− 0.007 *** (0.002)	− 0.008 *** (0.002)
Constant	− 0.152 ** (0.065)	− 0.036 (0.063)	− 0.234 *** (0.069)	− 0.169 *** (0.050)

注：*、**、*** 分别表示显著性水平为 10%、5%、1%。

表 4 − 23 列（1）和列（2）中，$liquidity1 \times post \times hsc$ 和 $liquidity2 \times post \times hsc$ 的回归系数分别为 − 0.011、− 0.031 且分别在 10% 和 1% 水平上显著为负。而在低现金流水平组，即列（3）和列（4）中相应的系数分别为 0.003 和 − 0.015，均不显著。因此，资本市场开放加强流动性与债务违约风险之间的负相关关系的作用在经营活动现金流较高的企业中更为明显。

（二）技术违约的影响

近年来，在金融体系得到了长足发展，但随着债券发行规模的不断壮大，债券违约事件数量逐渐攀升。违约事件的大量涌现，导致我国融资市场呈现高度病态，加大了防范与化解重大风险的难度。"沪港通"的实施为资本市场带来了大量境外投资者。与本国投资者相比，外国投资者能够有效识别经营状况良好的企业进行交易。而陷入财务困境等业绩较差的企业将被外国投资者淘汰。我们预计资本市场开放对股票流动性和债务违约风险的调节作用在发生过技术违约的企业中不明显。我们将发生过技术破产（即企业无法按时履行还本付息义务）的界定为技术违约企业，其余的界定为非技术违约企业（吴世农，2001）。表 4 − 24 为技术违约样本与非技术违约样本下，资本市场开放对股票流动性与债务违约风险调节作用的回归结果。

表 4 − 24　　　　资本市场开放对股票流动性与债务违约风险
调节作用：技术违约的影响

EDF	Non_default		default	
	(1)	(2)	(3)	(4)
$liquidity1 \times$ $post \times hsc$	− 0.034 ** (0.017)		0.018 (0.018)	

EDF	Non_default		default	
	(1)	(2)	(3)	(4)
liquidity1 × post	0.091 *** (0.008)		0.068 *** (0.010)	
liquidity1 × hsc	0.013 (0.016)		−0.030 * (0.017)	
liquidity1	−0.058 *** (0.008)		−0.042 *** (0.010)	
liquidity2 × post × hsc		−0.037 *** (0.014)		0.009 (0.012)
liquidity2 × post		0.004 (0.004)		−0.023 *** (0.007)
liquidity2 × hsc		0.013 (0.013)		−0.019 * (0.011)
liquidity2		−0.015 *** (0.004)		0.013 * (0.007)
post	−0.538 *** (0.05)	−0.028 (0.032)	−0.383 *** (0.061)	0.167 *** (0.048)
hsc	−0.107 (0.092)	−0.102 (0.094)	0.211 ** (0.101)	0.180 ** (0.084)
Post × hsc	0.236 ** (0.1)	0.296 *** (0.099)	−0.089 (0.106)	−0.008 *** (0.002)
rgrowth	−0.005 (0.002)	−0.004 *** (0.002)	−0.007 (0.002)	−0.058 (0.089)
size	0.000 (0.013)	−0.027 ** (0.012)	−0.009 (0.017)	0.022 (0.017)
age	0.044 *** (0.012)	0.118 *** (0.013)	0.067 *** (0.009)	0.076 *** (0.01)
lm	−0.023 (0.026)	0.027 (0.026)	−0.004 (0.030)	−0.004 (0.030)
tcu	0.015 *** (0.003)	−0.007 ** (0.003)	0.015 (0.014)	0.008 (0.014)
e	0.022 *** (0.007)	0.028 *** (0.006)	0.01 (0.006)	0.015 ** (0.006)

EDF	Non_default		default	
	（1）	（2）	（3）	（4）
ptheta	-0.016*** (0.004)	-0.015*** (0.004)	-0.015*** (0.003)	-0.017*** (0.003)
roa	0.010 (0.010)	0.007 (0.009)	0.005 (0.008)	0.011 (0.008)
roe	0.002 (0.008)	0.005 (0.007)	-0.005 (0.007)	-0.011 (0.007)
casset	-0.029*** (0.01)	0.012 (0.01)	-0.009 (0.011)	-0.023** (0.011)
lev	0.000 (0.017)	0.029** (0.014)	-0.003 (0.015)	0.009 (0.015)
k	-0.024*** (0.005)	-0.013*** (0.005)	0.004 (0.003)	-0.002 (0.004)
Constant	0.078 (0.068)	-0.001 (0.057)	-0.057 (0.246)	-0.336 (0.238)

注：*、**、***分别表示显著性水平为10%、5%、1%。

在表 4-24 中，列（1）和列（3）中，$liquidity1 \times post \times hsc$ 的系数为 -0.034 和 -0.0341，表明在非技术违约企业中资本市场开放对股票流动性与债务违约风险的调节作用更加明显。列（2）和列（4）中，$liquidity2 \times post \times hsc$ 的回归系数分别为 0.018 和 0.009 且不显著。因此资本市场开放对股票流动性与债务违约风险的关系调节作用在非技术违约企业中更加显著。

七、进一步分析

目前，世界经济正处于深度调整与演变期。随着中美贸易摩擦、逆全球化等复杂局势的加剧，全球经济持续放缓。在严峻的国际形势下，新发展格局的提出使深化资本市场改革成为识别与化解系统性风险的重要举措（姚云，2020）。

随着当前全球金融市场高度互联，保持对金融市场脱实向虚的警惕是防止出现内生金融风险的重点。在金融业对外开放不断深化的背景下，混业经营是金融业自我进化的产物。我国实行金融了混业经营，并在这一经营模式下发展培育了大量金融控股公司。近年来，我国部分金融机构逐步开展综合经营。同时，部分非金融机构为了提高经营效益，也开始涉足金融业务。但由于目前我国缺乏对金融控股公司的规范性法律指导与规范，存在监管真空，导致金融风险不断加剧（范云朋和尹振涛，2019）。

在实践中由非金融企业投资形成的金融控股公司常常盲目地向金融业扩张，使爆发风险的可能性提高。为了补齐制度短板，提高金融体系抗风险能力，2019 年 7 月 26 日央行发布了《金融控股公司监督管理实行办法（征求意见稿）》（以下简称《办法》），这标志着我国在加强金融控股公司监管方面迈出了实质性的步伐。《办法》对金融控股公司进行了界定，认为金融控股公司必须控股两类及两类以上金融机构。而美国在界定金融控股公司时，并没有规定必须投资两类及以上金融机构的要求（Sax et al.，1971）。我国也有学者认为只要控制了一类及以上金融机构即可认定为金融控股公司（宋建明，2007）。王鹏飞（2020）认为，《办法》规定的实质控制权并不具备较强的可操作性，因为极少有股东能对金融机构具有重大影响。此外，现行监管规定主要类型的金融机构均有单一股东及持股比例的约束。因此，本节根据《办法》筛选出了持股金融机构的非金融企业，并将其作为金融控股公司，讨论了资本市场开放是否能够调节金融控股公司股票流动性与债务违约风险的关系。表 4 - 25 将金融控股公司作为样本，资本市场开放对股票流动性与债务违约风险调节作用的回归结果。

表 4 - 25　　　　资本市场开放对股票流动性与债务违约
风险调节作用：金融控股

因变量：EDF	(1)	(2)	(3)	(4)
$liquidity1 \times post \times hsc$	-0.139 *** (0.037)	-0.031 *** (0.008)		
$liquidity1 \times post$	-0.007 (0.007)	0.002 (0.002)		
$liquidity1 \times hsc$	0.141 *** (0.036)	0.045 *** (0.009)		
$liquidity1$	-0.043 *** (0.006)	-0.062 *** (0.002)		
$liquidity2 \times post \times hsc$			-0.101 (0.082)	-0.022 (0.082)

因变量：EDF	（1）	（2）	（3）	（4）
$liquidity2 \times post$			0.021 （0.067）	−0.002 （0.063）
$liquidity2 \times hsc$			−0.064 （0.065）	−0.025 （0.043）
$liquidity2$			−0.08 （0.053）	−0.081 ** （0.034）
$post$	0.009 （0.082）	−0.019 （0.023）	0.014 （0.087）	0.037 （0.072）
hsc	−0.995 *** （0.292）	−0.257 *** （0.078）	0.077 （0.063）	0.161 ** （0.073）
$Post \times hsc$	1.076 *** （0.300）	0.221 *** （0.073）	−0.031 （0.088）	0.074 （0.093）
$rgrowth$	0.009 （0.006）	0.003 ** （0.001）	0.017 （0.01）	−0.019 *** （0.009）
$size$	0.049 *** （0.017）	0.076 *** （0.005）	0.036 （0.03）	0.144 ** （0.062）
age	0.064 *** （0.02）	0.093 *** （0.01）	0.052 （0.045）	0.027 （0.063）
lm	−0.018 （0.029）	−0.049 *** （0.009）	0.145 （0.096）	0.556 *** （0.125）
tcu	−0.006 （0.004）	−0.011 *** （0.002）	0.018 ** （0.008）	−0.023 *** （0.007）
e	−0.005 （0.011）	0.004 （0.003）	−0.009 （0.028）	0.008 （0.030）
$ptheta$	0.030 *** （0.007）	−0.036 *** （0.003）	0.037 *** （0.01）	−0.008 （0.013）
roa	0.000 （0.018）	0.011 ** （0.005）	−0.089 *** （0.034）	−0.023 *** （0.047）
roe	−0.004 （0.011）	−0.006 ** （0.003）	0.063 ** （0.028）	0.056 * （0.034）
$casset$	−0.023 （0.018）	−0.028 *** （0.006）	−0.017 （0.027）	−0.022 *** （0.058）
lev	−0.011 （0.023）	0.038 *** （0.008）	−0.106 ** （0.045）	0.098 *** （0.026）

因变量：EDF	(1)	(2)	(3)	(4)
k	−0.004 (0.006)	−0.027*** (0.003)	−0.004 (0.011)	−0.077*** (0.02)
Constant	0.413*** (0.142)	0.539*** (0.041)	0.190 (0.218)	0.001 (0.225)

在表 4-25 中，列（1）和列（2）中，$liquidity1 \times post \times hsc$ 的系数为 −0.139 和 −0.031，表明在金融控股公司中资本市场开放对股票流动性与债务违约风险的调节作用较明显。列（2）和列（4）中，$liquidity2 \times post \times hsc$ 的回归系数也为负数，分别为 −0.101 和 −0.022。其中 1、3 列采用了最小二乘法，其余两列采用了差分 GMM 方法。总之以上结果表明，随着资本市场的不断开放，金融控股公司股票的流动性与债务违约风险的负相关关系减弱。

第三节　本章小结

本章从宏观层面来考察上市公司债务违约风险的生成机制。主要的研究内容按照金融周期与债务违约风险、资本市场开放与公司债务违约风险等重要议题依次展开。

在第一节"金融周期与公司债务违约风险"，笔者选取了 A 股上市公司样本数据。构建金融周期—融资约束—公司债务违约风险的逻辑。研究结果表明：1）金融周期与公司债务违约风险之间负相关，即金融周期扩张阶段，公司债务违约风险将会下降。金融周期扩张，企业盈利能力提高，而且我国企业杠杆率随着金融周期的扩张而降低，进而降低公司债务违约风险。2）金融周期的变化会改变企业面临的融资约束，改变企业外部融资能力进而间接影响公司债务违约风险。当金融周期处于扩张期，企业面临的融资约束降低，企业面临的融资约束下降，外部融资能力增强，企业再融资约束下降，企业债务偿还能力增强，进而使公司债务违约风险降低。3）进一步探讨了企业所有制和现金持有水平对公司债务违约风险的影响。实证结果表明金融周期对民营公司债务违约风险影响更大。由于我国资本市场规模仍然较小，我国企业外部资金的来源仍然以银行信贷为主。当金融周期变动时，不同所有制的企业所面临的融资约束程度不同，民营企业面临的融资约束与国有企业相比更大。金融周期扩张可降低企业融资约束，企业外源性融资的可获得性增加，民营企业面临的融资约束降低幅度比国有企业更大；金融周期紧缩，民营企业较国有企业具有更高的融资约束，外部融资能力比国有企业外部融资能力更低，因此公司债务违约风险更高。而金融周期和融资约束对于持有先进水平不同的企业影响不同，企业现金持有水平的增加在一定程度上能够缓解金融周期波动对公司债务违约风险的影响。但现金持有水平越高也表明企业面临融资约束更高，面临融资约束的企业现金敏感性越强，企业融资约束对高现金持有水平企业的债务风险影响更大。

第二节"资本市场开放与债务违约风险"，笔者从"沪港通"这一资本市场开放事件出发，利用 A 股上市公司的数据，实证检验了资本市场开放对股票流动性与债务违约风险的调节作用。通过研究得出以下结论：1）股票流动性能够显著降低债务违约风险，即股票流动性越高，企业的债务违约风险越低。2）资本市场开放能够显著调节股票流动性对债务违约风险的影响，即与非"沪港通"标的企业相比，"沪港通"标的企业股票流动性与债务违约风险的负相关关系更强，并且这一调节作用在国有企业中较为显著。3）进一步分析显示，资本市场开放调节股票流动性与债务违约风险关系的潜在渠道是提高创新水平、优化公司治理、提高成长机会、降低企业杠杆。4）利用倾向得分匹配等方法进行稳健性检验，验证了资本市场开放调节股票流动性与违约风险关系的作用。综合以上结论发现，"沪港通"的实施可以降低债务违约风险，提高资本市场服务于实体经济的能力，促进金融稳定。

第五章　上市公司债务违约风险的微观生成机制

除了宏观经济环境变化的影响以外，上市公司自身层面的变化也对债务违约风险生成有一定的作用，本章从微观层面分析公司债务违约风险的生成机制。考虑到公司债务违约风险生成的微观因素较多，本研究通过研读相关文献，结合当前我国上市公司治理中的热点问题，重点从公司金融化、公司债务来源结构和公司债务期限结构等方面来研究微观生成机制。本章的结构安排如下：首先，上市公司金融化不断加强，从公司金融化的角度来分析公司金融化对上市公司债务违约风险的影响；其次，研究债务期限、来源结构对上市公司债务违约风险的影响。

第一节　公司金融化与债务违约风险

一、引言

对于企业金融化的概念，克里普纳（Krippner，2005）将实体企业金融化看作一种资本的积累的过程，在这个积累的过程中，企业金融投资所产生的投资收益的比重越来越大，而企业原本的实体业务获得的收益的比重却越来越小，他还认为依靠金融投资获得的收益接近甚至赶超原本实体业务所产生的收益是实体企业金融化的重要特点。奥罕加齐（Orhangazi，2008）指出，随着实体企业金融化程度越来越深，实体企业在两个方面发生了变化，第一个方面是实体企业频繁地加大金融投资，不断地参与金融活动；第二个方面是实体企业从金融领域获得越来越多的金融投资收益。关于国内学者在企业金融化的概念理解，张慕濒（2013）基于两个角度进行分析，第一个角度是实体企业金融资产在总资产中的份额逐渐增加，企业利润的主要来源变成了金融投资收益而不再是企业生产制造收益，第二个角度是实体企业主要采用股份回购等一些金融方式来分配股东利润，使得在股东财富中金融资产的份额变大。王红建等（2017）这样来解释我国制造业企业金融化的概念，目前我国制造业企业正处于转型升级的关键阶段，人口与资源红利慢慢消失，并且出现了外部需求不足和制造业企业内部产能过剩等一些问题，制造业企业的盈利空间越来越有限，然而由于金融行业的利率管制政策和房价的快速上涨，使得金融业与房地产业成为两大暴利行业，所以，随着金融管制的放松，在逐利动因下，制造业的主营业务减少，企业逐渐衰落。

对于实体企业金融化的动因，克罗蒂（Crotty，2005）认为主要动因是在新自由主义经济下企业利润很低，外部融资成本很高。江春等（2013）指出我国宏观经济具有很大不确定性，非金融企业金融化的动因主要倾向于逐利和进行投机。谢家智等（2014）以 2003～2011 年我国 A 股上市的制造业企业作为样本，发现制造业企业的金融化行为由三个动因导致：一是制造业企业创新能力差，盈利预期不高；二是目前金融投资收益虚高，企业金融投机活动越来越频繁；三是在企业股东价值最大化的目标下，以机构投资者为代表的大股东和企业高层管理者更倾向于进行金融交易追求短期利润，使制造业企业投机之风盛行。张成思等（2015）提出了实体经济金融化的三重动因，分别为实体经济利润水平长期下降，贸易和金融的全球化程度不断加大和人口的老龄化。王红建等（2016）指出实体企业挤入金融与房地产业进行套利的主要因素是市场竞争的压力，而不是缓解企业融资约束，而且实体企业经常会通过负债的方式来套利，也就是说这种套利从本质上来说是一种加杠杆行为。胡奕明等（2017）指出企业配置金融资产的动因分为两类：一类是调节企业资金水平，资金充足时买入，资金短缺时卖出，发挥"蓄水池"的目的：一类是为了追逐金融领域的收益，发挥"替代"的作用，文章选取了非金融上市公司从 2002～2014 年的数据，研究发现企业持有包括现金在内的金融资产，尤其是持有现金的动因主要是基于预防目的的"蓄水池"动因，而对除现金之外的其他金融资产的配置的动因存在"替代"动因。张成思和郑宁（2019）等通过研究发现我国制造业企业和非国有企业金融化的动因是风险规避，非制造业企业金融化的动因是收益率差，另外还发现对于货币类金融资产的配置，国有企业的动因是资本逐利，而对于非货币类金融资产的配置，制造业、非制造业以及非国有企业的动因是风险因素。

关于企业金融化的影响方面。国外学者如奥卓加齐（2008）发现实业投资会在非金融企业金融后被效应，原因在于一个企业资源有限，当对金融资产投资变多的时候对实业资产投资肯定会变少，而金融资产的投资回报率要比实物资产的投资回报率高，所以企业就提高了金融资产的配置比例，降低了实业资产的配置比例。布拉克（Burak，2008）研究发现企业如果想要缓解自己的融资约束，得到更多的资金支持来更快地发展自己的业务，可以通过参股、控股等方式与一些银行等金融机构建立起联系。德米尔（Demir，2009）选取了三个新兴市场国家的企业作为样本，研究指出当外部环境不确定性较大时，企业倾向于投资收益较高且可逆转的金融资产来替代收益不可逆转的固定资产，另外还发现进行金融投资可以缓解企业的融资约束，增加盈利水平。弗里曼（Freeman，2010）认为企业金融化会使社会出现供应不足的现象。戴维斯（Davis，2017）通过研究发现在股东价值最大化的理念下，企业金融化会降低投资水平。

近年来，国内学者对企业金融化研究盛行。从企业金融化对融资约束、技术创新、生产效率、实业投资的影响来看，融资约束会因为金融发展而降低，而且在民营企业中这一现象更加突出（饶华春，2009）。谢家智等（2014）通过实证发现制造业企业金融化会抑制创新，当企业的套利动因越强时，这种抑制作用越显著，是由于企业金融化的套利动因对企业创新产生了抑制作用（王红建等，2017）。张成思和张步昙（2016）以2006~2014年我国A股非金融上市公司的半年度数据为样本，研究发现金融化"挤出"了实业投资，并且还减弱了货币政策对实体经济所产生的提振效果。刘笃池等（2016）研究指出无论是在国企还是民企中，实体企业金融化对企业的生产效率都发挥的是抑制作用，且国有企业中表现出更强的抑制作用。

从企业金融化对经营业绩、投资效率、杠杆率的影响来看，杜勇等（2017）以我国A股上市公司从2008~2014年的数据为样本，发现实体企业的金融化和企业未来主业业绩之间是负相关关系，并且这种负相关关系会随着货币政策变宽松而变强，随着金融生态环境变好而变弱。龚丹丹和张颖（2017）通过实证分析，指出我国制造业企业的金融资产配置比例与其经营业绩之间是显著的负相关关系。吴军和陈丽萍（2018）以2007~2015年我国上市公司以及我国发债的非上市公司为样本，研究发现上市公司的金融化行为能够降低杠杆，而非上市公司的金融化行为却提高了杠杆率。刘贯春等（2018）以我国A股非金融上市公司2007~2016年半年度数据为样本，研究结果表明上市公司金融资产持有比例与其杠杆率之间是负相关的关系，但是上市公司金融途径获利与其杠杆率之间却是显著的正相关关系，并且在宽松的货币政策下，金融资产持有比例与杠杆率之间的负相关关系被弱化。李维安和马超（2014）通过研究指出，整体上来说，控股金融机构与企业的投资效率之间是负相关的关系。李明玉等（2019）以我国制造业企业 2013～2017 的数据为样本，实证结果表明实体企业金融化与企业投资效率间呈现倒 U 形的关系，故过高或过低的金融化都会降低投资效率

从我国企业金融化对风险承担、股价崩盘风险等方面的影响来看，刘放和戴静等（2018）用我国 A 股上市公司从 2003～2015 年的数据为样本，发现企业金融化与其股价崩盘风险负相关且在民营企业中更明显。刘丽娜和马亚民（2018）通过研究指出我国制造业企业金融化的动因是资本套利，它加大了股价崩盘风险，在二者的关系中，过度负债充当完全中介因子。苏坤（2018）以我国上市公司从 2007～2016 年的数据为样本，通过研究发现实体企业金融化会加大股价崩盘风险，并且货币政策较宽松时，此影响更加明显。赵彩烦（2018）指出实体企业的金融化水平都与其风险承担之间持 U 形关系，而且几乎所有企业都处于 U 型的非线性关系的右端，即大部分的企业金融化水平越高，承担的风险越大，而且还发现民营企业的金融化水平与风险承担之间的关系更显著，杠杆率比较低的企业金融化水平与风险承担之间的关系更显著。

二、研究设计

（一）研究假设

关于制造业企业金融化对债务风险的影响的研究，首先应该考虑制造业企业金融化的动因。在不同的动因下制造业企业金融化对债务风险的影响可能是不同的。经过分析，目前我国制造业企业金融化的动因主要有两类：一类是基于企业盈余管理，另一类是基于企业资本套利。在盈余管理动因下，制造业企业将多余资金进行金融资产投资，是想要提高资金的使用效率，改善经营业绩，这时投资的金融资产就会倾向于风险比较小的，收益比较有保证的，或者会为了配合企业的战略，有助于缓解融资约束，因此这种动因下制造业企业金融化可能就会降低企业的债务风险。在资本套利动因下，制造业企业进行金融资产投资主要是为了逐利，分享金融业和房地产业的高额利润，提高制造业企业的综合收益，这时制造业企业就会倾向于投资风险较大，收益较高的金融资产，甚至用大量的资金去投机，因此这种动因下制造业企业金融化可能就会加大企业的债务风险。

基于自由现金流量理论，如果制造业企业现金净流入变多的时候，制造业企业主要将这些闲置资金用于金融资产的配置，以此来进行资金的管

理，改善制造业企业经营的业绩，此时制造业企业的金融资产配置行为就是由于盈余管理动因。基于马柯威茨投资组合理论，如果制造业企业在其金融投资收益变高的时候，主要将企业的资源用来配置金融资产，这个时候制造业企业进行金融化肯定是为了分享金融业和房地产业的超额利润，此时制造业企业进行的金融资产配置行为目的是进行资本套利。

基于此，本节提出下述假设：

H1a：如果制造业企业现金净流入增多能够促进其金融化水平的提高，那么制造业企业进行金融化就是为了盈余管理动因；

H1b：如果制造业企业金融投资收益增多能够促进其金融化水平的提高，那么制造业企业进行金融化就是为了资本套利动因。

关于实体企业金融化与风险之间的关系，目前主要存在两种相反的观点。德米尔（2009）研究发现实体企业金融化能够使企业在经济繁荣时提高收益水平，而在经济低迷时缓解因主业收入下降所产生的风险，即实体企业金融化水平与风险呈现负相关关系。奥罕加齐（2008）以及杜勇等（2017）通过研究却发现实体企业金融化增加了企业投资决策的投机性，在金融领域高回报的驱使下，企业实体投资减少进而制约其主业发展。这样一来不仅减少了企业的主业业绩，还增加了企业收入的不确定性，进而提高了风险，即实体企业金融化水平与风险呈现出正相关关系。

权衡以上两种观点，结合我国制造业目前的情况，对于制造业企业金融化和债务风险之间的关系，本研究倾向于正相关关系，原因有以下三点：第一，制造业企业进行金融资产的配置，主要是想要追求高的收益和高的利润，而高的收益肯定会伴随着高的风险。制造业企业将资金投入金融业与房地产业这些高风险的领域肯定会加剧制造业企业的债务风险。另外，制造业企业在追逐利润的动因下，很可能会把企业的资源过多地投入金融业和房地产业，而不是投入生产经营领域，由此造成其实业投资下降，还有可能导致资金脱离企业而在虚拟经济领域"空转"，使企业趋于"空心化"，这种资金的"空转"和企业的"空心化"现象肯定会增加制造业企业经营的不确定性，进而增加制造业企业的债务风险。第二，某些制造业企业在资本套利的动因下，可能会通过负债来进行金融资产的投资，这个时候制造业企业的金融化在本质上就变成了一种加杠杆的行为，甚至有些企业还出现了过度负债，这种加杠杆的行为无疑增加了制造业企业的债务风险。第三，制造业企业的代理问题也可能会导致制造业企业的投机套利偏好，使其债务风险增加。因此，提出以下假设：

H2：制造业企业金融化与债务风险之间是正相关关系，即逐渐增多的金融资产配置行为加大了制造业企业的债务风险。

企业产权性质一直是学术界关注的重要问题。刘笃池等（2016）就通过研究发现相比于非国有企业，国有企业中实体企业金融化与生产效率之间的负相关关系更加明显。那么制造业企业金融化对债务风险的影响在不同产权性质下是否有差异呢？

首先，国有企业能够相对容易得到银行等一些金融机构的融资，可以合理推测国有制造业企业进行金融化的动因更是为了资本的套利，更不是因为盈余管理，从而对债务风险的影响更大。其次，我国的国有企业中通常都拥有着相当复杂的委托代理关系，相比较于民营企业等非国有制造业企业，国有制造业企业中代理问题更为明显和严重，所以国有制造业企业的经营管理者更可能由于短期业绩的考核压力去进行金融投机套利活动来追求短期收益，而不去进行长期战略性投资来增加企业核心竞争力，因此对债务风险的影响更大。所以，提出如下假设：

H3：相比于非国有企业，国有制造业企业金融化对债务风险的影响更大。

货币政策能够影响整个社会的货币供给量和包括制造业企业在内的所有企业的投融资决策。在实体经济低迷的情况下，政府可能会不断施行宽松货币政策，在这种宽松的货币政策下，货币资金的量就会相对变多，成本就会相对变小，这时候制造业企业的融资约束就会降低，可以获得更多的资金，制造业企业的经营管理者对于市场的预期也会相应变好，可能就会增加制造业企业投资的随意性，加大制造业企业的金融资产投资行为，由此制造业企业金融化对债务风险的影响可能会更大。相反，当货币政策较为紧缩时，制造业企业所面临的不确定性增大，制造业企业的经营管理者进行金融资产投资时就会考虑各种因素，相对较为谨慎，制造业企业的金融化行为可能就会相对合理，另外，在货币政策相对较为紧缩时，银行等债权人在放贷时也会更谨慎，监督行为也会变多，进而就在一定程度上减少了制造业企业负债金融化的行为，所以在紧缩的货币政策下制造业企业金融化对债务风险的影响可能会变小。因此，提出以下假设：

H4：相比于紧缩的货币政策，在宽松的货币政策下制造业企业金融化对债务风险的影响更大。

（二）模型设计

本研究借鉴刘丽娜等（2018）的研究，建立下面（5.1）的模型对假设 H1 进行检验。

$$fin1_{it} = \beta_1 + \beta_2 cag_{it} + \beta_3 lnage_{it} + \beta_4 soe_{it} + \beta_5 size_{it} + \beta_6 lev_{it} + \beta_7 growth_{it} + \varepsilon_{it}$$

$$(5.1)$$

在模型（5.1）中，fin_1用来衡量制造业企业金融化程度，用所持金融资产比例（金融资产/总资产）来度量；cag分别代表现金净流入$cash$和投资收益$gains$，其中用投资收益来度量金融投资收益，这是由于投资收益是能够代表制造业企业从金融领域获得的收益的主要指标，投资收益越高，制造业企业金融投资的收益也就越多。另外本模型用$lnage$（企业年龄的对数）、soe（企业性质）、$size$（公司规模）、lev（资产负债率）、$growth$（营业收入同比增长率）作为控制变量，定义见表5-1。

依据假设H1，当模型（5.1）中β_2显著为正时，如果cag代表的是现金净流入，那么制造业企业现金净流入越多，其金融资产的持有比例就越多，说明支持盈余管理动因，反之制造业企业持有金融资产就不是为了盈余管理；如果cag代表的是金融投资收益，那么制造业企业金融投资收益越多，其金融资产的持有比例就越多，说明支持的是资本套利动因，反之制造业企业持有金融资产就不是为了资本套利。

参照刘丽娜等（2018）和苏坤（2018）的研究设计，使用模型（5.2）对假设H2进行检验。

$$Z_{it} = \beta_1 + \beta_2 fin + \beta_3 size_{it} + \beta_4 lev_{it} + \beta_5 tangible_{it} + \beta_6 share_{it}$$
$$+ \beta_7 lnemployee_{it} + \beta_8 lnage_{it} + \varepsilon_{it} \qquad (5.2)$$

在模型（5.2）中Z代表债务风险，fin代表制造业企业金融化水平，由于本节主要研究的是制造业企业金融化对债务风险的影响，所以在这个主要回归中fin将金融资产持有比例$fin1$和金融收益率$fin2$分别作解释变量来进行回归。另外本研究借鉴张靖（2018）和陈德球（2013）的研究，用$size$（公司规模）、lev（资产负债率）、$tangible$（债务担保能力）、$share$（第一大股东持股比例）、$lnemployee$（社会破产成本）、$lnage$（企业年龄的对数）做控制变量。

假设3验证不同产权性质下制造业企业金融化对债务风险的影响的区别，分为国有和非国有企业组，采用模型（5.2）进行检验，Z代表债务风险，在这个回归中fin用金融资产持有比例$fin1$代表制造业企业金融化水平。

假设4验证不同货币政策下制造业企业金融化对债务风险的影响的区别，分为货币宽松组和货币紧缩组，也采用模型（5.2）进行检验，Z代表债务风险，在这个回归中fin也用金融资产持有比例$fin1$来代表制造业企业金融化水平。

（三）样本选择和变量设计

1. 样本选择和数据来源

为了更好地研究制造业企业金融化的动因，制造业企业金融化对债务风险的影响，并说明在不同产权性质、不同货币政策下这种影响的差异，本研究选取了我国制造业上市公司为研究样本，样本期间为 2008 ~ 2018 年，初步得到 2 421 家制造业上市公司共计 26 621 个样本数据。并对所有的连续变量进行了上下 1% 的缩尾处理。数据来源于 wind 和 CSMAR 数据库。

2. 变量设定

根据本研究的模型设计，各个变量的符号、名称及度量方法汇总如表 5 - 1 所示。

表 5 - 1 变量符号、名称及度量方法

变量类型	变量符号	变量名称及度量方法
被解释变量	Z	Z 评分模型，通过计算得出
解释变量	$fin1$	制造业企业金融化程度，金融资产/总资产
	$fin2$	制造业企业金融化程度，金融收益/营业收益
	$cash$	现金净流入，对现金及现金等价物净增加额取自然对数
	$gains$	投资收益，投资收益的自然对数
控制变量	$size$	公司规模，对资产总额取自然对数
	lev	资产负债率，总负债/总资产
	$tangible$	债务担保能力，固定资产净额/总资产
	$share$	第一大股东持股比例
	$lnemployee$	社会破产成本，对公司雇员人数取自然对数
	$lnage$	企业年龄，年份减公司注册年份加 1 后取自然对数
	$growth$	营业收入同比增长率
	soe	国有性质，国有企业取 1，非国有企业取 0
	MP	以中位数为基准，采用虚拟变量 0 和 1 表示

制造业企业金融化的度量。根据本研究中对制造业企业金融化的定义，主要从资产和收益两方面来选取指标衡量制造业企业的金融化行为。

对于制造业企业所进行的投资活动，主要有两种类型：第一类是实业投资，第二类是金融投资。无论是哪种类型的投资，之后都会在企业所持有的不同资产类别上得到反映。所以，根据资产负债表中金融资产所占的比例可衡量制造业企业的金融化水平。在本研究中，借鉴杜勇等（2017）的研究，用制造业企业金融资产的持有比例 $fin1$ 度量制造业企业的金融化水平，具体公式为（5.3）。在这个公式中将投资性房地产也包括在内，原因是投资性房地产具有虚拟性的特点，企业持有投资性房地产与持有金融领域的资产一样都是为了追求短期利润，并不是为了实体生产经营。

$$\frac{金融资产}{持有比例} = \frac{金融资产}{资产总额}$$

$$= \frac{\begin{array}{c}交易性\\金融资产\end{array} + \begin{array}{c}发放贷款\\及垫款\end{array} + \begin{array}{c}可供出售\\金融资产\end{array} + \begin{array}{c}衍生金融\\资产\end{array} + \begin{array}{c}持有至\\到期投资\end{array} + \begin{array}{c}投资性\\房地产\end{array}}{资产总额}$$

$$(5.3)$$

对于制造业企业来说，进行金融投资后会取得金融收益，从利润表中金融收益所占的比重也能够衡量制造业企业金融化的水平。本研究根据苏坤（2018）的研究，用金融收益率 $fin2$ 衡量制造业的金融化水平，具体公式为（5.4）。在这个公式中需要扣除对联营企业和合营企业的收益是因为制造业企业与其合营、联营企业主要开展的是关于生产经营的合作，获得的收益也会投入到生产经营活动中，等同于实体投资的收益，所以这部分收益要从投资收益中扣除。

$$\frac{金融}{收益率} = \frac{金融收益}{营业利润} = \frac{\begin{array}{c}投资\\收益\end{array} + \begin{array}{c}公允价值\\变动净收益\end{array} - \begin{array}{c}对联营和合营\\企业的投资收益\end{array}}{营业利润} \qquad (5.4)$$

从本质上来说，资产与收益是一个问题的两个方面，都能反映出制造业企业投资活动的结构。有区别的是，以资产度量的制造业企业金融化水平反映的是收益实现之前的投资结构，能够客观地反映出制造业企业主观的意愿，而以收益衡量的制造业企业的金融化水平是实现收益后的投资结构，这时就会包含市场价格、流动性风险等一些其他的因素进去。如果投资人相对比较理性，市场价格波动比较小，这两种衡量方式可能能够保持相对一致，但是如果宏观经济不确定性很高，投资人没有那么理性，金融市场价格波动很大，那么用收益衡量的制造业企业金融化水平就会受到很多因素的干扰，可能就不能很好地反映制造业企业原本的金融投资意愿（戴赜等，2018）。所以本研究主要以金融资产持有比例 $fin1$ 来衡量制造业企业的金融化水平，只在主要回归中采用了 $fin2$ 来衡量制造业企业的金融化水平。

Z 计分模型通过对企业的营运情况，利润情况进行分析，来判别企业的风险承担能力，可以用来衡量和预测公司债务违约或者破产的可能性，也能够用来度量企业的债务风险。Z 计分模型在建立时运用了 66 个制造业上市公司的数据，从 22 个可能相关的财务比率中最终选择出了 5 个最相关的财务比率作为变量构建了这个模型，公式（5.5）是它的判别函数。一般来说，如果计算出来的 $Z > 2.675$，表明公司债务违约风险很小，企业发生破产的概率也很小；如果 $Z < 1.81$，表明企业的债务风险很大，企业发生破产的概率也很大；如果 $1.81 \leq Z \leq 2.675$，表明企业的债务风险较大，企业状况不稳定。

$$Z = 1.2 \times \frac{营运资金}{总资产} + 1.4 \times \frac{留存收益}{总资产} + 3.3 \times \frac{息税前利润}{总资产}$$
$$+ 0.6 \times \frac{总市值}{总负债} + 1.0 \times \frac{营业收入}{总资产} \tag{5.5}$$

本研究用 Z 评分模型计算出来的综合得分来分析制造业企业的债务风险。Z 值越低，制造业企业的债务风险越大；相反，Z 值越高，制造业企业的债务风险就越小。通过计算制造业企业多年的 Z 值可以得知其债务风险的变化趋势。

其中 cash（现金净流入）使用取自然对数后的现金及现金等价物净增加额来衡量，而对于制造业企业来说，现金及现金等价物净增加额有可能是正数，也有可能是负数，当其为负数时就没有办法取对数，所以本研究在其为负数时用 $-\ln(-Cash)$ 来代替；同样对于投资收益也是一样的，当其为负数时也用 $-\ln(-gains)$ 来代替。

本研究借鉴苏坤（2018）和杜勇（2017）的研究，用 M2 增长率来作为货币政策的宽松程度（MP）的衡量指标，即在本研究中根据 2008 ~ 2018 年 M2 的增长率的中位数为界限将样本划分为货币政策宽松组和货币政策紧缩组，如果当年 M2 的增长率不低于中位数时，就属于货币政策宽松组，变量 MP 取值为 1，否则就属于货币政策紧缩组，变量 MP 取值为 0。

（四）描述性统计

表 5 - 2 中，金融资产持有比例 fin1 的平均值是 0.02，其最大值为 0.95，说明某些制造业企业已经严重偏离了制造业企业的主业经营，金融投资变成了企业投资的主要内容，出现了过度金融化的现象，另外无论对于 fin1 还是 fin2，最小值与最大值的差别都非常大，说明不同的企业金融化程度存在着很大的差别。Z 的均值为 7.05，标准差为 13.68，最小值为 −263，最大值为 434，表明目前总体来说我国制造业企业的债务风险不算

很大，但是制造业不同样本企业之间的债务风险相差比较大，有些制造业企业的债务风险很大，所以对于债务风险的影响因素的研究具有一定的实际意义，在数据上也具有一定的可操作性。另外，企业现金净流入比较少，而金融投资收益比较高，从一定程度上能够反映出制造业企业金融化的资本套利动因或者说投机动因。*Size* 的均值为 21.40，*share* 的均值为 0.25，说明我国制造业企业规模普遍比较大，而且股权比较集中，所以代理问题比较严重，一定程度上可以反映出制造业企业的金融投资倾向与资本套利动因。*lev* 的均值是 0.39，说明制造业企业负债较高，一部分企业可能用负债的资金投资于金融资产，造成较大的债务风险。

表 5 – 2 　　　　　　　　　　　**主要变量描述性统计**

变量	观测值	均值	标准差	最小值	最大值
cash	23 149	2.8262	17.9304	– 24.6345	24.5508
gains	17 532	10.2299	11.6359	– 21.7554	24.2236
Z	22 056	7.0528	13.6762	– 263.488	433.909
*fin*1	23 184	0.0182	0.0520	– 0.0002	0.9534
*fin*2	23 155	0.0979	11.4727	– 1 569.004	394.5028
size	23 184	21.3998	1.3682	14.3616	27.3861
lev	26 620	0.3878	1.0506	0	96.9593
tangible	23 184	0.1938	0.1596	0	0.9018
share	26 620	0.2455	0.2098	0	1
lnemployee	22 374	7.4277	1.2345	1.0986	12.5027
lnage	26 425	2.6167	0.5101	0	4.1589
growth	26 620	0.1864	2.1004	– 1	251.7968

三、实证结果分析

（一）上市公司金融化的动因

表 5 – 3 是假设 H1 的实证检验结果。回归 1 和回归 2 验证了制造业企业现金净流入对制造业企业金融化程度的影响，其中回归 1 没有做行业控制，回归 2 做了行业控制，对制造业的细分行业进行了控制，由表 4.3 可知，*cash* 的系数为负，说明制造业企业现金净流入与金融化之间是负相关关系，制造业企业现金净流入越多，金融化程度就越小，明显否定了制造业企业金融化的盈余管理动因。回归 3 和回归 4 验证的是制造业企业金融

投资收益与其金融化水平之间的关系，同样回归3没有进行行业控制，回归4对制造业的细分行业进行了控制，结果显示，无论有没有进行细分行业控制，$gains$的系数在1%的显著性水平上都显著为正，表明制造业企业的金融投资收益越高，金融化水平也就越高，这样就支持了制造业企业的资本套利动因。产生这一结果的原因可能有以下两种：一是对于我国制造业企业尤其是对于我国制造业上市公司来说，融资约束并不高，借款也相对比较容易，所以大部分制造业企业金融化是为了资本套利；二是近年来我国经济下行压力比较大，但是金融行业和房地产行业却显示出了超额的利润，所以金融的投机和资本的运作就变成了我国制造业企业参与金融活动的主要方式。

表 5 – 3　　　　　　　　　　　上市公司金融化的动因

因变量：$fin1$	回归 1	回归 2	回归 3	回归 4
$cash$	$-7.28e-05$ *** （1.30e–05）	$-7.54e-05$ *** （1.28e–05）		
$gains$			0.000299 *** （2.12e–05）	0.000282 *** （2.12e–05）
$lnage$	0.0112 *** （0.000612）	0.0115 *** （0.000621）	0.0136 *** （0.000840）	0.0139 *** （0.000862）
soe	0.00161 ** （0.000704）	0.00256 *** （0.000696）	0.00127 （0.000793）	0.00222 *** （0.000784）
$size$	0.00183 *** （0.000213）	0.00206 *** （0.000218）	0.000456 * （0.000270）	0.000764 *** （0.000276）
lev	-0.00833 *** （0.00126）	-0.00675 *** （0.00128）	-0.00931 *** （0.00163）	-0.00806 *** （0.00168）
$growth$	-0.00430 *** （0.00102）	-0.00438 *** （0.00101）	-0.00611 *** （0.00129）	-0.00593 *** （0.00128）
$Constant$	-0.0506 *** （0.00408）	-0.0557 *** （0.00484）	-0.0272 *** （0.00521）	-0.0339 *** （0.00599）
年度效应	YES	YES	YES	YES
行业效应	YES	NO	YES	NO
$Observations$	21 202	21 202	15 962	15 962
R-squared	0.054	0.076	0.047	0.071

注：＊表示10%的显著性水平，＊＊表示5%的显著性水平，＊＊＊表示1%的显著性水平。

（二）上市公司金融化对债务风险的影响

表 5 - 4 是假设 H2 的回归结果。表 5 - 4 中回归 1 和回归 2 验证的是基于资产方面的金融化即金融资产持有比例与债务风险之间的关系，回归 3 和回归 4 验证的是基于收益方面的金融化即金融收益率与债务风险之间的关系，回归 1 与回归 3 只控制年度效应，回归 2 与回归 4 还控制了年度和制造业细分行业效应。从结果中看出，制造业企业金融化与 Z 值之间都是显著的负相关关系，即制造业企业金融化与债务风险之间都是显著的正相关关系，其中金融资产持有比例对债务风险的正向影响在 1% 的显著性水平上显著，金融收益率对债务风险的正向影响在 5% 的显著性水平上显著，假设 H2 得以验证。

表 5 - 4 上市公司金融化对债务风险的影响

因变量 Z	回归 1	回归 2	回归 3	回归 4
$fin1$	- 6. 183 *** (1. 261)	- 6. 658 *** (1. 266)		
$fin2$			- 0. 257 ** (0. 115)	- 0. 251 ** (0. 117)
$size$	0. 452 *** (0. 0647)	0. 489 *** (0. 0687)	0. 408 *** (0. 0647)	0. 431 *** (0. 0684)
lev	- 24. 46 *** (0. 324)	- 24. 10 *** (0. 318)	- 24. 39 *** (0. 324)	- 24. 04 *** (0. 319)
$tangible$	- 2. 020 *** (0. 290)	- 1. 571 *** (0. 316)	- 1. 868 *** (0. 290)	- 1. 413 *** (0. 317)
$share$	5. 543 *** (0. 239)	5. 488 *** (0. 240)	5. 659 *** (0. 240)	5. 618 *** (0. 240)
lnemployee	- 0. 883 *** (0. 0656)	- 0. 940 *** (0. 0716)	- 0. 843 *** (0. 0656)	- 0. 878 *** (0. 0713)
lnage	0. 723 *** (0. 136)	0. 690 *** (0. 137)	0. 586 *** (0. 135)	0. 549 *** (0. 136)
$Constant$	9. 745 *** (0. 931)	9. 314 *** (0. 998)	10. 52 *** (0. 929)	10. 11 *** (0. 989)
年度效应	YES	YES	YES	YES
行业效应	NO	YES	NO	YES
$Observations$	19 580	19 580	19 391	19 391
$R-squared$	0. 450	0. 459	0. 448	0. 457

注：* 表示 10% 的显著性水平，** 表示 5% 的显著性水平，*** 表示 1% 的显著性水平。

另外，*size*（公司规模）的系数显著为正，说明我国制造业企业规模与 *Z* 值之间是显著的正相关关系，即企业规模越大，债务风险越小；*lev*（资产负债率）与 *Z* 值之间是显著的负相关关系，即制造业企业债务比例越多，债务风险越大；lnage（企业年龄）与 *Z* 值之间是显著的正相关关系，即制造业企业成立时间越早，存续时间越长，债务风险越小。这些控制变量的回归结果都与常识和逻辑一致。

（三）稳健性检验

为了证实本研究主要回归结论的可靠性，本研究通过增加控制变量与变换回归模型这两种方法进行稳定性检验，结果为表 5 – 5。表 5 – 5 中回归 1 与回归 2 增加了 *lgr*（投资增长率）和 *growth*（营业收入同比增长率）两个控制变量，其中投资增长率的计算方法为公式（5.6），从回归结果来看，*fin*1 的结果都在 1% 的显著性水平上显著为负，与主要检验的结果一致。表 5 – 5 中回归 3 与回归 4 将回归模型变成了固定效应模型，其中回归 4 还控制了年度效应，消除了部分内生性，结果也与主检验的结果一致。

$$投资增长率 = \frac{构建固定资产、无形资产和其他长期资产支付的现金 - 处置固定资产、无形资产和其他长期资产收回的现金}{总资产}$$

$$(5.6)$$

表 5 –5   稳健性检验

因变量 Z	回归 1	回归 2	回归 3	回归 4
*fin*1	− 6.238 *** (1.303)	− 6.806 *** (1.309)	− 5.105 ** (2.403)	− 6.762 *** (2.372)
size	0.488 *** (0.0641)	0.529 *** (0.0675)	1.078 *** (0.222)	1.255 *** (0.231)
lev	− 24.83 *** (0.330)	− 24.44 *** (0.324)	− 24.97 *** (0.630)	− 24.97 *** (0.629)
tangible	− 1.781 *** (0.294)	− 1.366 *** (0.314)	− 0.986 * (0.542)	− 2.094 *** (0.548)
share	5.379 *** (0.243)	5.321 *** (0.243)	6.683 *** (0.452)	6.968 *** (0.468)
lnemployee	− 0.851 *** (0.0657)	− 0.911 *** (0.0713)	− 1.491 *** (0.205)	− 1.577 *** (0.205)

因变量 Z	回归 1	回归 2	回归 3	回归 4
lnage	0.607 *** (0.142)	0.554 *** (0.142)	-1.552 *** (0.500)	0.575 (0.824)
lgr	-3.489 *** (0.851)	-3.850 *** (0.867)		
growth	0.662 *** (0.174)	0.499 *** (0.174)		
Constant	9.373 *** (0.938)	8.929 *** (0.994)	7.121 ** (2.820)	-1.795 (3.729)
年度效应	YES	YES	NO	YES
行业效应	NO	YES		
Observations	18 922	18 922	19 580	19 580
R-squared	0.455	0.464	0.307	0.354
Number of id			2 387	2 387

注：* 表示 10% 的显著性水平，** 表示 5% 的显著性水平，*** 表示 1% 的显著性水平。

（四）进一步分析

1. 不同产权性质下上市公司金融化对债务风险的影响

表 5 - 6 是在不同产权性质下模型（5.5）的回归结果，前两列与后两列分别为在国有与非国有企业下的回归结果。从表 5 - 6 中可知，国有企业中企业金融化对债务风险的影响更显著，而且从系数来看 $fin1$ 的绝对值要大，这说明制造业企业金融化对债务风险的影响在国有企业中更大、更显著。假设 H3 得到验证。

表 5 - 6　　不同产权性质下上市公司金融化对债务风险的影响

因变量 Z	回归 1	回归 2	回归 3	回归 4
	国有		非国有	
fin1	-5.863 *** (1.245)	-5.184 *** (1.212)	-3.715 * (1.987)	-4.804 ** (2.001)
size	-0.246 *** (0.0583)	-0.294 *** (0.0635)	0.578 *** (0.0855)	0.668 *** (0.0890)
lev	-14.13 *** (0.318)	-13.55 *** (0.310)	-28.53 *** (0.433)	-28.00 *** (0.419)

因变量 Z	回归 1	回归 2	回归 3	回归 4
	国有		非国有	
tangible	- 3. 246 *** (0. 265)	- 4. 147 *** (0. 401)	- 2. 244 *** (0. 423)	- 1. 611 *** (0. 436)
share	1. 239 *** (0. 309)	0. 489 (0. 321)	5. 787 *** (0. 312)	5. 850 *** (0. 310)
lnemployee	- 0. 287 *** (0. 0665)	- 0. 296 *** (0. 0730)	- 0. 874 *** (0. 0826)	- 0. 949 *** (0. 0906)
lnage	- 0. 158 (0. 223)	- 0. 307 (0. 221)	0. 647 *** (0. 168)	0. 601 *** (0. 168)
Constant	18. 91 *** (1. 061)	20. 73 *** (1. 124)	9. 257 *** (1. 322)	7. 655 *** (1. 378)
年度效应	YES	YES	YES	YES
行业效应	NO	YES	NO	YES
Observations	4 961	4 961	14 523	14 523
R-squared	0. 547	0. 575	0. 439	0. 449

注：* 表示 10% 的显著性水平，** 表示 5% 的显著性水平，*** 表示 1% 的显著性水平。

2. 不同货币政策下上市公司金融化对债务风险的影响

表 5 - 7 是在不同的货币政策下模型（5.5）的回归结果，其中当 $MP = 1$ 时，即回归 1 和回归 2 为货币政策宽松组；当 $MP = 0$ 时，即回归 3 和回归 4 为货币政策紧缩组，另外，回归 1 与回归 3 控制了年度效应，回归 2 和回归 4 控制了年度效应和制造业细分行业效应。从表 5 - 7 中可以明显看出，在不同的货币政策下制造业企业金融化对债务风险的影响都显著为正，但是无论是回归 1 与回归 3、还是回归 2 与回归 4，在 $MP = 1$ 时即在货币宽松政策下 $fin1$ 的系数绝对值都明显更大，说明制造业企业每增加相同的金融资产持有比例，在货币宽松政策下比在货币紧缩政策下 Z 值减小的量要大，债务风险增加得要多，即制造业企业金融化对债务风险的影响在货币宽松的政策下更大。假设 H4 得以验证。

表 5 - 7   不同货币政策下制造业企业金融化对债务风险的影响

因变量 Z	回归 1	回归 2	回归 3	回归 4
	$MP = 1$		$MP = 0$	
*fin*1	- 7. 480 *** (1. 571)	- 8. 359 *** (1. 597)	- 5. 488 *** (1. 756)	- 5. 774 *** (1. 755)

因变量 Z	回归 1	回归 2	回归 3	回归 4
	MP = 1		MP = 0	
size	0.670 *** (0.0843)	0.710 *** (0.0901)	0.240 ** (0.0942)	0.311 *** (0.101)
lev	-22.08 *** (0.416)	-21.69 *** (0.407)	-26.59 *** (0.485)	-26.34 *** (0.479)
tangible	-2.912 *** (0.355)	-2.818 *** (0.378)	-1.519 *** (0.452)	-0.469 (0.507)
share	4.756 *** (0.320)	4.606 *** (0.322)	6.129 *** (0.355)	6.188 *** (0.354)
lnemployee	-0.808 *** (0.0828)	-0.839 *** (0.0898)	-0.948 *** (0.0975)	-1.050 *** (0.108)
lnage	0.503 *** (0.168)	0.377 ** (0.168)	1.020 *** (0.240)	1.131 *** (0.241)
Constant	4.351 *** (1.219)	4.272 *** (1.309)	14.58 *** (1.405)	12.81 *** (1.528)
年度效应	YES	YES	YES	YES
行业效应	NO	YES	NO	YES
Observations	8 756	8 756	10 710	10 710
R-squared	0.482	0.494	0.431	0.443

注：＊表示 10% 的显著性水平，＊＊表示 5% 的显著性水平，＊＊＊表示 1% 的显著性水平。

本章以 2008～2018 年间我国制造业上市公司的数据为样本，首先，通过实证检验先探究了制造业企业金融化的动因，发现目前我国制造业企业金融化的动因为资本套利，主要是想要分享我国金融业和房地产业的超额利润。其次，在资本套利的动因下，用金融资产持有比例和金融收益率衡量金融化，发现制造业的企业金融化显著提高了其债务风险。并且分别通过加入 2 个控制变量和变换回归模型这两种方法进行稳定性检验，发现实证结果是稳健的。最后，进一步考虑了在不同产权性质下和不同货币政策下制造业企业金融化对债务风险的影响，结果表明在国有企业中和在宽松的货币政策下制造业企业金融化对债务风险的影响更大。本章的结论在学术上和实践上对制造业企业金融化与债务风险之间的关系带来了新的理解，对有效监管制造业企业金融化，尤其是套利动因下的金融化，遏制制造业企业脱实向虚，降低制造业公司债务违约风险具有一定的启示。

第二节　负债来源结构与公司债务违约风险

一、引言

2019 年 12 月举行的中央经济工作会议部署了 2020 年我国的经济工作。与之前相比，一个重大变化是将防范化解重大风险由三大攻坚战由首位调至末位，这表明目前我国金融风险得到了有效防制，今后要在稳增长的基础上去杠杆和防风险。但近几年企业高负债经营导致的债务违约事件频发，暴露出的金融风险依然严峻。商业银行不良贷款率的不断上升，也在一定程度上反映出我国企业部门债务违约概率的增大。根据银保监会的统计数据，我国商业银行的不良贷款比率在 2015 年底为 1.67%，但到 2019 年第四季度，这一比率已上升至 1.86%。从社科院国家资产负债表研究中心公布的宏观杠杆数据来看，我国非金融企业部门的宏观杠杆率由 2017 年 3 月的 161.4% 降至 2019 年 12 月的 151.3%，这表明去杠杆政策初显成效，但相比其他部门宏观杠杆而言，非金融企业部门的宏观杠杆率仍然偏高，去杠杆仍是一个长期任务。公司债务违约风险不仅与企业的举债规模有关，还与其融资途径密切相关。企业采取不同的负债来源结构会对企业产生不同的治理作用，影响到企业管理层的投融资决策进而影响企业的代理成本，导致企业面临不同的债务违约风险。因此在当前我国去杠杆的大背景下，企业如何优化其负债来源结构，对于企业自身防范债务风险以及顺应国家政策要求有重要意义。

目前国内对公司债务违约风险的相关研究较少。从已有文献来看，关于公司债务违约问题的研究大多集中在对违约风险的影响因素及建立企业违约预测模型方面。关于公司债务违约风险的影响因素，可分为企业自身财务状况、股价表现以及外部宏观经济三方面。对于公司债务违约风险的预测模型也围绕这几个方面展开，阿尔特曼（Altman，1986）最早提出企业的营运资本比率、资产收益率等财务指标可以作为评价公司债务违约风险高低的指标。潘泽清（2018）运用 Logistic 回归筛选出四个（销售净利率、总资产增长率、资产负债率和流动负债比率）预测违约风险较强的指标。默顿（1974）则提出了衡量企业违约风险的结构模型，预测因子包括企业股权价值、资产价值波动率等股市指标，本研究对于公司债务违约风险的衡量也基于此结构模型。威尔森（Wilson，1998）进一步拓展研究，发现 GDP 增长率、失业率、政府财政支出水平等宏观经济指标也是企业债务违约风险的影响因素之一。学者们对于企业负债的相关研究主要包括负债规模和负债结构。负债结构又可分为负债来源结构和负债期限结构。由于负债期限结构的相关研究内容已较为丰富，本研究主要考虑负债规模与负债来源结构。企业债务按来源分类主要分为直接债务和间接债务。直接债务是不需要金融机构这一中介，筹资与融资者直接交易。而间接债务需借助银行或其他金融机构进行融资，例如银行借款和委托借款。我国实际情况中银行借款和商业信用占企业负债比重较大，因此本研究所指的负债来源结构特指银行借款与商业信用。银行贷款是企业的传统融资方式，在企业的日常经营过程中除了会与借款银行发生联系外，还会与其上游供应商以及下游客户发生联系而产生商业信用借款，这也是其负债的重要组成部分。对于企业通过商业信用融资的动机目前主要有两种观点：一类是从需求角度出发的替代性融资理论，认为部分企业由于受到严重的融资约束而难以从银行取得所需资金，只能转而寻求商业信用的支持，且商业信用已被认为是一种重要的替代性融资途径（Fisman & Raymond，2003）；另一类是从供给角度出发的经营性动机理论，认为为客户提供一定的商业信用可以吸引更多客户，提高产品周转率（胡泽等，2013），进而提升企业的市场竞争力（Love & Preve，2007）。目前来看大多数学者均认同企业的商业信用水平是由供需达成的均衡状态所决定的（路正飞等，2011）。

为了研究在我国金融市场条件下，企业负债来源结构的选择对其未来债务违约可能性的影响，本研究选择 2009～2018 年我国 A 股上市公司的年度数据作为实证研究样本，并控制可能影响违约概率的一组公司变量。实证结果表明负债规模与违约风险正相关，且通过银行信用融资对企业违约风险的放大效应更加显著。接着分样本回归结果表明，此正相关关系对于位于金融发展水平较低地区的企业和非国有企业更显著。最后进行稳健性检验：1）由于违约风险高的公司获得银行信用可能更加困难，进而只能寻求商业信用融资，为了检验这种反向因果关系可能导致的内生性问题，我们采用商业信用和银行信用的滞后两期值作为工具变量，运用两阶段最小二乘法进行检验，由于前期的负债来源结构不受公司当期违约风险的影响，因此工具变量选取是合理的；2）替换关键变量债务违约风险进行重新检验；3）利用 PSM 匹配方法，将匹配后的样本重新回归检验，均得到一致结论。表明考虑内生因素影响后，不同债务来源结构对违约风险的影响存在显著区别，更依赖于银行信用的企业面临更高的债务违约风险，结果比较稳健。

进一步地，运用中介效应检验程序来探讨代理成本和流动性水平的中介效应。结果表明，代理成本和流动性水平均具有部分中介效应。也就是说，由于银行信用对企业代理成本的抑制作用较差，并导致企业选择更低的流动性水平，从而使得面临更高的债务违约风险。本研究可能的研究贡献有：1）关于债务来源结构，大多数学者关注公司债务来源与公司治理、公司绩效以及非效率投资等间的关系，而没有直接将其与公司的债务违约风险联系起来，本研究将其直接联系起来进行实证分析；2）本研究通过构建中介效应模型，检验负债来源结构与债务违约风险的关系中代理成本和流动性水平是否具有中介渠道效应，拓展了相关研究范畴。此外本研究的研究还具有重要的现实意义。首先在企业进行融资决策时提供理论方面的参考，可以对自身负债来源结构进行优化和调整，减少企业内部的非效率投资行为进而最大程度降低未来的偿债风险。其次通过探讨不同债务来源结构对企业负债相机治理作用的差异，可以看到目前我国银行及商业债权人对企业债务的偿还是否具备"硬约束力"，从而明确未来的监管治理方向。最后对于如何缓解中小企业和民营企业受到的融资约束有一定政策启示，如构建多层次的资本市场、拓宽企业的融资渠道等。

二、理论分析与研究假设

学者们对于企业负债方面的研究大多与企业投资行为相结合，很少有学者直接研究企业负债规模及不同负债来源结构与债务违约风险的关系，而公司债务违约风险与其投资成功与否密切相关，因此我们可以通过研究企业负债规模及负债来源结构与投资效率的关系，进而探讨可能对公司债务违约风险产生的影响。首先从企业负债规模上来看，MM 定理首先提出了在满足市场完全竞争、所有经济人理性以及完全信息的假设前提下，企业的市场价值与其资本结构无关，即并不存在最优的资本结构。修正后的 MM 理论考虑到负债的税盾效应，债务融资可加权平均资本成本降低。而权衡理论进一步考虑到负债会引发财务风险。负债规模对公司债务违约风险的影响可归纳为两方面，一方面是消极影响：（1）负债规模的增大势必会导致企业面临更大的还本付息压力；（2）负债融资会带来债权人与股东的利益冲突（童盼等，2005），导致企业的投资扭曲詹森和马克林（Jensen & Meckling，1976）。另一方面是积极影响，主要表现为债务对公司的治理作用：1）债务融资通过降低管理层可自由支配的现金流，约束其过度投资，进而降低代理成本（Jensen，1986；Stulz，1990）；2）在债务协议中添加限制性条款，例如规定债务的用途等，这样可以加强债权人的监督并减少管理层的过度投资行为（Harris & Raviv，1990；Rajan & Winton，1995）；3）随着公司负债水平的提高，债务的契约机制使公司承担更大的还本付息压力，从而面临更高财务风险甚至破产风险，进而激励管理层更加谨慎投资（Brander & Lewis，1986；Spier & Perotti，1993；Hennessy & Livdan，2009）。最终负债规模与企业违约风险的关系取决于这两种影响哪种占据主导地位。根据国际清算银行公布的宏观杠杆率数据，截止到2019年第三季度，我国非金融部门宏观杠杆率为204.8%，美国为150.5%，日本为161.5%，德国为113.7%，可见相比其他国家，我国非金融企业的负债水平处于高位，我们预测企业扩大负债规模产生的消极影响大于积极影响，导致企业的债务违约风险增大。

其次从不同负债来源结构与企业投资行为来看，童盼等（2005）研究表明相比银行借款，商业信用更能抑制企业投资于高风险项目，企业的违约风险会因此而降低。黄乾富等（2009）认为商业信用比银行信用更具融资约束作用，抑制企业过度投资的作用也更显著。蒋瑜峰等（2011）实证研究表明当公司面临高风险项目时，高质量的会计信息会抑制公司投资，而这种抑制作用对于主要依靠商业信贷融资的公司而言更为明显。黄珺等（2012）以房地产上市公司为研究对象，表明总体上负债能够起到一定的治理作用，但银行信用对过度投资会起到促进作用，而商业信用则抑制作用更强。陆嘉玮等（2016）同样对房地产企业进行研究，结果表明负债不仅不能发挥治理作用，反而会加剧公司的过度投资，且银行信用在促进过度投资方面起重要作用，而商业信用的债务治理效果不明显。

基乌等（Chiu et al.，2018）针对性地研究了2007~2010年美国金融危机期间企业债务来源结构与违约风险的关系，认为负债来源结构与企业违约风险之间的关系可归纳为两种相反的理论：信贷供给理论和银行供应冲击理论。其中信贷供应冲击理论认为，主要从信贷市场筹集资金的公司面临更大的挑战，因为金融危机会影响所有的信贷渠道（Gorton，2010）。而银行供应冲击理论则进一步指出，为了应对银行系统的冲击，银行选择既不会续贷也不再发放新贷款。依赖银行融资的公司会进入公共债务市场，用市场债务代替了它们需要的银行贷款，从而减轻银行贷款冲击带来的不利影响。文章的结论支持银行供应冲击理论，即在金融危机期间，依赖银行债务的公司的违约风险比不依赖银行债务的同类公司的违约风险增加得更多。根据以上分析我们提出如下假设：

假设：增大银行信用和商业信用融资规模都会使公司面临更大的违约风险，但更依赖于银行借款的企业，违约风险的放大作用更显著。

三、研究设计

（一）样本选择说明

本研究以 2009 ~ 2018 年我国 A 股全部上市公司为研究样本，数据来自 wind 数据库。并进行如下处理：1）剔除金融保险类样本；2）剔除财务状况异常（如 ST、*ST 等）的公司样本；3）剔除数据缺失的样本，并对所有连续型变量进行 1% 水平上的缩尾处理。

（二）变量说明

1. 债务违约风险

在本研究中，我们借鉴默顿（1974）的方法，使用 KMV 模型来衡量公司的违约风险。这种测度方法只需要股票价格和会计信息，相对灵活，可以量化整个市场中全部上市公司的违约风险，因此本研究将其作为反映非金融企业未来债务违约风险的指标，推导过程如下：

将 Black - Scholes 期权定价模型中的看涨期权定价公式做进一步延伸，可得公司资产价值和股权价值的公式为：

$$E = V_A \times N(d_1) - DP \times e^{-rT} N(d_2) \tag{5.7}$$

$$d_1 = \frac{\ln(V_A) + (r + 0.5\sigma_A^2)}{\sigma_A \sqrt{T}} \tag{5.8}$$

$$d_2 = \frac{\ln(V_A/DP) + (r - 0.5\sigma_A^2)}{\sigma_A \sqrt{T}} = d_1 - \sigma_A \sqrt{T} \tag{5.9}$$

其中 V_A 为公司资产价值，E 为公司股权价值，r 为一年期无风险利率，DP 为公司债务违约点，T 为债务期限。再根据伊藤引理得：

$$\sigma_E = \frac{V_A \times N(d_1)}{E} \sigma_V \tag{5.10}$$

联立方程并通过 MATLAB 迭代计算可求得 V_A 和 σ_A。违约距离 DD 用公式可表示为：

$$DD = \frac{V_A - DP}{V_A \times \sigma_A} \tag{5.11}$$

其中，σ_A 为公司股价年化波动率。无风险利率以当年年末的一年期定期存款利率来衡量。关于违约点 DP 的确定存在诸多争议，一般采用违约点等于短期负债与长期负债的一半之和，本研究也采用同样的计算方法。违约距离 DD 越大，表明企业目前经营状况与企业自身违约触发点之间的差距越大，违约风险就越小，因此本研究用违约距离作为公司债务违约风险的测度指标进行实证分析。

2. 负债来源结构

一般来说，我国企业债务融资来源有银行借款、商业信贷和公司债券，且主要为前两种，因此我们考虑了两种主要的融资选择：银行信用和商业信用。银行信用（*BD*）用企业当年银行借款额与年末总资产的比值衡量，商业信用（*CD*）用企业当年的应付账款、预收账款和应付票据之和与年末总资产的比值衡量。

3. 其他变量

本研究同时选取公司规模（*Size*）、资产负债率（*DAR*）、公司成长性（*Growth*）、董事会规模（*Board*）、净资产收益率（*ROE*）、股权集中度（*TOP*10）有形资产（*Tangibility*）、市净率（*PB*）和利润水平（*Profitability*）作为控制变量，具体定义如表5-8。

表5-8 变量名称与定义

名称	符号	定义
债务违约风险	*DD*	KMV 模型计算所得
银行信用	*BD*	银行借款/总资产
商业信用	*CD*	（应付账款 + 预收账款 + 应付票据）/总资产
公司规模	*Size*	公司当年期末总资产的自然对数
资产负债率	*DAR*	负债总额/资产总额
公司成长性	*Growth*	营业收入增长率
董事会规模	*Board*	董事会人数
净资产收益率	*ROE*	期末净利润/总资产
股权集中度	*TOP*10	前十大股东持股比例
有形资产	*Tangibility*	当年末有形资产/总资产
市净率	*PB*	每股股价/每股净资产
利润水平	*Profitability*	EBITDA/总资产

（三）模型设计

本研究主要研究负债来源结构与公司债务违约风险之间的关系。首先分别检验银行信用规模与商业信用规模对公司债务违约风险的影响；其次检验银行信用与商业信用的相对规模大小对公司债务违约风险的影响；最后将样本分为国有和非国有企业子样本以及不同金融发展水平的子样本，探讨不同类型的样本对负债来源结构与违约风险的关系是否有影响。本研究采用面板固定效应回归，具体回归模型如下：

$$DD_{i,t} = \alpha + \beta BD_{i,t} + \gamma CD_{i,t} + \delta Controls_{i,t} + FirmFE + YearFE + \varepsilon_{i,t}$$

$$(5.12)$$

其中因变量 $DD_{i,t}$ 代表公司 i 在 t 年期间的平均违约距离，关键自变量 $BD_{i,t}$、$CD_{i,t}$ 分别代表 t 年末公司的银行借款比例和商业信用借款比例，$Controls_{i,t}$ 是一组可能会影响公司债务违约风险的变量。最后我们还控制了宏观经济变量的年度固定效应和影响违约风险的公司间不可观测因素的公司固定效应。

四、实证结果分析

（一）描述性统计

表 5－8 说明了变量名称与定义，表 5－9 是主要变量的描述性统计。债务违约风险的衡量指标违约距离（DD）最大值为 5.12，最小值为 0.94，表明不同公司的违约风险差异程度较大。银行信用与总资产比值（BD）和商业信用与总资产比值（CD）均值分别是 0.30 和 0.40，最大值可分别达到 0.81 和 0.91，这表明我国企业银行信用和商业信用融资规模较大，是企业的主要融资渠道，且商业信用融资规模略高于银行信用，但不同公司之间融资方式差异程度较大。

表 5－9   主要变量描述性统计

变量名称	样本数	均值	标准差	最小值	最大值
DD	19 197	2.4339	0.8111	0.9430	5.1294
BD	19 197	0.3040	0.2297	0.0000	0.8196
CD	19 197	0.4017	0.2252	0.0239	0.9158
Size	19 197	8.2420	1.3813	5.0159	12.2584
DAR	19 197	45.5496	21.0414	5.6334	95.5831
Growth	19 068	17.0615	35.8643	−56.8428	207.4718
Board	19 197	8.5870	2.1260	0	15
ROE	19 094	8.2935	13.3451	−56.9777	50.0955
TOP10	18 335	8.2934	13.3635	−57.0974	50.1257
Tangibility	19 196	42.6465	22.7167	−20.2648	89.5777
PB	18 317	3.8993	3.7236	0.6589	27.4237
Profitability	19 197	0.0728	0.0617	−0.1012	0.2721

（二）基准回归分析

首先对负债来源结构与债务违约风险进行回归分析。表 5 - 10 为控制一组相关违约风险因素后得到的回归结果。第（1）列中分别将银行信用与商业信用作为自变量，对因变量债务违约距离进行回归分析，结果表明银行借款与商业信用都与公司违约距离显著负相关，系数分别为 -0.36 和 -0.26，表明银行借款和商业信用融资规模越大，违约距离越小，也即违约概率越高，且银行借款作用更强。进一步地，为了验证银行信用与商业信用的相对作用大小，第（2）列用银行借款与商业信用的比值（BD/CD）替换原来的自变量 BD 和 CD，结果表明银行借款与商业信用的比值与违约距离显著负相关，即相对于商业信用，采用银行借款融资比例更高的企业，违约距离更低，违约概率更大。（3）列（4）列采用 GMM 估计方法，同样可以得到一致的结论。表明不论公司采用银行信用还是商业信用融资，负债规模扩张都会导致公司面临更高的债务违约风险，但相比商业信用，银行信用对违约风险的放大作用更显著，这验证了我们之前提出的假设。

表 5 -10　　　　　　　　公司负债来源结构与违约风险的回归分析

变量	（1）	（2）	（3）	（4）
BD	- 0.3609 *** (- 7.08)		- 0.4783 *** (- 11.98)	
CD	- 0.2687 *** (- 4.59)		- 0.3517 *** (- 8.66)	
BD/CD		- 0.0128 *** (- 3.97)		- 0.0065 *** (- 2.76)
Size	0.1497 *** (12.52)	0.1592 *** (13.39)	0.0918 *** (12.27)	0.1062 *** (14.26)
DAR	0.0055 *** (5.19)	0.0045 *** (4.31)	0.0007 (0.28)	- 0.0013 * (- 1.81)
Growth	- 0.0008 *** (- 5.07)	- 0.0009 *** (- 5.29)	- 0.0011 *** (- 6.90)	- 0.0011 *** (- 7.24)
Board	- 0.0280 *** (- 4.13)	- 0.0295 *** (- 4.36)	- 0.0088 ** (- 2.14)	- 0.0105 ** (- 2.53)
ROE	- 0.0057 *** (- 8.37)	- 0.0059 *** (- 8.53)	- 0.0067 *** (- 10.76)	- 0.0067 *** (- 10.80)

变量	（1）	（2）	（3）	（4）
*TOP*10	0.0025 *** （-3.26）	-0.0029 *** （-3.78）	-0.0005 （-1.08）	-0.0008 * （-1.85）
Tangibility	0.0032 *** （3.52）	0.0027 *** （3.07）	0.0013 ** （2.08）	0.0008 （1.32）
PB	-0.0802 *** （-31.55）	-0.0792 *** （-31.24）	-0.0607 *** （-28.50）	-0.0561 *** （-26.53）
Profitability	1.0617 *** （5.29）	1.0630 *** （5.28）	1.8551 *** （11.96）	1.8232 *** （11.67）
Constant	1.7094 *** （10.71）	1.5328 *** （9.73）	2.3384 *** （23.06）	2.1271 *** （21.01）
N	18 125	18 125	18 125	18 125
Adj. R^2	0.0893	0.0812	0.1166	0.1092

注：括号中为经异方差调整的 *t* 值；***，**，* 分别表示在1%，5%，10%水平显著。

（三）分样本检验

1. 考虑企业的产权异质性

在非国有企业中，产权关系比较明确，一般情况下经营者和所有者是同一个体，经营者有权要求企业的剩余利润，因此考虑到企业的长远利益，经营者通常会根据企业价值最大化原则进行企业投融资决策。企业管理者大多是由政府任命，经营权与所有权的分离导致各自的利益目标不一致，且国有企业的一些的投融资决策具有国家政策导向性质，对于企业自身发展而言可能并不是最优的（张兆国等，2008）。因此，对于非国有企业，所获得的融资更可能被企业高效利用，或者说对企业治理作用更强。虽然负债规模的增大都会导致企业面临更大的违约风险，但对国有企业来说负债的风险放大效应可能更明显。

为了考察在不同产权性质的企业中负债来源结构与违约风险之间的关系是否有所不同，我们将不同产权性质的样本进行回归后的结果如表5-11所示。结果表明不论是国有企业还是非国有企业，负债融资规模扩大都会导致公司面临更高的违约风险。从系数来看，非国有企业子样本的负债来源结构系数分别为-0.27和-0.24，均小于国有企业子样本-0.47和-0.31，表明负债规模扩大导致的违约风险增加在国有企业中表现更为明显。

表 5 - 11　　　　　　　　考虑产权异质性的基准回归分析

变量	国有企业子样本		非国有企业子样本	
BD	-0.4719 *** (-5.80)		-0.2776 *** (-4.24)	
CD	-0.3122 *** (-3.31)		-0.2499 *** (-3.34)	
BD/CD		-0.0183 *** (-3.91)		-0.0071 (-1.60)
Size	0.2443 *** (12.38)	0.2544 *** (12.97)	0.0929 *** (6.21)	0.1014 *** (6.72)
DAR	0.0029 (1.52)	0.0017 (0.88)	0.0056 *** (4.42)	0.0049 *** (3.90)
Growth	-0.0003 (-1.28)	-0.0004 (-1.50)	-0.0011 *** (-5.17)	-0.0011 *** (-5.28)
Board	-0.0362 *** (-3.76)	-0.0395 *** (-4.10)	0.0156 (1.65)	-0.0160 * (-1.68)
ROE	-0.0046 *** (-4.46)	-0.0047 *** (-4.53)	-0.0065 *** (-7.10)	-0.0066 *** (-7.23)
TOP10	-0.0047 *** (-3.53)	-0.0050 *** (-3.75)	-0.0023 ** (-2.44)	-0.0027 (-2.87)
Tangibility	-0.0022 (1.25)	0.0018 (1.05)	0.0024 ** (2.29)	0.0020 * (1.91)
PB	-0.0740 *** (-18.44)	-0.0727 *** (-18.16)	-0.0831 *** (-25.21)	-0.0824 *** (-25.14)
Profitability	0.3988 (1.27)	0.3852 (1.22)	1.6096 *** (6.16)	1.6207 *** (6.17)
Constant	1.2513 *** (4.51)	1.0516 *** (3.84)	2.0719 *** (10.51)	1.9037 *** (9.80)
N	7 830	7 830	10 291	10 291
Adj. R^2	0.0896	0.0766	0.0872	0.0826

注：括号中为经异方差调整的 t 值；***，**，*分别表示在 1%，5%，10% 水平显著。

2. 考虑企业所在地的金融发展水平

从整体上来看，我国各地区在金融发展水平上有很大的差异（樊纲等，2010），不同金融发展水平地区的企业，在负债违约风险方面的表现可能不同。一方面，金融发展可以缓解融资约束，提高信贷资金配置效率，从而提高企业的投资效率和经营绩效（姚耀军等，2015）。另一方面，在金融发展水平较高的地区，企业声誉机制可以有效发挥其功能。企业发生违约使加大其再次获得贷款的难度。因此，在金融发展水平较高地区的企业，会更加注重自身的信誉，从而合理规划其现金流，降低违约风险（沈红波等，2011）。从负债来源结构看，金融发展水平较高，国有银行的市场化程度更深，导致与其他商业银行的竞争更为激烈，因此会更加追求盈利方面的目标（余明桂等，2008），也更有能力搜集企业的经营等方面的信息减少信息不对称，从而对企业实施更高效的监控（江伟等，2006）。

中国金融中心指数是综合开发研究院设计的一个评价中国城市金融发展综合竞争力的动态指数。该指数是通过对各城市的金融产业绩效、金融机构实力、金融市场规模和金融生态环境这4类1级指标体系下具体的82个4级指标综合评分所得，自2009年起每年更新一次。该指数在评价各个城市的金融竞争力方面具有较高的权威性（陈胜蓝和马慧，2018）。根据2019年12月最新发布的第11期中国金融中心指数，综合排名前十位的城市为：上海、北京、深圳、广州、成都、杭州、天津、重庆、南京、武汉。本研究按照公司的注册地是否在上述十个城市之中，将样本分为两组：企业所在地金融发展水平高（$Develop = 1$）与水平低（$Develop = 0$），分别对其进行基础回归，结果如表5-12所示。从表中可以看出，位于金融发展水平较高地区的企业，银行信用和商业信用融资与企业违约距离的系数分别为-0.29和-0.19，而在金融发展水平较低地区的企业，此相关系数为-0.46和-0.36，这表明从负债整体规模上看，位于金融发展水平较高地区的企业负债融资后面临的违约风险低于金融发展水平较低地区的企业，但不论企业是否位于金融发展水平高的地区，更多依靠银行信用融资都将面临更大的违约风险。

表5-12　　　　　　　　考虑金融发展水平的基准回归分析

变量	金融发展水平低		金融发展水平高	
BD	-0.4676 *** (-5.71)		-0.2912 *** (-4.47)	
CD	-0.3684 *** (-4.04)		-0.1936 ** (-2.54)	
BD/CD		-0.0152 *** (-2.80)		-0.0119 *** (-2.97)

变量	金融发展水平低		金融发展水平高	
Size	0. 1291 *** (6. 77)	0. 1372 *** (7. 19)	0. 1628 *** (10. 58)	0. 1726 *** (11. 33)
DAR	0. 0079 *** (4. 65)	0. 0062 *** (3. 75)	0. 0038 *** (2. 87)	0. 0033 ** (2. 48)
Growth	− 0. 0007 *** (− 2. 80)	− 0. 0008 *** (− 3. 05)	− 0. 0009 *** (− 4. 28)	− 0. 0009 *** (− 4. 36)
Board	− 0. 0203 * (− 1. 88)	− 0. 0225 ** (− 2. 08)	− 0. 0329 *** (− 3. 79)	− 0. 0340 *** (− 3. 92)
ROE	− 0. 0045 *** (− 4. 08)	− 0. 0046 *** (− 4. 20)	− 0. 0066 *** (− 7. 52)	− 0. 0067 *** (− 7. 63)
TOP10	− 0. 0044 *** (− 3. 48)	− 0. 0050 *** (− 3. 95)	− 0. 0014 (− 1. 44)	− 0. 0016 * (− 1. 70)
Tangibility	0. 0040 (2. 67)	0. 0032 ** (2. 19)	0. 0027 ** (2. 32)	0. 0024 ** (2. 15)
PB	− 0. 0824 *** (− 20. 13)	− 0. 0802 *** (− 19. 67)	− 0. 0789 *** (− 24. 37)	− 0. 0789 *** (− 24. 40)
Profitability	0. 8688 *** (2. 71)	0. 8235 ** (2. 56)	1. 2004 *** (4. 67)	1. 2265 *** (4. 75)
Constant	1. 8528 *** (7. 19)	1. 6851 *** (6. 57)	1. 6259 *** (7. 99)	1. 4539 *** (7. 28)
N	7 536	7 536	10 589	10 585
Adj. R^2	0. 0808	0. 0712	0. 0948	0. 0876

注：括号中为经异方差调整的 t 值；***，**，* 分别表示在1%，5%，10%水平显著。

（四）稳健性检验

1. 内生性检验

由于负债来源结构与公司的违约风险可能存在内在的反向因果关系，比如违约风险较高的公司可能更难通过银行的贷款审查，进而转向商业信用融资。由于前期的负债来源结构会影响到企业当期的债务违约风险，因此我们采用滞后两期的负债来源结构值作为工具变量，采用 2SLS 的检验结果如表 5 - 13 所示。第（3）列是第二阶段回归结果，银行信用和商业信用与违约距离的回归系数分别为 − 1. 43 和 − 1. 04 且均在 1% 水平上显著，表明随着企业的债务违约风险随融资规模的扩大而增加，且通过银行信用融资的放大作用更明显，同之前的结论一致。

表 5 - 13　　　　　　　　　内生性检验：2SLS 回归结果

变量	(1)	(2)	(3)
	BD	CD	DD
$\widehat{BD}$			- 1. 4345 *** (- 13. 33)
$\widehat{CD}$			- 1. 0420 *** (- 11. 53)
BD_{t-2}	0. 7663 *** (53. 70)		
CD_{t-2}		1. 2154 *** (83. 79)	
Size	- 0. 0196 *** (- 14. 99)	- 0. 0176 *** (- 14. 73)	0. 0421 *** (5. 22)
DAR	- 0. 0001 *** (- 11. 36)	- 0. 0014 *** (- 8. 74)	0. 0040 *** (4. 79)
Growth	- 0. 0000 (- 1. 29)	0. 0005 *** (12. 53)	- 0. 0012 *** (- 7. 43)
Board	- 0. 0000 (- 0. 02)	0. 0017 *** (2. 60)	0. 0075 ** (2. 09)
ROE	- 0. 0006 *** (- 4. 44)	- 0. 0006 *** (- 4. 65)	- 0. 0082 *** (- 12. 11)
TOP10	0. 0001 ** (2. 18)	0. 0006 *** (8. 63)	0. 0003 (0. 76)
Tangibility	- 0. 0010 *** (- 8. 56)	0. 0021 *** (18. 52)	0. 0014 ** (2. 22)
PB	- 0. 0094 *** (- 21. 22)	- 0. 0032 *** (- 7. 32)	- 0. 0651 *** (- 23. 08)
Profitability	0. 1060 *** (3. 32)	0. 0622 ** (2. 05)	2. 5904 *** (17. 54)
Constant	0. 4. 36 *** (25. 27)	0. 3223 *** (22. 37)	2. 7730 *** (25. 49)
N	18 120	18 120	18 120
Adj. R^2	0. 4881	0. 5298	0. 0785

注：括号中为经异方差调整的 t 值；***，**，* 分别表示在 1%，5%，10% 水平显著。

2. 变量替代

目前关于债务违约风险的度量方法主要有阿尔特曼等（1968）提出的 Z 指数和本研究采取的 KMV 模型。Z 指数计算公式为：$Z = 1.2 \times$（营运资金/资产总额）$+1.4 \times$（留存收益/资产总额）$+3.3 \times$（息税前利润/资产总额）$+0.6 \times$（权益的价值/负债的价值）+（销售收入/资产总额）。本研究借鉴孟庆斌等（2019）的做法，采用 Z 指数替代上文中 KMV 模型测度的公司债务违约风险变量重新进行回归分析，结果如表 5 - 14 中（1）~（4）列所示。（1）（2）列和（3）（4）列分别为采用固定效应面板回归和GMM 估计得到的结果，同样得到一致结论。

表 5 - 14　　　　　　　　替换变量及 PSM 匹配后回归分析

变量	（1）	（2）	（3）	（4）	（5）	（6）
BD	- 4. 3565 *** (- 17. 81)		- 4. 9251 *** (- 17. 27)		- 0. 3134 *** (- 5. 57)	
CD	- 1. 4686 *** (- 5. 58)		- 2. 8499 *** (- 8. 64)		- 0. 2753 *** (- 4. 21)	
BD/CD		- 0. 1214 *** (- 8. 00)		- 0. 0968 *** (- 10. 35)		- 0. 0084 ** (- 2. 36)
Size	- 0. 0346 (- 0. 68)	0. 0763 (1. 50)	0. 1720 *** (3. 87)	0. 3262 *** (7. 44)	0. 1490 *** (11. 31)	0. 1576 *** (12. 04)
DAR	- 0. 1518 *** (- 32. 25)	- 0. 1663 *** (- 35. 90)	- 0. 1595 (- 34. 47)	- 0. 1811 *** (- 39. 98)	0. 0055 *** (4. 79)	0. 0045 *** (3. 98)
Growth	- 0. 0005 (- 0. 58)	- 0. 0006 (- 0. 72)	0. 0015 (1. 27)	0. 0009 (0. 76)	- 0. 0009 *** (- 4. 77)	- 0. 0009 *** (- 5. 00)
Board	- 0. 0195 (- 0. 68)	- 0. 0293 (- 1. 01)	- 0. 1056 *** (- 5. 05)	- 0. 1002 *** (- 5. 21)	- 0. 0203 *** (- 2. 70)	- 0. 0217 *** (- 2. 88)
ROE	0. 0167 *** (4. 79)	0. 0160 *** (4. 57)	0. 0235 *** (4. 85)	0. 0274 *** (5. 69)	- 0. 0063 *** (- 7. 91)	- 0. 0064 *** (- 7. 98)
TOP10	0. 0315 *** (9. 38)	0. 0294 *** (8. 73)	0. 0212 *** (7. 65)	0. 0199 *** (7. 15)	0. 0033 *** (- 3. 93)	- 0. 0037 *** (- 4. 43)
Tangibility	0. 0879 *** (21. 23)	0. 0877 *** (21. 31)	0. 0767 *** (18. 03)	0. 0726 (17. 72)	0. 0028 *** (2. 81)	0. 0023 ** (2. 33)
PB	0. 7248 *** (58. 06)	0. 7457 *** (59. 97)	0. 7575 *** (32. 70)	0. 8124 *** (34. 68)	- 0. 0842 *** (- 28. 90)	- 0. 0825 *** (- 28. 48)

变量	（1）	（2）	（3）	（4）	（5）	（6）
Profitability	2.5939 *** (2.72)	2.6512 *** (2.75)	1.2728 (0.98)	0.2971 (0.23)	1.0996 *** (4.89)	1.0849 *** (4.82)
Constant	6.4045 *** (9.95)	4.5593 *** (7.19)	7.5606 *** (13.90)	4.9005 *** (9.63)	1.7077 *** (9.66)	1.5422 *** (8.86)
N	18 125	18 125	18 125	18 125	15 500	15 500
Adj. R^2	0.5528	0.5428	0.5559	0.5455	0.0884	0.0815

注：括号中为经异方差调整的 *t* 值；***，**，* 分别表示在 1%，5%，10% 水平显著。

3. 倾向得分匹配法

由于企业负债来源结构可能存在系统性差异，为了减轻实证中可能存在的内生性问题，本研究采用倾向得分匹配法（PSM）进行测试。参考相关研究，我们以银行信用与商业信用融资的比值（BD/CD）的样本中位数为基准，将全部样本分为处理组与控制组两大类。当比值高于其所对应指标的中位数时 Treat 取 1，否则为 0。随后运用最邻近匹配法进行样本匹配。为保证所有处理组都能匹配到对应的对照组样本，在匹配过程中我们采用了有放回抽样本的方法（何瑛等，2019）。最终匹配后误差消减情况如表 5 - 15 所示，可见除了变量 DAR 匹配后偏差均小于 5%，说明匹配效果良好。倾向得分匹配后的回归结果如表 5 - 14 列（5）和（6）所示，结果同样表明负债规模的增大会使公司面临更大的违约风险，且相比商业信用，通过银行借款融资的风险放大效应更显著。

表 5 - 15 匹配后误差消减情况

变量	样本	均值		标准偏差 （%）	误差消减 （%）	T-test	
		处理组	对照组			T	P > 1
Size	Unmatched	8.557	8.157	31.1	95.2	20.90	0.000
	Matched	8.559	8.578	-1.5		-0.99	0.325
DAR	Unmatched	51.384	38.738	63.7	91.7	42.88	0.000
	Matched	51.345	52.401	-5.3		-3.68	0.000
Growth	Unmatched	16.685	17.147	-1.3	-43.6	-0.87	0.384
	Matched	16.688	17.351	-1.9		-1.23	0.217
Board	Unmatched	8.907	8.656	14.5	85.6	9.73	0.000
	Matched	8.908	8.871	2.1		1.37	0.171

变量	样本	均值		标准偏差（％）	误差消减（％）	T-test	
		处理组	对照组			T	P > 1
ROE	Unmatched	5.754	8.742	−24.0	87.0	−16.17	0.000
	Matched	5.809	6.198	−3.1		−1.86	0.063
TOP10	Unmatched	55.815	57.847	−13.3	94.2	−8.96	0.000
	Matched	55.834	55.717	0.8		0.51	0.608
Tangibility	Unmatched	35.859	50.135	−67.2	93.8	−45.26	0.000
	Matched	36.906	35.014	4.2		2.99	0.003
PB	Unmatched	3.654	4.115	−12.8	72.8	−8.60	0.000
	Matched	3.656	3.782	−3.5		−2.35	0.019
Profitability	Unmatched	0.065	0.071	−10.0	58.5	−6.71	0.000
	Matched	0.065	0.063	4.1		2.90	0.004

五、进一步分析

下面进一步对企业负债来源结构与债务违约风险的传导机制进行研究，探讨代理成本和企业流动性水平是否具有中介传导效应。依据温忠麟等（2004）提出的中介效应检验程序，进行逐步检验。本研究采用面板固定效应回归，具体回归模型如下：

$$DD_{i,t} = \alpha + \beta BD_{i,t} + \gamma CD_{i,t} + \delta Controls_{i,t} + FirmFE + YearFE + \varepsilon_{i,t}$$

（5.13）

$$MED_{i,t} = \alpha + \beta BD_{i,t} + \gamma CD_{i,t} + \delta Controls_{i,t} + FirmFE + YearFE + \varepsilon_{i,t}$$

（5.14）

$$DD_{i,t} = \alpha + \beta BD_{i,t} + \gamma CD_{i,t} + \delta MED_{i,t} + \varphi Controls_{i,t} + FirmFE + YearFE + \varepsilon_{i,t}$$

（5.15）

式（5.13）是中介效应检验的第一步，因变量 $DD_{i,t}$ 代表公司 i 在 t 年期间的平均违约距离，关键自变量 $BD_{i,t}$、$CD_{i,t}$ 分别代表 t 年末公司的银行借款与商业信用借款比例；式（5.14）是检验的第二步，因变量 $Med_{i,t}$ 代表中介变量，即负债来源结构对债务违约风险的影响渠道，自变量为银行借款比例 $BD_{i,t}$ 和商业信用比例 $CD_{i,t}$；式（5.15）是检验的第三步，因变量 $DD_{i,t}$ 代表公司 i 在 t 年期间的平均违约距离，因变量包括银行借款比例 $BD_{i,t}$、商业信用比例 $CD_{i,t}$ 以及中介变量 $Med_{i,t}$。$Controls_{i,t}$ 是一组可能会影响公司债务违约风险的变量。最后我们还控制了宏观经济变量的年度固定效应和影响违约风险的公司间不可观测因素的公司固定效应。

（一）代理成本的中介渠道效应分析

戴蒙德（Diamond，1984）最早对银行信用与企业代理成本进行研究并提出了委托监督理论，认为银行比商业信用的债权人有更强的监督能力和意愿，且能够获得超额收益来弥补其监督过程中发生的监督成本。法玛（Fama，1985）在此基础上指出了银行具备更强监督能力的表现，认为银行由于在谈判过程中处于有利地位，能够在债务契约中增加限制条款，明确资金使用方向从而维护债权人的利益。但是国外对于银行借款的研究都是基于存在完善的银行治理结构来说的，也即银行借款对企业有"硬约束力"。但我国的银行治理结构与西方存在显著差异，银行借款是否对公司管理者有约束作用以及约束效果如何都有待验证。邓莉等（2007）实证结果显示，无论是长期还是短期银行信贷均对公司没有明显的治理效应，这表明银行没有充分履行其债权人的监督职责。而对于商业信用，一方面商业信用缓解了企业的融资约束，满足企业经营生产必要的资金需求但没有增加管理层可使用的自由现金流，不易产生管理层在职消费问题（胡奕明等，2008）；另一方面，商业信用的债权人比银行更具有信息优势，因为商业信用产生于借贷双方的日常经营活动，商业信用的债权人更加了解企业的经营状况和还款能力，会加强对企业管理层的监督和约束以保证自身的利益，因此商业信用的治理作用甚至强于银行借款（陆正飞等，2011）。肖坤等（2011）实证研究表明我国银行借款存在预算软约束，而商业信贷不存在该局限性，具有治理作用，有效降低代理成本并提升公司绩效。

安格等（Ang et al.，2000）提出可用营业费用率法和资产利用效率法计算代理成本法。营业费用率是一种很直观的方法；资产利用效率为企业全年销售额与总资产之比，一般专指公司的总资产周转率。资产利用效率可有效反映企业代理问题。因此，在本研究中，总资产周转率（turnover）是代理成本的衡量指标。较低的总资产周转率，意味着公司代理问题越严重。债务来源—代理成本—违约风险中介效应模型三个步骤的检验结果如表5-16所示。第（1）列为中介效应第一步检验结果，同上述基准回归，表明即不论是银行信用还是商业信用，企业的债务违约风险随着企业融资规模的扩大而增大，从回归系数或者第（2）列结果可以看出企业通过银行信用融资的风险放大效应更强；第（3）列为第二步检验结果，银行信用与商业信用都与总资产周转率显著正相关，系数分别为0.04和0.32，表明银行借款和商业信用融资都可以提高公司的总资产周转率，也即都对代理成本具有抑制作用。同样从系数或第（4）列回归结果可以看出，商业信用对企业代理成本的抑制作用更强；第（5）列为第三步的检验结果，可以看到引入代理成本后，银行信用与商业信用都仍与违约距离显著负相关，根据中介效应检验程序，表明代理成本具有部分中介效应，即银行信用对企业代理成本的缓释作用弱于商业信用，是导致更多依赖银行信用融资的企业面临更高违约风险的原因之一。

表5-16　　　　　　渠道检验：代理成本的中介效应回归

变量	（1）	（2）	（3）	（4）	（5）
BD	-0.3609 *** (-7.08)		0.0403 *** (2.91)		-0.3649 *** (-7.16)
CD	-0.2687 *** (-4.59)		0.3204 *** (20.09)		-0.2997 ** (-5.06)
BD/CD		-0.0128 *** (-3.97)		-0.0099 *** (-11.12)	
Turnover					-0.2997 ** (-5.06)
Size	0.1497 *** (12.52)	0.1592 *** (13.39)	-0.7633 *** (-23.41)	-0.0804 *** (-24.64)	0.0969 *** (3.27)
DAR	0.0055 *** (5.19)	0.0045 *** (4.31)	0.0054 *** (18.77)	0.0059 *** (20.60)	0.1571 *** (12.91)
Growth	-0.0008 *** (-5.07)	-0.0009 *** (-5.29)	0.0012 *** (26.16)	0.0013 *** (27.06)	0.0049 *** (4.64)
Board	-0.0280 *** (-4.13)	-0.0295 *** (-4.36)	0.0063 *** (3.41)	0.0068 *** (3.67)	-0.0010 *** (-5.64)
ROE	-0.0057 *** (-8.37)	-0.0059 *** (-8.53)	0.0009 *** (4.85)	0.0009 *** (5.08)	-0.0286 *** (-4.22)
TOP10	0.0025 *** (-3.26)	-0.0029 *** (-3.78)	0.0006 *** (2.83)	0.0009 *** (4.27)	-0.0058 *** (-8.50)
Tangibility	0.0032 *** (3.52)	0.0027 *** (3.07)	0.0012 *** (4.99)	0.0020 *** (8.08)	-0.0026 *** (-3.33)
PB	-0.0802 *** (-31.55)	-0.0792 *** (-31.24)	-0.0050 *** (-7.35)	-0.0062 *** (-8.92)	0.0031 *** (3.39)
Profitability	1.0617 *** (5.29)	1.0630 *** (5.28)	1.7222 *** (31.51)	1.7660 *** (31.95)	-0.0797 *** (-31.31)

变量	(1)	(2)	(3)	(4)	(5)
Constant	1.7094 *** (10.71)	1.5328 *** (9.73)	0.6600 *** (15.17)	0.7742 *** (17.89)	0.8947 *** (4.33)
N	18 125	18 125	18 125	18 125	18 125
Adj. R²	0.0893	0.0812	0.1505	0.1087	0.1386

注：括号中为经异方差调整的 t 值；***，**，* 分别表示在 1%，5%，10% 水平显著。

根据温忠麟等（2014）提出的效应量计算方法，我们比较代理成本在商业信用、银行信用对违约风险影响中的效应量大小。对于银行信用，遮掩效应量为：$(5.3760 \times 0.0046)/0.3804 = 0.0650$；对于商业信用，遮掩效应量为：$(7.1153 \times 0.0046)/0.2839 = 0.1153$，可以看出，相比银行信用，代理成本在商业信用对违约风险的影响中发挥的遮掩效应更大。但总体看来，代理成本发挥的遮掩效应比较微弱。所以，企业想通过扩大负债规模 – 抑制代理成本 – 有效公司治理的途径缓解负债规模的扩大对违约风险的放大效应，效果是非常有限的。

（二）流动性水平的中介渠道效应分析

企业流动性不足影响企业如期偿还债务的能力，高流动性水平一方面可以通过较少代理成本来缓解融资约束，另一方面也会导致较高的企业资金占用成本，损害整体价值（Custódio C et al.，2013）。负债水平反映了企业的举债能力，负债规模越大表明企业的举债能力越强，因此企业会选择较低的流动性（John，1993）。也有学者认为，负债水平越高的企业出现财务困境或破产的风险也越大，因此会选择保持较高的流动性水平。奥普勒等（Opler et al.，1999）研究认为高负债企业进行外部融资的成本更高，所以企业会保持内部的高流动性以便及时捕捉到市场上的投资机会（罗进辉和万迪昉，2008）。从负债来源结构与企业流动性的关系来看，一方面，相比商业信用债权人，银行作为专业借贷机构在评价和监督债务人方面有优势，所以银行授信可向资本市场上释放企业正面信息，便于企业再融资（杨兴全等，2007）。另一方面，目前我国商业银行对企业贷款的审核机制不够完善，尤其是对国有企业，银行信用没有起到显著的负债治理作用，因此银行信用融资比例越大，企业流动性水平可能越低。

参考王周伟等（2015）的方法，本节把现金流动负债作为企业流动性水平的衡量指标，现金流动负债比越高，表明企业流动性水平越高。对债务来源—流动性水平—违约风险中介效应模型三个步骤的检验结果如表

5-17 所示。第（1）列为中介效应第一步检验结果，同上述基准回归，表明即不论是银行信用还是商业信用，企业的债务违约风险随着企业融资规模的扩大而增大，从回归系数或者第（2）列结果可以看出企业通过银行信用融资的风险放大效应更强；第（3）列为第二步检验结果，银行信用与商业信用都与企业流动性显著负相关，系数分别为 -0.89 和 -0.51，表明银行借款和商业信用融资都会降低企业的流动性水平，从系数或第（4）列回归结果可以看出，银行信用对降低企业流动性水平的作用更强；第（5）列为第三步的检验结果，可以看到引入流动性后，银行信用与商业信用都仍与违约距离显著负相关，根据中介效应检验程序，表明流动性水平具有部分中介效应，即更多通过银行信用融资会导致企业选择保持更低的流动性水平，从而未来面临更高的违约风险。

表 5-17　　　　　渠道检验：流动性水平的中介效应回归

变量	（1）	（2）	（3）	（4）	（5）
BD	-0.3609 *** (-7.08)		-0.8914 *** (-16.18)		-0.3549 *** (-6.88)
CD	-0.2687 *** (-4.59)		-0.5129 *** (-8.11)		-0.2683 *** (-4.56)
BD/CD		-0.0128 *** (-3.97)		-0.0166 *** (-4.57)	
Cash					0.0057 (0.76)
Size	0.1497 *** (12.52)	0.1592 *** (13.39)	-0.0839 *** (-6.48)	-0.0571 *** (-4.42)	0.1566 *** (13.00)
DAR	0.0055 *** (5.19)	0.0045 *** (4.31)	-0.0045 *** (-3.94)	-0.0073 *** (-6.47)	0.0055 *** (5.17)
Growth	-0.0008 *** (-5.07)	-0.0009 *** (-5.29)	0.0000 (0.09)	-0.0000 *** (-0/09)	-0.0009 *** (-5.08)
Board	-0.0280 *** (-4.13)	-0.0295 *** (-4.36)	0.0160 ** (2.19)	0.0124 * (1.70)	-0.0280 *** (-4.12)
ROE	-0.0057 *** (-8.37)	-0.0059 *** (-8.53)	0.0020 *** (2.66)	0.0018 ** (2.42)	-0.0060 *** (-8.64)
TOP10	0.0025 *** (-3.26)	-0.0029 *** (-3.78)	0.0141 *** (16.75)	0.0129 *** (15.43)	-0.0026 *** (-3.37)

变量	(1)	(2)	(3)	(4)	(5)
Tangibility	0.0032 *** (3.52)	0.0027 *** (3.07)	0.0248 *** (25.07)	0.0244 *** (24.81)	0.0032 *** (3.45)
PB	− 0.0802 *** (− 31.55)	− 0.0792 *** (− 31.24)	0.0137 *** (5.03)	0.0174 *** (6.35)	0.0800 *** (− 31.49)
Profitability	1.0617 *** (5.29)	1.0630 *** (5.28)	− 1.8781 *** (− 8.58)	− 1.9162 *** (− 8.69)	1.1349 *** (5.58)
Constant	1.7094 *** (10.71)	1.5328 *** (9.73)	0.1960 (1.13)	− 0.2468 *** (− 1.44)	1.6482 *** (10.28)
N	18 125	18 125	18 125	18 125	18 125
Adj. R^2	0.0893	0.0812	0.3363	0.3111	0.0899

注：括号中为经异方差调整的 *t* 值；*** ，** ，* 分别表示在 1%，5%，10% 水平显著。

对于银行信用，中介效应量为：$(0.8914 \times 0.0057)/0.3609 = 0.014$；对于商业信用，中介效应量为：$(0.5129 \times 0.0057)/0.2687 = 0.011$，可以看出，相比商业信用，流动性水平在银行信用对违约风险的影响中发挥的中介效应更大。但总体看来，流动性水平发挥的中介效应比较微弱，即企业扩大负债规模（银行信用，商业信用），减小流动性水平，并不会大幅增加企业的债务违约风险。

第三节　公司债务期限结构与违约风险

一、引言

党的十九大报告指出，从现在（2017 年）起到 2020 年是全面建成小康社会的决胜期，要坚决打好防范化解重大风险、污染防治、精准脱贫三大攻坚战，其重点是防控金融风险。2018 年全国银行业监督管理工作会议提出，应着力降低企业负债率，严格把控对高负债率企业的融资等（周彬和周彩，2019）。2019 年 12 月召开的中央经济工作会议强调，要强化"六稳"举措，把稳增长放在突出位置。相比之前，将三大攻坚战中的防范化解重大风险由首位调整到末位，表明金融风险得到有效防控，今后要在稳增长的大背景下弱化去杠杆、防风险。但是其中由于企业的高负债经营导致的债务违约问题仍然严峻，受到大家越来越多的关注。近年来，商业银行的不良贷款率不断上升也一定程度上反映出我国公司债务违约风险的不断加大。据银保监会统计，2015 年末我国商业银行的不良贷款率为1.67%，而至 2019 年第三季度，已升至 1.86%。可见，公司债务违约俨然是影响我国资本市场稳定发展的重要问题。从社科院国家资产负债表研究中心公布的宏观数据来看，随着政府对中小企业支持力度的不断加大，2019 年第一季度我国非金融企业部门杠杆率为 156.9%，较 2018 年底上升了 3.3%，表明债务余额在一季度大幅增加。虽然第三季度有所回落，降至 155.6%，但总体来看我国企业部门杠杆率仍然偏高，去杠杆是一个长期任务，企业的债务违约风险是目前我们打好防范化解重大风险攻坚战的重要方向。

随着全球经济下行压力加大和我国资本市场开放程度的不断扩大，导致我国企业尤其是民营企业面临较大的风险敞口，一些大型企业的违约事件也屡见不鲜，据和讯财经报道信息显示，2019 年 1~10 月中已有 58 家企业的 149 只债券发生违约。债务违约事件频发不仅是发行债务金额过高的结果，也与其自身债务的期限结构密切相关。而公司债务期限结构受到内外多方面因素的影响，首先，我国大部分中小企业主要依赖银行借贷，缺乏其他融资途径；其次，随着商业银行监管力度的不断加大，银行贷款审核更加严格，长期信贷管理日益趋紧；最后，我国银行长期贷款的发放很大程度上取决于国家宏观政策导向，导致部分企业无法获得运营必须的长期信贷，迫使企业短贷长投导致资金链断裂甚至发生违约。债务期限结构的选择是企业财务决策中的重要一环，会直接影响企业的融资成本、资金投向和偿还风险。因此，随着我国资本市场的不断开放，企业如何进行债务治理，尤其是如何对债务结构进行优化不仅对企业自身转型升级和风险把控具有重要意义，而且对企业部门整体如何平稳顺利去杠杆有参考意义。

如果不存在摩擦，企业债务期限就不会影响违约风险产生（Modigliani & Miller, 1958）。摩擦的存在，使得债务期限结构与违约风险变得相关。当债务总额一定时，采用不同比例的长短期债务融资会导致不同的债务期限结构。采用短期债务融资有其优点，巴尔尼等（Barnea et al., 1980）研究表明，由于债权人能够认识到企业的激励力度，因此代理成本较高，债务价值便大幅降低，而使用短期债务融资可解决代理问题，有效降低代理成本。由于融资成本会随着资金占用时间的延长而增大，使用更多短期债务的公司融资成本更低（Graham & Harvey, 2001; Taggart,

1977）。但短期债务也有缺点，由于到期时间较短，企业需要对其进行展期或再融资，当企业自身的经营状况较差或所处市场环境不景气时，将债务展期或者进行再融资就更加困难，从而导致更高的展期风险和再融资风险。因此，企业需要根据自身情况选择合适的期限结构，以最大程度地降低债务违约概率，保证企业资金链条的正常运转。

为了研究在我国金融市场条件下，企业债务期限结构的选择对其未来债务违约可能性的影响，本研究选取 2008～2018 年我国 A 股上市公司为样本进行研究，同时控制一系列可能影响违约概率的公司层面变量。研究结果同样支持展期风险假设，即由于使用短期债务会面临更大的展期风险和再融资风险，公司持有的短期债务比例越大，违约的可能性就越大。但不支持资产替代假设，即短期债务越多的公司，股东投资于高风险项目的动机就越小，因此违约风险就越低。进一步研究表明，展期风险效应主要表现在小规模企业和非国有企业中。在我国以人民银行为中心的银行体系下，大多中小企业由于融资渠道单一、银行信贷管理趋紧和政策导向等原因不能如愿获得所需的长期借款或短期借款，导致债务期限结构错配，进而违约风险增大，那么此时企业该如何进行调整以降低违约概率？

本节接下来分析了几个可能放大展期风险效应的相关因素的影响。通过构建信贷质量虚拟变量作为交互项来替换解释变量，我们发现对于信贷质量差的企业，短期债务与违约风险的正相关关系更显著，而信贷质量较好的企业正相关关系有所减弱，这说明由于信用质量差的公司在延长债务期限方面面临更多困难，展期风险效应往往更强，因此较差的信贷质量会放大展期风险效应。采用同样方法，通过构建代表现金持有水平和受融资约束程度的虚拟变量作为交互项，结果表明对于流动性储备更少的企业，短期债务比例与违约风险的正相关关系更显著。因此我们表明企业保持流动性，即持有更多现金或受到更少的金融约束，可以作为对短期债务展期风险和再融资风险的缓冲，从而一定程度上抵御其对违约风险带来的不利影响。

最后进行了稳健性检验，首先违约风险高的企业可能只能够获得较短期限的借款，为了检验此种反向因果关系导致的内生性问题，我们通过将解释变量 SDTD 替换为下一年即将到期的长期债务与总债务的比值 LT1TD，重新进行回归分析。此外我们还运用倾向得分匹配法将匹配后的样本重新进行回归，均得到与之前一致的结论，在计入内生因素后，短期债务展期风险效应依然显著，表明实证结果比较稳健。

本小节可能的研究贡献有：1）以往文献主要研究公司违约风险的度

量和改进方法、影响因素以及违约对公司业绩、外部审计等的影响，而关于债务期限结构对违约风险的影响机制的研究较少。进行实证分析探讨债务期限结构对违约风险的两种影响机制，得到展期风险效应更显著，有助于拓展企业违约风险领域的研究范畴。2）还进一步发现展期风险效应在非国有企业和地方国有企业中更为显著。此外，本研究探讨了公司信用质量、现金持有以及融资约束程度对短期债务与违约风险关系的调节效应，丰富了债务期限结构和违约风险的相关研究内容。

二、文献回顾

（一）企业债务期限结构与违约风险

展期风险是指企业对即将到期的债务进行展期时面临的损失。如果此时市场利率上升，那么企业就必须以更高的利率再融资并在未来承担利息损失。更多地采用短期债务融资会导致企业更加频繁地展期，面临更大的展期风险损失。莱兰德和托夫特（Leland & Toft，1996）最早提出了展期风险对企业违约风险的传导机制。他认为一家公司的融资成本由于较低的债券价格而增加时展期损失就会发生。该模型假设了一个固定的债务结构，即这意味着当债券到期时，公司发行以市场价格计价的相同特征的新债券来替代它。当新发行的债券的市场价格低于到期债务的本金，公司就会发生展期损失。为了避免违约，公司股东会承担这些展期损失，而到期债务持有人则得到完全偿付，这就必然决定在公司权益价值降至零时会发生违约。何和熊（He & Xiong，2012）通过增加了非流动性债券市场来扩展莱兰德和托夫特的结构性信用风险模型，并证明当公司债券的流动性变差时，展期损失也可能发生。当市场流动性恶化时，债券持有人必须以合适成本出售债券，这增加了公司发行新债券以取代到期债券的展期损失。由于短期债务的展期频率更高，导致企业面临更高的展期损失，从而促使股东提前违约。王等（Wang et al.，2016）提出企业对银行融资的依赖是展期风险效应传导渠道的前提条件。对于依赖银行融资的企业，在银行贷款发放前拥有更多短期债务的公司倾向于支付更多利息，并在贷款后面临更大的违约风险。陈等（Chen et al.，2012）发现，那些更多使用短期债务融资的公司，发行公司债的成本显著上升。短期债务融资使企业面临再融资风险，并降低了企业价值（Dangl & Zechner，2016；DeMarzo & He，2016）。袁卫秋（2005）通过比较短期债务的优缺点进而从权衡角度考虑企业债务期限结构的选择，他认为使用短期债务融资不仅面临再融资风险，还面临由于经营状况和市场环境变化导致的利率风险。王东静等

（2009）实证结果表明在企业负债水平一定的情况下，不断增加的短期债务比例使违约概率先减少后增加，也就是说公司为了规避风险去寻找最优的债务期限结构是可行的。巴伦苏埃拉（Valenzuela，2015）研究结果展期风险假设一致，即较高比例的短期债务会由展期风险渠道扩大公司对债务市场非流动性的敞口。戴拉·塞塔等（Della Seta et al.，2019）理论上认为，当公司濒临破产，债务到期时间足够短时，展期损失可能大于预期净收入，从而使得股东的预期净现金流为负，这样股东就有更强的动机进行高风险投资。

而资产替代理论提出了相反的预测，即使用更多短期债务融资降低了企业的违约风险。詹森和马克林（1976）探讨了股东和管理层、股东和债权人之间由于利益不一致产生的代理问题。"资产替代"理论就是伴随着股东与债权人的利益冲突而产生。詹森和马克林提出，在有限责任制保护下，股东与管理层较青睐风险高、收益也高的项目。但是债权人的收益固定，他们不愿意选择风险较高的项目。按照不完全契约理论，由于复杂的外部环境和个人理性的有限性，债务人与债权人签订的债务契约具有不完整性。而银行作为众多存款人资金的保管者，具有更强的信息优势（Diamond，1984），当银行预期到企业可能将资金投资于高风险项目而损害自身利益时，可以通过在契约中增加限制性条款和提高利息来弥补风险溢价。若企业违背此条款或不能及时偿还固定利息，将面临银行制定的更严苛的条款（Denis & Wang，2014）。因此企业在银行借款越多时，企业股东或者管理层由于还本付息压力和企业破产风险而在投资决策时变得更为谨慎。在这种股东与债权人的博弈中，债权人为了维护自身利益往往倾向于缩短债务期限。因为相较于长期借款，更多地发放短期借款，一方面管理层会面临更大的还本付息压力，另一方面使用短期债务进行投资会受到债权人或证券公司等资本市场参与者的频繁监控，要求加大信息披露程度等，从而约束管理层将资金投向高风险项目，缓解资产替代问题从而降低违约概率（Datta et al.，2005；Rajan & Winton，1995）。巴克雷和史密斯（Barclay & Smith，1995）指出，短期负债越多，企业市场价值越高。古德斯和奥普勒（Guedes & Opler，1996）研究表明那些增长型企业更多采取短期负债融资，而公共事业则倾向于发行长期负债。这些实证结果为短期负债可以缓解资产替代问题，降低企业代理成本提供了支持。但郭瑾等（2017）实证结果表明，即使短期债务有更频繁的融资压力，也难以抑制股东追求高风险投资的行为，即短期债务对资产替代行为的缓解作用在我国没有发挥出来。

（二）企业信贷质量、债务期限结构与违约风险

为了更深入地了解展期风险对违约概率的影响，我们考察了可能放大这种影响的因素。债务期限短的公司，当他们试图对债务进行展期时，面临市场条件的变化或资本市场的摩擦从而必须以更高利率进行再融资的风险（Froot et al.，1993）。德马佐和何（DeMarzo & He，2016）研究表明，在短期债务融资的情况下，企业面临着在债务更加昂贵时不得不展期到期债务的风险，要么是因为信贷市场更加紧缩，要么是因为企业经营不善，导致企业价值下降，违约风险升高。加西亚－特鲁埃尔（García – Teruel P. J. et al.，2010）以西班牙股票市场为研究样本，发现企业提高会计信息质量可以解决信息不对称问题和代理冲突，从而更容易获得更长期信贷的支持。考帕兰等（Gopalan et al.，2014）检验展期风险对公司信用评级的影响，发现次年到期的长期债务更多的公司更有可能被降级。米安和桑托（Mian & Santo，2018）表明，只有信誉良好的公司才能选择以较低的利率再融资，而信用质量差的公司以合理的成本获得新资本的机会很少，因此它们会遭受重大的展期损失，因此对于信用质量差的公司，展期风险效应往往更强。寇宗来等（2015）认为由于我国信用评级机构公信力不高，即使企业拥有高信用评级也不会对降低其债务成本有帮助。而孙雪娇等（2019）发现，企业评级为 A 时，债务融资成本较低，企业倾向于扩大债务融资规模，但对于股权融资成本没有显著影响。因此本研究预测较差的信贷质量会增强展期风险对违约概率的放大效应。

（三）流动性、企业债务期限结构与违约风险

债务期限短的公司，当它们试图对债务进行展期时，如果展期失败，它可能需要以低于市场价格出售其资产，以偿还到期债务（Brunnermeier & Yogo，2009）。此外，戴蒙德（1993）和夏普（Sharpe，1991）认为借款方很可能会低估公司的真实价值，拒绝再融资导致整个公司的低效清算。阿尔梅达等（Almeida et al.，2012）研究表明，2007～2008 年信贷危机期间那些债务即将到期的公司也是投资减少最多的公司，证明了使用更多的短期债务会增加公司投资不足的可能性。如果企业被迫只能以高利率为其债务再融资，更高的流动性储备可以使公司减轻由此带来的不利影响。比如，这些现金储备可以使公司继续充分投资于有增长机会的项目。此外，如果一家公司无法进行债务展期或获得再融资，持有大量现金或受到更少的融资约束会让该公司避免出售重要资产来偿还即将到期的债务。同样，这些储备也将减少整个公司低效清算的可能性。对于流动性储备，一方面企业可以依靠内部持有的现金，另一方面可以采用外部融资的方式

获得。关于企业内部自由现金流对债务期限结构的影响，胡援成等（2011）研究认为规模大和价值高的公司更多使用长期债务，而持有现金流多的公司更倾向发行短期债务。哈弗德等（Harford J. et al.，2014）研究证明公司可以通过持有更多现金来减轻展期风险，且可以利用现金储备缓解由于再融资困难造成的投资不足问题。企业自由现金流和债务期限结构间存在门限效应，当债务利息较低时现金流与债务期限结构负相关，随着债券利息的不断提高（冯琳和黄小英，2017），现金流与债务期限结构变为正相关。

关于企业受到的外部融资约束与债务期限结构的关系研究，段云等（2012）发现，在货币政策紧缩的情况下，有政治关系的企业更易获得外部融资，更容易得到银行长期信贷的支持。钟凯等（2016）表明银根紧缩时企业更多使用短期债务，且这种行为主要是由信贷供给方主导，而并非企业的自主选择。王红建等（2018）分析了利率管制对企业债务期限结构的影响，认为放松利率管制有助于银行通过调节利率水平来匹配合适的长短期债务，企业为了足够好的投资机会也愿意支付更高的融资成本获取长期信贷从而提高其债务期限结构。杨松令等（2018）研究发现当宏观经济上行时企业会延长其目标债务期限结构，且经济上行时企业债务期限结构的调整速度明显加快。因此，本研究认为展期风险效应随着企业的财务约束的增强而放大，但随着企业现金持有的增加而减小，即更大的流动性储备可以起到缓冲展期风险效应的作用（Bates et al.，2009；Harford et al.，2014）。

三、研究假设

展期风险指的是企业因对到期债务进行展期或使用新债务来替代到期债务而遭受损失的情况。因为短期债务的展期频率高于长期债务，使用更多短期债务融资的公司的展期损失更大，对于发行短期债务的公司，这种放大机制显著，这意味着企业更多地通过短期债务融资将导致更高的违约风险。关于展期风险效应的传导机制，何和熊（2012）认为当公司面临展期风险时，股东必须支付更大的展期损失来维持公司的存续，而债权人则能够得到全额偿付，这种股东与债权人之间的冲突会促使股东提前违约，从而增加了公司的违约概率。陈等（Chen et al.，2012）研究认为，对于更多使用短期债务融资的公司，其发行公司债券的成本将会显著增加。王等（Wang et al.，2017）认为展期风险对违约风险产生影响的前提条件是企业对银行有依赖。依赖银行融资的企业，短期负债比例与违约风险正相关，且这一关系在信贷市场趋紧时更强烈，而不依赖银行融资的企业两者关系则不显著。丹格尔和策希纳（Dangl & Zechner, 2016）研究表明使用短期债务融资不仅使企业面临再融资风险，而且会降低企业的价值。Gopalan et al.（2014）发现，次年到期的长期债务更多的公司由于面临更大的展期风险，信用评级中更有可能被降级。根据上述理论，我们提出假设1：

假设1：由于使用短期债务会面临更大展期风险，因此短期债务融资比例越高，企业违约概率越大。

与展期风险假说相反，代理理论中的资产替代表明，短期债务降低了企业的违约风险。詹森和马克林（1976）最早提出"资产替代"假说，该假说认为企业取得贷款后，股东或者管理层投资于高风险与净现值为负的项目的可能性提高。这是因为项目获得的收益，在支付固定债务利息之后全部归股东所有，因此股东利益是变动的，他们更偏好高风险投资；而债权人获得固定收益；若项目失败，股东仅承担有限责任，而债权人却会损失全部本息。这种股东风险转移行为增加了公司违约的可能性。因此企业必须建立一套有效的激励约束机制来规范股东的行为。而在负债总额一定情况下，缩短债务期限被认为是缓解资产替代问题的有效方法。相比长期债务，短期债务的还本付息压力较大。斯图尔兹（Stulz, 2000）认为，由于企业使用短期债务投资会受到投资者、券商等更为密切的监控，从而迫使企业加大信息披露程度，投资于高风险项目的可能性降低。但是关于缩短债务期限对缓解资产替代问题的实证研究结果却不尽一致。帕里诺和韦斯巴齐（Parrino & Weisbach, 1999）实证表明更多使用短期负债融资可以缓解资产替代问题。而安东尼奥等（Antoniou et al., 2006）以英国、德国和法国企业为研究样本，结果却表明英国企业发行长期负债与增长型期权成正比，而德、法企业中不存在这种关系。根据上述理论，我们提出假设2：

假设2：短期债务越多的公司，投资于高风险项目的可能性越低，因此违约概率也就越小。

四、研究设计

（一）样本选择说明

本研究以2008~2018年我国A股上市公司作为研究样本，所用数据来自Wind数据库。对数据作如下处理：1）剔除金融保险类公司样本；2）剔除ST、*ST等财务状况异常的公司样本；3）剔除数据缺失的公司样本，并对所有连续型变量进行 1% 水平的缩尾处理，最终得到 17 077 个年观测样本。

（二）变量说明

1. 债务违约风险

本研究借鉴默顿（1974）的方法，采用 KMV 模型测度公司的违约概率。该模型已被广泛用于测度违约风险，反映非金融企业未来违约的可能性。这种测度方法的优点有：首先，它在信贷周期中会发生变化（Hovakimian et al.，2012），因此比信用评级指标更合适，信用评级只能在固定数量的离散级别上评估违约的相对概率。其次，这种方法足够灵活，可以量化整个市场中公司的违约风险，因为它只需要股票价格和会计信息。

违约距离 DD 用公式可表示为：

$$DD = \frac{VA - DP}{VA \times \sigma_A} \tag{5.16}$$

违约概率表示为：$EDF = N(-DD)$，其中 $N(\ )$ 为标准正态分布。股权价值用公司的股票市值衡量，σ_A 为公司股票年化波动率。无风险利率采用每年年末的一年期定期存款利率。关于违约点 DP 的确定存在诸多争议，KMV 公司根据超 2 000 个案例实证表明，违约点等于短期负债加长期负债的 1/2，本研究也采用相同计算方法。

2. 其他变量

本研究同时选取公司规模（Size）、有形资产（Tangibility）、资产负债率（DAR）、市净率（PB）、利润水平（Profitability）、Z 值（Z-scores）、现金水平（Cash）、股权集中度（Top1）、董事会规模（Boardsize）和机构投资者持股比例（Instock）作为控制变量，以及运用了一系列虚拟变量：$Z - B1.81$、$stockvol - A50$、$Cash - B50$、$SA - A50$，如表 5 - 18 所示。

表 5 - 18　　　　　　　　　　　变量名称与定义

名称	符号	定义
债务违约风险	EDF	KMV 模型计算所得
债务期限结构	SDTD	当年末短期债务金额/债务总额
公司规模	Size	公司当年期末总资产的自然对数
有形资产	Tangibility	当年末有形资产/总资产
资产负债率	DAR	负债总额/资产总额

名称	符号	定义
市净率	PB	每股股价/每股净资产
利润水平	Profitability	EBITDA/总资产
Z 值	Z-scores	公式计算所得
现金水平	Cash	公司当年末现金/总资产
股权集中度	Top1	第一大股东持股比例
董事会规模	Boardsize	董事会人数
机构投资者持股比例	Instock	机构投资者持股数量占总股本的比例
信用质量	Z – B50	哑变量，Z 值低于样本中值取 1，否则取 0
	stockvol – A50	哑变量，股价波动率高于样本中值取 1，否则取 0
现金持有水平	Cash – B50	哑变量，现金储备低于样本中值取 1，否则取 0
融资约束程度	SA – A50	哑变量，SA 指标高于样本中值取 1，否则取 0

（三）模型设计

本研究研究的主要目的是在综合控制一组违约风险因素后，考察短期债务对违约概率的影响。我们采用面板固定效应回归，如下所示：

$$EDF_{i,t} = \alpha + \beta SDTD_{i,t} + \gamma Controls_{i,t} + FirmFE + YearFE + \varepsilon_{i,t} \quad (5.17)$$

其中，i 表示企业，t 表示年份，因变量 $EDF_{i,t}$ 代表公司 i 在 t 年期间的违约概率，关键自变量 $SDTD_{i,t}$ 代表 t 年末公司未偿还的短期债务金额占总债务金额的比值。从展期风险假设的角度来看，β 是正的，但从资产替代假设的角度来看，β 是负的。$Controls_{i,t}$ 是一组预先确定的公司特征，可能会影响公司的违约风险，此外，我们还控制了宏观经济变量的年度固定效应和影响违约风险的公司间不可观察因素的公司固定效应，$\varepsilon_{i,t}$ 为误差项。

五、实证结果分析

（一）描述性统计

表 5–19 是主要变量的描述性统计。债务违约风险指标（EDF）的最大值为 0.309，最小值为 0.000，可以看出，违约风险间存在较大差异。短期债务衡量指标 SDTD 最小值为 0.246，最大值高达 0.999，说明不同公司之间的债务期限结构差异较大。

表 5 - 19 　　　　　　　　　　主要变量描述性统计

变量名称	样本数	均值	标准差	最小值	最大值
EDF	17 077	0.0346	0.0530	0.0000	0.3090
SDTD	17 077	0.8231	0.1758	0.2466	0.9992
Size	17 077	12.6467	1.4242	9.7554	16.7895
Tangibility	17 077	45.9393	21.2575	0.0120	90.2887
Profitability	17 077	0.0870	0.0663	−0.0749	0.3132
PB	17 077	3.9590	3.1697	0.7213	21.3779
DAR	17 077	43.6158	20.1095	5.6896	91.5842
Z	17 077	6.4914	8.8025	0.1691	55.9701
Cash	17 077	0.1608	0.1334	0.0000	0.6502
Top1	17 077	34.5353	16.6515	1.5100	78.8900
Boardsize	17 077	7.9641	2.9395	0	18
Instock	17 077	38.0941	23.8571	0.0939	88.4862

（二）实证结果

本节在控制了一组相关的违约风险因素后，研究短期债务对违约概率的影响。回归结果如表 5 - 20 所示，（1）（2）（3）（4）列分别为不同的估计方法，LT1TA 估计系数均为正且在不同水平下显著。此结果支持展期风险假设，即由于具有更高的展期风险和再融资风险，当年年末企业未偿还的短期债务比例越大，违约概率越大。结果不支持展期风险假设，即由于短期债务对企业代理成本的治理效应更显著，当企业依赖更多的短期债务融资时，企业管理层面临更大的还本付息压力甚至破产危机从而减少企业对高风险项目的投资，进而降低企业的违约风险。

表 5 - 20 　　　短期债务（SDTD）与违约风险（EDF）回归分析

变量	（1）	（2）	（3）	（4）
SDTD	0.0077 *** (2.61)	0.0054 *** (2.95)	0.0056 ** (2.13)	0.0042 * (1.95)
Size	0.0072 *** (7.28)	0.0087 *** (23.90)	0.0058 *** (9.17)	0.0070 *** (10.76)
Tangibility	0.0000 (0.15)	0.0000 (1.42)	0.0000 (0.57)	0.0000 (0.88)

变量	（1）	（2）	（3）	（4）
Profitability	0.0022 (0.24)	− 0.0239 *** (− 4.01)	− 0.0045 (− 0.54)	− 0.0257 *** (− 3.76)
PB	− 0.0001 (− 0.73)	0.0006 *** (4.72)	0.0000 (0.19)	0.0003 ** (2.38)
DAR	0.0001 *** (2.61)	0.0000 (0.98)	0.0001 ** (2.14)	0.0000 (0.74)
Z	0.0002 *** (3.75)	0.0003 *** (7.06)	0.0002 *** (4.24)	0.0003 *** (5.75)
Cash	0.0059 (1.49)	− 0.0042 (− 1.63)	0.0028 (0.80)	− 0.0022 (− 0.71)
*Top*1	0.0001 *** (2.75)	0.0001 *** (6.25)	0.0001 *** (5.05)	0.0001 *** (6.00)
Boardsize	0.0002 (0.60)	0.0001 (0.71)	0.0004 (1.46)	0.0002 (0.99)
Instock	− 0.0000 ** (− 2.30)	− 0.0000 *** (− 5.68)	− 0.0000 *** (− 4.76)	− 0.0000 *** (− 4.84)
Constant	− 0.0294 *** (− 2.03)	− 0.0783 *** (− 12.93)	− 0.0034 (− 0.33)	− 0.0119 (− 1.26)
行业	控制	控制	控制	控制
年份	控制	控制	控制	控制
N	17 077	14 498	17 077	17 077
$Adjust - R^2$	0.207	0.322		0.228

注：括号中为经异方差调整的 *t* 值；***，**，* 分别表示在1%，5%，10%水平显著。

（三）进一步分析

1. 企业异质性、债务期限结构与违约风险

在面临到期债务时，不同产权性质的企业将到期债务展期或者进行新的融资项目的难易程度可能不同，从而面临的展期风险效应也会有所不同。

下面我们将总样本按企业的产权性质进行分组，表5－21中（1）列和（2）列分别为非国有企业和国有企业样本的回归结果。可见，在非国有企业中，短期债务比例 *SDTD* 与违约概率 *EDF* 回归系数为 0.0085，呈显著正相关关系，而对于国有企业短期债务比例 *SDTD* 与违约概率 *EDF* 则

无显著相关关系，说明相对国有企业而言，非国有企业在对到期债务展期或采用再融资时更加困难，导致面临更大的展期风险效应，而国有企业采用较高的短期债务融资则不会面临此种风险。进一步地，我们将国有企业子样本分为中央国有企业和地方国有企业，回归结果分别为表5－21中的（3）列和（4）列。从回归结果可以看到，虽然从国有企业样本整体来看企业短期债务的展期风险效应并不显著，但将其进一步细分后，在地方国有企业子样本中短期债务比例 SDTD 与违约概率 EDF 的回归系数为0.0119且在5%水平下显著，而在中央国有企业子样本中则无显著相关性。这表明当企业依赖更多短期债务进行融资时，相比于中央国有企业，地方国有企业将到期债务进行展期或在资本市场寻求再融资时更加困难，从而面临更高的展期风险效应。

表5－21　　　　异质性企业的债务期限结构与违约风险的回归

变量	(1)	(2)	(3)	(4)
SDTD	0.0085 ** (2.36)	0.0076 (1.56)	−0.0036 (−0.35)	0.0119 ** (2.22)
Size	0.0066 *** (5.43)	0.0074 *** (4.50)	0.0072 ** (2.45)	0.0068 *** (3.44)
Tangibility	0.0000 (0.52)	0.0001 (0.53)	0.0002 (0.96)	−0.0000 (−0.29)
Profitability	0.0181 (1.55)	−0.0225 (−1.47)	−0.0330 (−1.13)	−0.0148 (−0.78)
PB	−0.0002 (−0.86)	−0.0003 (−0.94)	−0.0010 (−1.42)	−0.0004 (−0.88)
DAR	0.0001 ** (2.29)	0.0003 ** (2.23)	0.0006 ** (2.51)	0.0002 (1.45)
Z	0.0001 * (1.95)	0.0009 *** (4.69)	0.0015 *** (3.02)	0.0016 *** (4.54)
Cash	0.0076 * (1.71)	0.0099 (1.26)	−0.0098 (−0.64)	0.0151 (1.64)
Top1	0.0000 (0.26)	0.0002 *** (3.21)	0.0005 *** (3.99)	0.0001 (0.98)
Boardsize	0.0003 (0.55)	0.0002 (0.41)	0.0019 * (1.78)	−0.0007 (−1.12)

变量	(1)	(2)	(3)	(4)
Instock	− 0.0000 (− 0.36)	− 0.0001 *** (− 2.89)	− 0.0001 (− 1.30)	− 0.0001 ** (− 2.55)
Constant	− 0.0201 (− 1.81)	− 0.0445 * (− 1.72)	− 0.0767 (− 1.56)	− 0.0244 (− 0.80)
行业	控制	控制	控制	控制
年份	控制	控制	控制	控制
N	9 856	7 221	2 515	4 637
Adjust − R²	0.215	0.210	0.204	0.237

注：括号中为经异方差调整的 *t* 值；***，**，* 分别表示在1%，5%，10%水平显著。

2. 企业信贷质量、债务期限结构与违约风险

理论表明，对于信用质量差的公司，展期风险效应往往更强，因为这些公司在延长债务期限方面面临更多困难，我们预测较差的信贷质量会增强展期风险对违约概率的放大机制。为了检验这一预测，我们构建了信用质量的虚拟变量：1）*Zscore − B*1.81 表示在特定年份分类的子样本中 *Z* 值低于1.81。2）*Stockvol − A*50 表示股权回报率波动性高于在特定年份分类的子样本中的中值。然后，我们用交互项替换初始回归模型中的 *SDTD*，交互项分别为 *SDTD × Z − B*1.81 和 *SDTD × Stockvol − A*50，如果公司信用质量差，交互项等于1，否则等于0。作为对照，第（3）列为模型1中采取相同估计方法的结果。如表5−22所示，通过对于第（1）列和第（3）可以看出，对于企业 *Z* 值评分低于1.81的企业，短期债务指标 *SDTD* 与违约概率 *EDF* 的回归系数为0.0116且在1%水平下显著，高于基础回归系数0.0077；而对于企业 *Z* 值评分高于1.81的企业，短期债务指标 *SDTD* 与违约概率 *EDF* 的回归系数为0.0066且在5%水平下显著，低于基础回归系数0.0077。同理，对于股权波动率高于样本中值的企业，*SDTD × stockvol − A*50 的回归系数为0.0257，高于基础回归系数0.0077且在1%水平下显著；而对于股权波动率低于样本中值的企业，*SDTD × (1 − stockvol − A*50） 的回归系数为 − 0.0093且在5%水平下显著，回归系数由正变负，表明对于股权波动率较小的企业，可以认为他们的信用质量很高，从而使用更多的短期债务融资并不会加大其展期风险和再融资风险，或者说在这些企业中，资产替代效应的作用大于展期风险效应，从而最终表现出短期债务比例与违约概率呈负相关关系。结果与理论预测一致，我们预计

$SDTD \times$ 不良信贷系数为正，且系数大于基础回归中解释变量 $SDTD$ 的系数，$SDTD \times (1-$不良信贷系数$)$ 小于基础回归系数，说明公司的信贷质量差会增强展期风险对违约概率的放大机制。

表 5-22　　　　　　信用质量对短期债务与违约风险关系的影响

变量	(1)	(2)	(3)
$SDTD$			0.0077 ***
			(2.61)
$SDTD \times Z - B1.81$	0.0116 ***		
	(3.59)		
$SDTD \times (1 - Z - B1.81)$	0.0066 **		
	(2.21)		
$SDTD \times stockvol - A50$		0.0257 ***	
		(8.97)	
$SDTD \times (1 - stockvol - A50)$		-0.0093 ***	
		(-3.42)	
$Size$	0.0071 ***	0.0073 ***	0.0072 ***
	(7.18)	(7.69)	(7.28)
$Tangibility$	0.0000	0.0000	0.0000
	(0.16)	(0.68)	(0.15)
$Profitability$	0.0077	0.0020	0.0022
	(0.80)	(0.23)	(0.24)
PB	-0.0000	-0.0000	-0.0001
	(-0.33)	(-0.02)	(-0.73)
DAR	0.0001 *	0.0001 ***	0.0001 ***
	(1.84)	(2.62)	(2.61)
Z	0.0002 ***	0.0002 ***	0.0002 ***
	(3.16)	(3.53)	(3.75)
$Cash$	0.0058	0.0070 *	0.0059
	(1.46)	(1.85)	(1.49)
$Top1$	0.0001 ***	0.0001 ***	0.0001 ***
	(2.71)	(2.99)	(2.75)
$Boardsize$	0.0002	0.0001	0.0002
	(0.63)	(0.16)	(0.60)
$Instock$	-0.0000 **	-0.0001 ***	-0.0000 **
	(-2.17)	(-2.70)	(-2.30)

变量	(1)	(2)	(3)
Constant	− 0.0267 * (− 1.84)	− 0.0441 *** (− 3.18)	− 0.0294 *** (− 2.03)
行业	控制	控制	控制
年份	控制	控制	控制
N	17 077	17 077	17 077
Adjust − R²	0.206	0.315	0.207

注：括号中为经异方差调整的 *t* 值；***，**，* 分别表示在 1%，5%，10% 水平显著。

3. 流动性、债务期限结构与违约风险

关于企业的流动性，我们从企业内外两方面选取代表变量，内部变量为企业现金持有量，外部变量为企业受融资约束程度。

研究文献表明，当其他资金来源不足以满足公司对资本的需求时，现金持有有利于那些在获取外部融资方面受到限制的公司（Bates et al.，2009）。此外，哈弗德等（Harford et al.，2014）认为再融资风险是非金融企业在资产负债表上囤积现金的一个关键动机。如果一家公司建立了流动性缓冲，它可以用储备的现金来吸收展期损失，一定程度上缓解展期风险和再融资风险。相比之下，现金持有量不足将使该公司更难对到期债务进行展期，从而违约概率提高。

我们通过比较 *SDTD* 对现金持有量较低的公司的违约概率的影响和 *SDTD* 对现金持有量较高的公司的违约概率的影响来检验这一假设。在表 5 − 23（1）中我们用两个交互项 *SDTD × Cash − B50* 和 *SDTD ×*（1 − *Cash − B50*）替换基础回归中的自变量 *SDTD*。*Cash − B50* 哑变量表示 *Cash* 指标低于中位数即公司的现金持有量与总资产的比值低于中位数的子样本。作为对照，第（3）列为模型 1 中采取同样估计方法的结果。*SDTD × Cash − B50* 系数为 0.0079 且在 1% 水平下显著，而 *SDTD ×*（1 − *Cash − B50*）系数为 0.0074 且在 5% 水平下显著，相比基础回归中 *SDTD* 与 *DD* 的系数 0.0077，说明企业持有更多现金，一定程度上能缓解采用更多短期债务融资给企业带来的不利影响。因此，我们的结果与预测一致，即对企业来说持有更多的现金是缓解展期风险和再融资风险的有效方法。

表 5 – 23　　　流动性对短期债务与违约风险关系的影响

变量	(1)	(2)	(3)
SDTD			0. 0077 *** (2. 61)
SDTD × Cash – B50	0. 0079 *** (2. 64)		
SDTD × (1 – Cash – B50)	0. 0074 ** (2. 45)		
SDTD × Sa – A50		0. 0083 *** (2. 72)	
SDTD × (1 – Sa – A50)		0. 0071 ** (2. 32)	
Size	0. 0072 *** (7. 29)	0. 0075 *** (7. 10)	0. 0072 *** (7. 28)
Tangibility	0. 0000 (0. 15)	0. 0000 (0. 09)	0. 0000 (0. 15)
Profitability	0. 0024 (0. 26)	0. 0023 (0. 25)	0. 0022 (0. 24)
PB	− 0. 0001 (− 0. 70)	− 0. 0001 (− 0. 72)	− 0. 0001 (− 0. 73)
DAR	0. 0001 *** (2. 58)	0. 0001 ** (2. 57)	0. 0001 *** (2. 61)
Z	0. 0002 *** (3. 69)	0. 0003 *** (3. 72)	0. 0002 *** (3. 75)
Cash	0. 0070 (1. 50)	0. 0057 (1. 44)	0. 0059 (1. 49)
*Top*1	0. 0001 *** (2. 75)	0. 0001 *** (2. 74)	0. 0001 *** (2. 75)
Boardsize	0. 0002 (0. 59)	0. 0002 (0. 61)	0. 0002 (0. 60)
Instock	− 0. 0000 ** (− 2. 29)	− 0. 0001 ** (− 2. 32)	− 0. 0000 ** (− 2. 30)
Constant	− 0. 0296 ** (− 2. 04)	− 0. 0330 ** (− 2. 17)	− 0. 0294 *** (− 2. 03)
行业	控制	控制	控制
年份	控制	控制	控制
N	17 077	17 077	17 077
Adjust – R²	0. 206	0. 206	0. 207

注：括号中为经异方差调整的 *t* 值；***，**，* 分别表示在 1%，5%，10% 水平显著。

与融资流动性相关，受约束程度大的公司，融资的成本高且资金来源有限，当企业试图用新债务替代到期债务时，这些不利因素会加剧展期损失，从而导致企业破产的可能性更高（Almeida et al.，2012）。因此，我们预计，由于展期风险敞口而导致的违约概率增加效应，这在融资约束较强的企业中更明显。

目前主要有三种测度企业融资约束的指标：KZ 指数（Lamont et al.，2001）、WW 指数（Whited & Wu，2006）和 SA 指数（Hadlock & Pierce，2009）。其中，KZ 指数与 WW 指数由于企业的融资约束程度与其现金流和杠杆率等金融变量之间相互联系，其计算公式中包含了如流动性、杠杆率等变量，存在内生性问题。因此哈德洛克和皮尔斯（Hadlock & Pierce）基于 KZ 指数构建了 SA 指数，其计算公式中只包含企业规模和企业年龄两个变量，都具有很强的外生性，具体公式为 $SA = -0.737 \times Size + 0.043 \times Size^2 - 0.04 \times Age$（卢介然，2019）。由于计算 SA 指数所需的金融变量均具有很强的外生性，计算公式较为简便，且 SA 指数具有较强的稳健性，因此本研究采用 SA 指数作为测度指标。为了检验其对展期风险效应的影响机制，我们构造了融资约束虚拟变量 SA - A50，SA - A50 哑变量表示 SA 指标高于中位数即公司受到的融资约束程度大于中位数的子样本。

表 5 - 23（2）给出了回归结果。$SDTD \times SA - A50$ 系数为 0.0083，$SDTD \times (1 - SA - A50)$ 系数为 0.0071 且分别在 1% 和 5% 水平下显著，相较模型 1 中 LT1TA 的系数 0.0077，说明对于融资约束程度较大的公司，SDTD 与违约概率 EDF 正相关关系更显著，因此，我们的结果与预测一致，即金融约束强化了由于展期风险和再融资风险导致的短期债务对违约风险的影响。

综上所述我们发现，对现金持有较少且受到严重融资约束的企业，短期债务比例与违约风险的正相关关系更强。因此结果表明企业保持流动性可以作为缓冲，来抵御展期风险和再融资风险对违约概率带来的不利影响。

（四）稳健性检验

1. 变量替代

上述实证结果表明，违约概率和短期债务密切相关。本研究中的短期债务变量衡量指标为企业当年末短期债务金额与债务总额的比率，然而，上述实证结果可能受到内生性问题的影响。例如，违约风险高的公司只能获得较短期限的债务，这表明可能存在反向因果关系，违约概率和短期债务也可能由未观察到的风险因素同时确定。下面我们用 $t-1$ 年末公司因 t 年还款而未偿还的长期债务金额与总债务的比值（$LT1TD$）来替换之前的短期债务与总债务的比值（$SDTD$）。通过这种方法，我们考察了公司违约的可能性是否受到次年到期的长期债务的影响。由于这些债务是过去发行的，因此其与公司当前的风险状况关联度较低，然而，随着债务到期时间的临近，它和当年新增的短期债务一样会增大企业面临的展期风险。因此，采用 $t-1$ 年末公司因 t 年还款而未偿还的长期债务金额与总债务的比值来衡量债务的期限结构作为衡量短期债务比例的指标一定程度上能够控制内生性问题。

实证结果如表 5 - 24 所示，第（1）列中替代后的短期债务变量 $LT1TD$ 与违约距离显著正相关，表明短期债务比例越高，由于更高的展期风险和再融资风险，企业的违约概率越高，与之前结论一致。第（2）列加入两个交互项 $LT1TD \times Z-B1.81$ 和 $LT1TD \times (1-Z-B1.81)$，系数分别为 0.0395 和 0.0063，第（3）列加入了交互项 $LT1TD \times stockvol-A50$ 和 $LT1TD \times (1-stockvol-A50)$，回归系数分别为 0.0912 和 -0.0509 且在 1% 水平下显著，相比（1）中 $LT1TD$ 与 EDF 的系数 0.0157，同样与之前的结论一致，即公司的信贷质量较差会增强展期风险对违约概率的放大机制。第（4）列中交互项 $LT1TD \times Sa-A50$ 系数为 0.0274 且在 1% 水平下显著，$LT1TD \times (1-Sa-A50)$ 系数为 0.0052，相较（1）中 $LT1TD$ 的系数 0.0157，说明对于融资约束程度较大的公司，$LT1TD$ 与违约距离 EDF 的正相关关系更显著。因此，我们的结果与预测一致，即金融约束强化了由于展期风险和再融资风险导致的短期债务对违约风险的影响，也即保持较好的流动性，一定程度上能缓解短期债务带给公司违约风险的不利影响。

表 5 - 24   短期债务（$LT1TD$）与违约风险（EDF）回归分析

变量	(1)	(2)	(3)	(4)
$LT1TD$	0.0157 ** (2.47)			
$LT1TD \times Z-B1.81$		0.0395 *** (3.78)		
$LT1TD \times (1-Z-B1.81)$		0.0063 (0.89)		

变量	(1)	(2)	(3)	(4)
$LT1TD \times stockvol - A50$			0.0912*** (11.23)	
$LT1TD \times (1 - stockvol - A50)$			−0.0509*** (−6.56)	
$LT1TD \times Sa - A50$				0.0274*** (3.10)
$LT1TD \times (1 - Sa - A50)$				0.0052 (0.62)
Size	0.0068*** (6.95)	0.0068*** (6.89)	0.0072*** (7.36)	0.0066*** (6.68)
Tangibility	0.0000 (0.25)	0.0000 (0.21)	0.0000 (0.16)	0.0000 (0.24)
Profitability	0.0039 (0.42)	0.0063 (0.67)	0.0026 (0.28)	0.0041 (0.45)
PB	−0.0001 (−0.66)	−0.0000 (−0.43)	−0.0000 (−0.15)	−0.0001 (−0.63)
DAR	0.0001** (2.49)	0.0001** (2.11)	0.0002** (2.37)	0.0001** (2.46)
Z	0.0002*** (3.78)	0.0003*** (3.41)	0.0003*** (4.48)	0.0003*** (3.72)
Cash	0.0057 (1.45)	0.0058 (1.46)	0.0057 (1.46)	0.0056 (1.42)
Top1	0.0001*** (2.66)	0.0001*** (2.58)	0.0001*** (2.67)	0.0001*** (2.66)
Boardsize	0.0002 (0.63)	0.0002 (0.66)	0.0001 (0.38)	0.0002 (0.62)
Instock	−0.0000** (−2.22)	−0.0000** (−2.21)	−0.0000** (−2.19)	−0.0000** (−2.24)
Constant	−0.0187 (−1.34)	−0.0172 (−1.23)	−0.0245* (−1.77)	−0.0157 (−1.12)
行业	控制	控制	控制	控制
年份	控制	控制	控制	控制
N	17 077	17 077	17 077	17 077
$Adjust-R^2$	0.206	0.225	0.225	0.206

注：括号中为经异方差调整的 t 值；***，**，*分别表示在1%，5%，10%水平显著。

2. 倾向得分匹配法

由于企业债务期限结构差异导致的系统性差别，为了减轻实证中可能存在的内生性问题，研究采用倾向得分匹配法（PSM）进行测试。我们以短期债务比例 SDTD 的样本中位数为基准，将全部样本分为处理组与控制组两大类。当短期债务比例高于其所对应指标的中位数时 Treat 取 1，否则为 0。然后，运用最邻近匹配法进行样本匹配。为保证所有处理组都能匹配到对应的对照组样本，在匹配过程中我们采用了有放回抽样本的方法。匹配后偏差均小于 5%，说明匹配效果良好（何瑛等，2019）。倾向得分匹配后的回归结果如 5-26 所示，基础回归（1）列中 SDTD 的系数在 5% 水平下显著为正，说明在缓解内生性问题的情况下，短期债务的展期风险效应强于资产替代效应的结论依然成立。第（2）~（5）列中分别加入之前实证中的交乘项，结论依然成立。即公司信用质量、现金持有和金融约束程度对展期风险效应有放大作用。对于信用质量差的公司，因为在延长债务期限方面面临更多困难，展期风险效应往往更强，因此较差的信用质量会强化展期风险效应，相反，较好的信用质量则会缓解展期风险效应。另外，企业受到的融资约束减弱和持有更多现金可以缓解展期风险和再融资风险的影响，从而降低债务违约风险。也就是说，展期风险效应随着企业的财务约束的增强而放大，但随着企业现金持有量的增加而减小，即更大的流动性储备可以起到缓冲展期风险效应的作用。

表 5-25　　　　　　　　　　　　　匹配后误差消减情况

变量	样本	均值		标准偏差（%）	误差消减（%）	T-test	
		处理组	对照组			T	P > t
Size	Unmatched	12.538	13.295	-61.1	96.6	-39.66	0.000
	Matched	12.539	12.513	2.1		1.49	0.137
Tangibility	Unmatched	50.717	41.059	45.3	99.5	29.58	0.000
	Matched	50.724	50.676	0.2		0.14	0.887
Profitability	Unmatched	0.074	0.070	6.8	86.7	4.45	0.000
	Matched	0.074	0.075	-0.9		-0.56	0.578
PB	Unmatched	4.328	3.620	22.5	86.0	14.70	0.000
	Matched	4.326	4.425	-3.2		-1.83	0.067
DAR	Unmatched	39.044	47.249	-40.5	97.3	-26.42	0.000
	Matched	39.038	38.820	-1.1		0.70	0.485

| 变量 | 样本 | 均值 | | 标准偏差 | 误差消减 | T-test | |
		处理组	对照组	（%）	（%）	T	P > t
Z	Unmatched	8.335	5.956	25.4	84.5	16.63	0.000
	Matched	8.336	8.705	−3.9		−2.29	0.022
Cash	Unmatched	0.188	0.144	33.3	95.4	21.86	0.000
	Matched	0.187	0.185	1.5		0.88	0.378
Top1	Unmatched	32.912	34.753	−11.4	98.8	−7.43	0.000
	Matched	32.912	32.935	−0.1		−0.09	0.926
Boardsize	Unmatched	8.597	8.941	−19.7	99.9	−12.82	0.000
	Matched	8.597	8.598	−0.0		−0.01	0.990
Instock	Unmatched	35.009	41.020	−25.4	99.5	−16.59	0.000
	matched	35.012	35.041	−0.1		−0.08	0.938

表 5 - 26   **PSM 后的回归分析**

变量	（1）	（2）	（3）	（4）	（5）
SDTD	0.0059 ** (2.03)				
$SDTD \times Z - B1.81$		0.0099 *** (3.11)			
$SDTD \times (1 - Z - B1.81)$		0.0048 (1.65)			
$SDTD \times stockvol - A50$			0.0232 *** (8.27)		
$SDTD \times (1 - stockvol - A50)$			−0.0113 *** (−4.03)		
$SDTD \times Cash - B50$				0.0060 ** (2.03)	
$SDTD \times (1 - Cash - B50)$				0.0058 * (1.95)	
$LT1TD \times Sa - A50$					0.0064 ** (2.14)
$LT1TD \times (1 - Sa - A50)$					0.0053 (1.78)
Size	0.0053 *** (5.22)	0.0051 *** (5.11)	0.0054 *** (5.62)	0.0053 *** (5.22)	0.0055 *** (5.14)

变量	(1)	(2)	(3)	(4)	(5)
Tangibility	-0.0000 (-0.26)	-0.0000 (-0.28)	0.0000 (0.39)	-0.0000 (-0.26)	-0.0000 (-0.31)
Profitability	0.0058 (0.63)	0.0113 (1.18)	0.0044 (0.50)	0.0059 (0.63)	0.0059 (0.63)
PB	-0.0001 (-0.38)	0.0000 (0.03)	0.0000 (0.32)	-0.0000 (-0.36)	-0.0000 (-0.36)
DAR	0.0001 (1.52)	0.0001 (0.73)	0.0001* (1.66)	0.0001 (1.51)	0.0001 (1.49)
Z	0.0002*** (3.38)	0.0002*** (2.77)	0.0002*** (3.06)	0.0002*** (3.35)	0.0002*** (3.36)
Cash	0.0051 (1.29)	0.0050 (1.27)	0.0069* (1.84)	0.0055 (1.19)	0.0050 (1.26)
*Top*1	0.0001** (2.27)	0.0001** (2.23)	0.0001*** (2.51)	0.0001** (2.27)	0.0001** (2.26)
Boardsize	-0.0002 (-0.51)	-0.0002 (-0.48)	-0.0003 (-1.06)	-0.0001 (-0.51)	-0.0002 (-0.49)
Instock	-0.0000* (-1.68)	-0.0000 (-1.56)	-0.0000** (-2.12)	-0.0000* (-1.68)	-0.0000* (-1.70)
Constant	0.0056 (0.38)	0.0086 (0.59)	-0.0096 (-1.69)	0.0055 (0.38)	0.0023 (0.15)
行业	控制	控制	控制	控制	控制
年份	控制	控制	控制	控制	控制
N	15 086	15 086	15 086	15 086	15 086
Adjust - *R*²	0.225	0.226	0.345	0.226	0.225

注：括号中为经异方差调整的 *t* 值；***，**，* 分别表示在 1%，5%，10% 水平显著。

第四节 本章小结

本章从微观层面来考察上市公司债务违约风险的生成机制。主要的研究内容按照公司金融化与债务违约风险、负债来源结构与公司债务违约风险、公司债务期限结构与违约风险等重要议题依次展开。

在第一节"公司金融化与债务违约风险"，笔者选取了 2008~2018 年我国制造业上市公司财务数据，通过实证分析研究发现我国制造业企业金融化的动因是资本套利，并且在这种逐利的动因下制造业企业金融化加大了企业的债务风险，还通过进一步研究发现，在国有企业中和在宽松的货币政策下制造业企业金融化对其债务风险的影响更大。当前，我国很多的制造业企业为了追逐金融化所带来的高额利润，金融化趋势越来越明显，制造业企业将大量资金投入到了金融领域中，但是通过本研究发现目前我国制造业企业大量配置金融资产会使其债务风险加大，过度金融化的行为使其发展缓慢，盈利下降，风险加剧，所以需要一些有效的措施来应对现在的状况，以降低制造业企业的债务风险，促进其健康发展。

第二节"负债来源结构与公司债务违约风险"，笔者选取我国 2009～2018 年全部上证 A 股公司为研究样本，考察不同负债来源结构对公司违约风险的影响，并构建中介效应模型，检验在不同负债来源结构对违约风险影响的传导机制中，代理成本和流动性水平是否具有中介效应。研究结论主要有三点：1）企业的债务违约风险随着融资规模的扩大而增加，且相比于商业信用，那些更依赖于银行信用融资的企业面临更高的违约风险；2）负债规模与公司债务违约风险的正相关关系在非国有企业和位于金融发展水平较低地区的企业中表现更明显；3）代理成本和流动性水平是两条潜在作用渠道，即相比商业信用，通过银行信用融资会导致企业面临更大的违约风险，这一结论可由银行借款对企业代理成本的抑制作用较弱和导致企业选择更低的流动性水平来解释。

第三节"公司债务期限结构与债务违约风险"，笔者选取 2008～2018 年我国 A 股上市公司为样本研究债务期限结构对其违约概率的影响。研究发现，下一年到期的长期债务数量增加，会显著增大公司的债务违约风险，这一结论支持展期风险假设，即由于短期债务具有更高的展期风险和再融资风险，公司持有的短期债务比例越大，违约的可能性就越大。但这不支持资产替代假设，即短期债务越多的公司，股东投资于高风险项目的动机就越小，因此违约风险就越低。此外，我们进一步研究表明，展期风险效应主要表现在小规模企业和非国有企业中，对于中大规模的企业和国有企业而言，此种风险效应并不显著。由于信用质量差的公司在延长债务期限方面面临更多困难，展期风险效应往往更强，因此较差的信贷质量会放大展期风险效应。对于流动性储备更少的企业，短期债务比例与违约风险的正相关关系更显著。因此，企业保持流动性，即持有更多现金或受到更少的融资约束，可以作为对短期债务的展期风险和再融资风险的缓冲，从而一定程度上抵御其对违约风险带来的不利影响。

第六章 上市公司债务违约风险的溢出效应

上市公司债务违约风险的累积会对金融系统，尤其是银行系统和资本市场带来负面的影响，所以本章重点研究上市公司债务违约风险的溢出效应。本章的结构安排是：首先，实证分析了公司债务违约风险累积对商业银行不良贷款的影响；其次，基于银行信贷关联网络的角度，实证分析了公司债务违约对商业银行的风险溢出效应；再次，研究公司债务违约对非银行金融机构的风险溢出效应，以及公司债务违约对股价极端波动风险的影响。

第一节 公司债务违约风险累积与商业银行不良贷款形成

一、引言

近年来，我国经济增长速度放缓、经济结构发生变化，导致商业银行不良贷款率不断增高。根据银保监会监管年报统计的结果显示，2012 至 2018 年全国商业银行不良贷款率从 0.95% 增加到了 1.89%。2018 年末，潜在不良率下降了 3.44%，潜在不良余额增长了 25%，虽然银行潜在不良率（不良率与关注类贷款率之和）有所下降，说明银行资产质量有所改善，但银行潜在不良余额较 2017 年仍处于增长状态。银行存在异质性，不同银行的不良贷款率的变化情况存在明显差异。在 2016 年之前，不同机构类型的银行的不良贷款率均处于上涨趋势，但是在 2016 年以后，不同机构类型的银行的不良贷款率开始出现分化。其中，大型与外资商业银行不良贷款率有所回落，然而农村商业银行不良贷款率不断走高，并在 2018 年 6 月达到了 4.29%。从统计结果可以看出，不良贷款率以及贷款规模不断攀升，不良贷款问题会对商业银行的发展产生影响。

中国非金融部门的杠杆率处于高水平状态，其主要原因是非金融部门债务的不断扩张。随着非金融部门杠杆率的攀升，去杠杆成为供给侧改革的重要内容之一（张明等，2020）。根据智通财经网和 wind 数据测算的结果显示，中国整体债务水平较高，2016 年末，中国企业整体债务规模达到了国内生产总值的 155%。中国债务水平较高的原因主要有两点：第一，我国处于金融发展的特殊时期所造成的债务水平偏高；第二，全球经济不景气时，我国采用的宽松刺激的政策导致了债务增加。当债务规模上升，盈利能力下降时，企业面临债务风险。截至 2016 年末，我国非金融企业部门的杠杆率高达 141%①，远远超过了居民和政府部门的杠杆率，说明实体部门的债务不断扩张，债务风险持续累积，容易引发系统性风险，不利于整个经济体系的稳定。

本节使用 2007~2017 年的数据来研究公司债务违约风险累积与商业银行不良贷款形成问题，使用理论与实证相结合的方法来探究两者的关系，进一步分析如何从企业的角度出发，解决商业银行不良贷款持续增长的问题，并提出相关的指导建议。

二、文献回顾

商业银行不良贷款的持续增多不利于银行的稳健经营，同时也影响到整个经济体系的稳定性。本研究参考已有的文献，从公司债务违约风险累积的角度对商业银行不良贷款的形成展开研究。

首先，从宏观的角度，研究商业银行不良贷款的形成机理。张汉飞和李宏瑾（2014）使用 142 个经济体作为样本，使用实证的方法论证了外部经济增长与银行不良贷款之间的关系，研究发现上述两者存在正相关关系，且进一步论证了不同国家制度也会对不良贷款的高低产生影响。谢海东和郝奕博（2017）使用 2000~2015 年的数据建立 VAR 模型，实证分析了经济增长是诱发商业银行不良贷款增加的主要原因，进一步提出了我国经济结构转型能够改善商业银行的资产质量，改善银行不良贷款持续增长的现状。张雪兰和陈百助（2012）以公司贷款和企业零售贷款作为样本研究对象，研究发现宏观经济因素对银行不良贷款的存量产生冲击，不同的行业对于冲击的反应敏感程度截然不同，其中公司贷款对冲击反应较为敏感。伯南克（Bernanke，1983）从信贷假说的角度分析宏观经济对银行不良贷款的影响，研究发现宏观经济会影响信贷成本，信贷成本的变化会带来企业盈利能力的改变，进一步影响银行的不良贷款。宏观经济因素对商

---

① 根据智通财经网和 wind 测算提供的数据显示。

业银行不良贷款产生影响，同时，银行的不良贷款也会反作用于宏观经济。莱茵哈特和罗格夫（Reinhart & Rogoff，2011）研究发现外部经济环境债务激增会引发银行危机的产生，同时银行不良贷款存量的增大会对银行信贷产生不利的影响，进而影响整个经济社会，诱导金融危机的产生。

其次，从微观的角度分析商业银行不良贷款形成的机制问题。梁志元和孙莹（2017）研究发现从微观角度分析了商业银行不良贷款的成因，提出了信贷管理失范是不良贷款的主要成因之一。德瓦特里庞和马斯基（Dewatripont & Maskin，2003）建立了信用模型，研究发现当经济社会存在信息不对称时，市场上会出现逆向选择，无利可图的项目也获得了资金支持，债务风险累积导致了银行的不良贷款增加。廖国民和周文贵（2005）借鉴预算软约束以及博弈论的理论，从政府、银行、企业三个角度分析国有银行的不良贷款累积的问题，研究发现政府对企业的再融资政策、银行代理人问题以及企业破产政策的存在，导致银行会放贷给经济效益不好的企业，导致银行不良贷款的累积（王海军和叶群，2018）。商业银行具有异质性，银行本身的特征也会对其不良贷款的形成产生影响。索有（2015）选取2009～2013年沪深两市的数据作为研究对象，建立动态面板模型，研究发现银行多元化增加以及银行资本充足率越高会使不良贷款急剧上涨，银行的所有权结构也是影响不良贷款变动的因素之一。

非金融企业债务累积会产生债务违约风险。潘泽清（2018）建立Logistic回归预警模型研究非金融公司债务违约问题，提出了企业总资产的增长速率、企业资产与负债的比例、流动负债的占比以及销售净利率四个指标可以用来预测企业的债务违约风险。洪朝伟和徐朝阳（2018）提出了通货膨胀率的变动会对企业债务积累产生杠杆效应，通货紧缩时会引发企业债务累积，市场上产生债务违约信用风险。科里切利等（Coricelli et al.，2010）研究发现企业的债务积累值大于企业杠杆率的40%时，债务累积会影响全要素生产效率，两者呈现负相关关系，产生债务累积风险。

目前关于银行不良贷款形成的文献主要从宏观经济增长、政府部门干预、信贷管理等角度研究不良贷款的形成问题，现有的关于企业债务累积的文献主要分析了债务累积会产生债务违约风险，较少的文献研究公司债务违约风险累积对银行不良贷款的影响。本研究使用2007～2017年的数据研究非金融企业债务累积与商业银行的不良贷款形成间的关系。

三、不良贷款形成机制

本研究从企业部门的角度上来探究中国商业银行不良贷款的形成机

制。企业部门的债务积聚，产生信用风险，会通过一定的途径传导到金融部门，增加商业银行的不良贷款存量。尽管我国已经实行"去杠杆"的政策，但是中国非金融企业部门的杠杆率仍处于较高水平。且随着经济的发展，企业的融资需求较高，融资成本增大，导致企业盈利能力有所下降，企业所面临的信用风险增大。

首先，从宏观的角度分析公司债务违约风险对银行不良贷款的影响。2008年，我国发生金融危机，国内外经济放缓，外需疲软、产能过剩等问题出现，导致企业债务增多。由于国内外经济增长均处于急剧下滑状态，我国实行扩张性的货币政策和财政政策来刺激经济，导致了非金融企业部门的杠杆率处于极高的水平。产能过剩的前提下，企业部门的杠杆率增高所带来的产能扩张并不能吸收原有的产能过剩，导致产能过剩的情况进一步恶化。当供给大于需求时，商品的价格会下降，企业的收益下降，会面临资不抵债的局面，企业无法偿还银行的贷款，引发大规模的信用风险。

其次，从微观层面分析中国商业银行不良贷款的形成机制问题。原材料价格上涨，企业投入要素的成本增高，融资成本上升，边际收益下降，导致公司债务违约风险持续累积，企业经营困难，引发信用风险。

最后，从银行的角度分析中国商业银行不良贷款的形成机制问题。当经济上行时，银行会降低放贷的门槛，降低放贷目标企业的审核标准，银行放贷目标企业的平均信用水平降低，增大了信用风险。当经济疲软时，银行会提高放贷的门槛，贷款仅发放给信用等级较高的企业，直接提高了企业的融资成本，为了维持经营，企业的债务增多，产生信用风险。企业的信用风险传导到银行部门，导致银行不良贷款增多。

四、研究设计

（一）变量选取

1. 被解释变量：不良贷款率（NB）

本研究将商业银行的不良贷款率作为衡量商业银行不良贷款水平的代理变量。银行不良贷款积累，不利于银行的稳健发展，管控不良贷款率是银行进行风险管理的方法之一。

2. 解释变量：企业部门债务风险（CR）

企业部门的债务风险也就是所面临的信用风险。企业部门的债务风险来源于企业经营的现金流无法偿还其贷款的本金和利息时所承担的风险。参考裴翔（2015），使用隐含不良贷款率来衡量企业部门的债务风险。隐

含不良贷款率的计算公式为:

$$CR = \frac{SDB}{TDB} \tag{6.1}$$

其中,CR 为隐含不良贷款率,即企业部门的债务风险;SDB 是息税折旧摊销前的利润小于其利息支出的样本企业的债务总和;TDB 是所选取的总样本企业的债务总和。其中,总样本选取的是在 A 股已经上市的非金融性质的企业。

3. 控制变量

本研究的控制变量为资产收益率、资本充足率、权益负债比、存款增长率、贷款增长率、资产规模。各指标的定义与符号说明见表 6 - 1。

(二) 样本选择与描述性统计

本研究的数据选自 Wind 数据库、国泰安数据库、商业银行银行报表。选取 2007 ~ 2017 年 96 家商业银行为样本研究对象,来研究公司债务违约风险累积对商业银行不良贷款形成的影响。被解释变量是银行的不良贷款率,解释变量为企业部门的债务风险,控制变量为资产收益率、资本充足率、权益负债比、存款增长率、贷款增长率、资产规模。变量的描述性统计如表 6 -1 所示。

表 6 -1　　　　　　　　　　描述设计与描述性统计

变量类型	变量名称	符号	变量设计	均值	标准差	最小值	最大值
被解释变量	不良贷款率	*NB*	不良贷款率	1.4398	1.3320	0	23.5700
解释变量	企业部门债务风险	*CR*	隐含不良贷款率来衡量企业部门的债务风险	0.0819	0.05869	0.01106	0.2018
控制变量	资产收益率	*AROA*	净利润/资产规模	0.9823	0.3558	0	2.8761
	资本充足率	*CARO*	资本充足率	12.7917	6.0142	3.4000	150.3300
	权益负债比	*DTER*	权益负债的比值	0.0728	0.0212	0.0189	0.1909
	存款增长率	*DPGR*	存款增长值/前一年存款规模	0.2186	0.1854	- 0.2186	2.2302
	贷款增长率	*LAGR*	贷款增长值/前一年贷款规模	0.2165	0.1405	- 0.3215	1.4296
	资产规模	*ASIZE*	银行资产规模取对数	7.5252	1.7566	3.4912	12.4718

资料来源:Wind 数据库,国泰安数据库、银行年报。

（三）模型设定

为了研究公司债务违约风险累积对商业银行不良贷款率的影响，本研究设定以下的模型进行研究：

$$NB_{it} = \alpha_1 NB_{it-1} + \alpha_2 CR_{it} + \alpha_3 AROA_{it} + \alpha_4 CARO_{it} + \alpha_5 DTER_{it}$$
$$+ \alpha_6 DPGR_{it} + \alpha_7 LAGR_{it} + \alpha_8 ASIZE_{it} + \varepsilon_{it} \qquad (6.2)$$

其中，i 代表商业银行，t 代表年份；被解释变量是不良贷款率（NB_{it}），代表第 i 家银行在 t 时期的不良贷款水平。解释变量为企业部门债务风险（CR）；控制变量为资产收益率（$AROA$）、资本充足率（$CARO$）、权益负债比（$DTER$）、存款增长率（$DPGR$）、贷款增长率（$LAGR$）、资产规模（$ASIZE$）。ε_{it} 是随机扰动项。

采用两阶段估计量及 WC-robust 估计方法，对回归结果进行 Sangan 检验和 AR（2）检验。

五、实证结果分析

（一）实证方法

为了解决弱工具变量和内生性问题，本研究选用系统 GMM 模型对样本数据进行估计，并选取 OLS 估计结果作对照。对估计结果进行了 Sangan 以及 AR（2）检验，以确保结果的稳健性。

（二）实证分析

1. 债务风险与银行不良贷款

为了研究企业债务累计风险与商业银行不良贷款形成之间的关系，本研究建立了实证模型，相应的回归结果如表 6-2 所示，其中，模型 1 和模型 2 是本研究设定的公式（6.2）中去掉 CR 变量，分别使用 OLS 与系统 GMM 模型进行回归估计。模型 3 和模型 4 是本研究设定的模型（1）分别使用 OLS 与系统 GMM 模型进行回归估计。

表 6-2 模型估计结果

变量	OLS 模型 1	系统 GMM 模型 2	OLS 模型 3	系统 GMM 模型 4
L. NB	1.3219 * (0.6885)	0.4903 *** (0.0339)	1.5342 ** (0.6843)	0.4769 *** (0.0233)
CR			2.4801 *** (0.7205)	1.3085 *** (0.4397)
AROA	-0.9889 *** (0.1303)	-0.7619 ** (0.3412)	-0.9811 *** (0.1290)	-0.7219 ** (0.3472)

变量	OLS 模型 1	系统 GMM 模型 2	OLS 模型 3	系统 GMM 模型 4
CARO	−0.0111 (0.0173)	−0.0745 (0.0618)	−0.0161 (0.0172)	−0.0829 (0.0678)
DTER	3.7408 (2.5414)	13.3338 *** (3.5325)	4.8239 * (2.5353)	14.5926 *** (5.3603)
DPGR	−0.7538 *** (0.2451)	−0.0377 (0.1867)	−0.7553 * (0.2426)	0.0055 (0.1912)
LAGR	−0.7954 ** (0.3363)	−0.2919 (0.3649)	−1.1015 *** (0.3446)	−0.6005 (0.4985)
ASIZE	−0.0373 (0.0243)	0.1326 ** (0.0523)	−0.0345 (0.0240)	0.1599 *** (0.0453)
_cons	2.6200 *** (0.3375)	0.3721 (0.7654)	2.4259 *** (0.3388)	0.1024 (0.7317)
N	960	960	960	960
Wald 统计量		794.8800 [0.0000]		967.1300 [0.0000]
AR (1)		−1.2950 [0.0953]		−1.3028 [0.0926]
AR (2)		−1.0545 [0.2917]		−1.0328 [0.3017]
sargan		75.9661 [0.9347]		74.9025 [0.9454]

注：（1）各解释变量第一行为估计系数（2）小括号和中括号内分别为标准差和 P 值；（3）*** 、** 、* 表示在1%、5%和10%显著性水平下显著。

在模型 3 中，债务风险累积代理变量 CR 的系数为 2.4801。在 1% 置信水平下显著为正，表明 CR 和 NB 正相关，即公司债务违约风险的累积会使商业银行不良贷款率上升，使得银行不良贷款增加。在模型 4 中，债务风险累积代理变量 CR 的系数为 1.3085，在 1% 置信水平下显著为正，说明公司债务违约风险累积会促进银行不良贷款的形成。

我国目前处于经济发展的特殊时期，如果企业部门债务急剧增加，将会导致商业银行不良贷款的规模上升，公司债务违约风险传导到了金融部门，会引发更大的信用风险。

2. 非上市银行与上市银行分析

本研究把银行整体样本划分为两部分，分别是上市银行和非上市银行，分析银行异质性对于公司债务违约风险累积与不良贷款关系的影响。其中，模型 5、模型 6 均为上市银行，分别使用 OLS 与系统 GMM 模型对样本进行估计；模型 7、模型 8 均为非上市银行，分别使用 OLS 与系统 GMM 模型对样本进行估计。回归结果如表 6-3 所示。

表 6-3　　　　　　　　　　　　　回归结果

变量	上市银行 （OLS） 模型 5	上市银行 （系统 GMM） 模型 6	非上市银行 （OLS） 模型 7	非上市银行 （系统 GMM） 模型 8
$L. NB$	0.4088 *** (0.0422)	0.6352 *** (0.1114)	0.5440 *** (0.0389)	0.4777 *** (0.0364)
CR	1.3545 *** (0.4579)	1.9788 *** (0.4589)	0.0945 * (0.8744)	0.9788 ** (0.4739)
$AROA$	−0.2562 * (0.1397)	0.0681 (0.3460)	−0.4963 *** (0.1404)	−0.8334 ** (0.3939)
$CARO$	−0.0186 (0.0198)	−0.0314 (0.0222)	−0.0182 (0.0174)	−0.1013 (0.0721)
$DTER$	11.4697 *** (2.4966)	10.7666 *** (4.1931)	3.0090 (2.6287)	12.0959 *** (6.3553)
$DPGR$	−0.2484 (0.2365)	0.2677 (1.2270)	−0.3741 (0.2937)	−0.0017 (0.4947)
$LAGR$	−0.9107 *** (0.3201)	−1.9973 ** (0.9134)	−0.9792 ** (0.4245)	−0.0420 (1.3204)
$ASIZE$	0.0319 * (0.0178)	0.1946 * (0.1087)	0.0282 (0.0499)	0.1877 *** (0.0685)
_cons	0.1726 (0.2623)	−1.7472 (1.6057)	0.9924 * (0.5373)	0.4919 (1.2022)
N	270	270	690	690
$Wald$ 统计量		340.2700 [0.0000]		1 006.2300 [0.0000]
AR（1）		−2.4700 [0.0140]		−1.2920 [0.0164]
AR（2）		0.7200 [0.4740]		−1.0406 [0.2981]
$sargan$		56.4400 [1.0000]		49.5695 [1.0000]

注：（1）各解释变量第一行为估计系数（2）小括号内为标准差，中括号内为检验的 P 值；（3）***、**、* 分别表示在 1%、5% 和 10% 显著性水平下显著。

从表6-3的回归结果可以看出，企业债务累积风险的代理变量与商业银行不良贷款之间是正相关关系，均显著。其中，模型6的回归结果显示，企业债务累计风险 CR 系数为1.9788，且在1%置信水平下显著为正；模型8的回归结果显示，企业债务累计风险 CR 系数为0.9788，且在5%置信水平下显著为正。实证结果说明上市银行的不良贷款的变动受企业债务累计的影响较大。上市银行的获利能力与非上市银行相比，远高于非上市银行。上市银行的高风险业务较多，因此上市银行对于企业的债务累计反应较为敏感。

（三）稳健性检验

本研究选用非金融企业杠杆率作为企业债务累计风险的代理变量，进行稳健性检验，检验结果如表6-4所示。

表6-4　　　　　　　　　　　　回归结果

变量	OLS 模型9	系统 GMM 模型10	OLS 模型11	系统 GMM 模型12
L. NB	1.3219 * (0.6885)	0.4903 *** (0.0339)	0.5523 *** (0.0307)	0.3466 *** (0.0967)
LRNE			0.5576 *** (0.1842)	0.5932 ** (0.2370)
AROA	-0.9889 *** (0.1303)	-0.7619 ** (0.3412)	-0.3673 *** (0.1126)	-0.7091 ** (0.3300)
CARO	-0.0111 (0.0173)	-0.0745 (0.0618)	-0.0078 (0.0139)	-0.0488 \ (0.0308)
DTER	3.7408 (2.5414)	13.3338 *** (3.5325)	2.6215 * (2.0819)	8.3251 * (5.8328)
DPGR	-0.7538 *** (0.2451)	-0.0377 (0.1867)	-0.3545 (0.2259)	-0.36211 (0.2344)
LAGR	-0.7954 ** (0.3363)	-0.2919 (0.3649)	-0.1241 (0.2903)	-0.4550 (0.5047)
ASIZE	-0.0373 (0.0243)	0.1326 ** (0.0523)	-0.0091 (0.0196)	-0.1061 (0.1067)
_cons	2.6200 *** (0.3375)	0.3721 (0.7654)	0.2538 (0.3808)	1.7577 (1.9983)
N	960	960	960	960

变量	OLS 模型 9	系统 GMM 模型 10	OLS 模型 11	系统 GMM 模型 12
Wald 统计量		794. 8800 [0. 0000]		257. 7000 [0. 0000]
AR（1）		−1. 2950 [0. 0953]		−1. 8800 [0. 0500]
AR（2）		−1. 0545 [0. 2917]		−1. 1000 [0. 2720]
sargan		75. 9661 [0. 9347]		107. 4400 [0. 7120]

注：（1）各解释变量第一行为估计系数 （2）小括号内为标准差，中括号内为检验的 *P* 值；（3） ***、 **、 * 分别表示在1%、5%和10%显著性水平下显著。

模型 9 和模型 10 是公式（6.2）中去除了企业债务累计风险代理变量，分别使用 OLS 和系统 GMM 方法进行回归，回归结果作为参考。模型 11 和模型 12 是对公式（6.2）分别使用 OLS 和系统 GMM 方法进行回归，其中企业债务累计风险的代理变量为非金融企业杠杆率。从表 6 - 4 可知，非金融企业杠杆率的系数均显著为正，说明非金融企业杠杆率与银行不良贷款率之间是正向关系，即非金融企业债务累计的增大会使商业银行不良贷款率增多，与本研究以上的实证结果相一致，说明结论具有稳健性。

第二节　公司债务违约对商业银行的风险溢出效应

一、引言

随着我国经济从高速增长向高质量发展转变，改变发展方式、优化经济结构和转换增长动力是当前经济工作的重要内容。在这一过渡阶段，上市公司因不能履行债务支付责任而产生的债务违约问题日益突出，由此可能带来的风险引起了各界的高度关注。根据 Wind 咨询提供的数据，2018年发生债务违约的企业达 53 家，首次违约的企业多达 40 家，发生债务违约主体数量明显增加；全年信用债违约金额高达 1 209. 61 亿元，较 2017年增长两倍多。作者从 Wind 数据库中选取我国沪深 A 上市公司（剔除了金融类和 ST 类公司）中披露的诉讼数据，手工整理并筛选出这些公司在 2010～2017 年的"案件名称"中，包含"欠款纠纷""货款纠纷""借款纠纷""票据纠纷""债务纠纷""借款合同纠纷""企业借贷纠纷""金融借款纠纷""债权债务纠纷"字样的样本（秦璇和方军雄，2019），发现无论从债务违约企业数量还是债务违约总金额看，2010～2017 年间我国债务违约的情形都呈现出先高后低，然后再逐渐升高的态势，表明随着我国宏观经济步入调整周期，相关企业将面临资金流短缺和融资条件趋紧等情况，加之部分企业债务期限临近，我国上市公司将面临越来越严峻的流动资金不足和债务偿还的压力，债务违约情形可能会愈演愈烈，随之而来的债务违约风险也将成为我国金融领域需要密切关注的重点话题（见图 6-1）。党的十九大报告中指出，"将防范化解重大风险，列为当前全面建成小康社会决胜阶段首要解决的问题。"这些债务违约情形极大地影响了我国金融市场的稳定，增加了市场紧张。因此，研究上市公司债务违约风险，以及由此给金融体系带来的风险外溢效应和宏观经济后果是当前金融风险研究领域需要关注的热点问题。

图 6-1 2010～2017 年我国上市公司债务违约数量和债务违约金额变化情况

资料来源：Wind 金融客户端（作者整理）。

对于公司债务违约领域的研究当前已有一些成果，但主要关注于研究如何通过构建模型预测公司债务违约并降低违约风险，忽视了上市公司在债务违约可能导致破产清算时，由于股权的偿付顺序低于债权，给股票投资者造成的巨大损失，因此上市公司债务违约是一项非常严重的负面事件。如果上市公司债务违约状况恶化，出现资不抵债，甚至破产清算，可能会诱发上市公司相关股价崩盘，造成债券市场风险向商业银行系统和股票市场跨领域传递，一旦股价崩盘触发大股东股权质押平仓风险，又将进一步加剧股票市场风险，并将更多风险传递给商业银行系统，形成负反馈的连锁反应。同时，在我国整个经济的资源配置中，银行贷款依然是当前金融体系中最重要的外部融资方式，以银行为主导的金融中介在我国经济活动中处于重要的枢纽地位。债务违约企业因为自身失去造血功能，巨额负债使自身债务风险加重，而且因为与银行中众多主体存在着千丝万缕的信贷关系，可能会将企业的债务违约风险传导至银行体系，造成银行体系的系统性风险，进一步对我国经济体系的健康发展产生威胁。从这个视角来看，在我国经济改变发展方式、优化经济结构、促进转型升级的重要阶段，宏观经济增长日益趋缓，企业获利能力明显下降，公司债务违约问题突出暴露等问题叠加的形势下，研究上市公司债务违约风险对银行体系的风险关联和风险溢出，对于防范金融体系风险有重要意义。

本节的研究重点在于考察债务违约上市公司和商业银行之间因为资金借贷关系而产生的关联性，以及由此导致上市公司债务违约风险对商业银行的外溢效应。本研究的主要贡献在于：第一，由于公司债务违约数据比较零散，统计上存在一定困难，致使研究债务违约风险的文章相对较少。本研究通过整理上市公司年报，梳理了上市公司债务违约的数据，并通过比对上市公司贷款数据库得到债务违约上市公司与商业银行之间的借贷关系网络。第二，本节分析了发生债务违约的上市公司风险溢出的一般原理，利用 DCC – GARCH 的 CoVaR 模型实证检验了这些企业对银行的风险溢出效应，丰富了债务违约风险的跨市场传导这一领域的研究。第三，通过手工收集债务违约上市公司的违约信息和上市公司与商业银行间的贷款数据构建贷款关系矩阵，并采用社会网络方法分析了银行风险来源。本研究的增量贡献在于手工筛选了债务违约上市公司的违约数据以及商业银行的贷款数据，将上市公司债务违约情形，经由借贷关系和金融领域的银行系统性风险有机结合起来，通过网络分析方法，找出了处于关键节点的债务违约上市公司以及系统重要性银行，定量研究了债务违约上市公司对这些银行的风险溢出效应，拓宽了上市公司债务违约和商业银行系统性风险溢出的研究领域，丰富了金融风险从债务违约市场到股票市场，再到商业银行体系的跨市场传导研究。本研究的结论可以帮助学者和监管部门更好地认识风险跨领域传播的路径，有助于更好地评估债务违约上市公司与商业银行的关联，以及可能给银行系统带来的风险，具有一定的实践意义。

二、文献回顾

本节从现阶段导致上市公司债务违约的政策背景和影响因素出发，分析债务违约对上市公司造成的严重影响，再通过分析债务违约上市公司与商业银行因贷款业务而带来的资金业务关联，研究债务违约上市公司对商业银行的风险溢出。从宏观背景看，前几年的金融加杠杆一方面带来了金融体系的快速膨胀，商业银行急剧扩张的理财业务和影子银行体系使信用供给增加。急于拓展资产端业务的金融机构，放松风险控制标准，形成了金融资产泡沫；另一方面，由于资金信贷的放松，企业部门获得资金的渠道突然增多，部分企业陷入了极度亢奋的投资扩张中，使得部分产业过度扩张，形成产能过剩和产业泡沫（关浣非，2018）。这就是金融领域经常讨论的顺周期的金融投资行为。经济上行使资产价格不断上涨，金融机构和企业部门常忽视这种行为可能的潜在风险，当经济出现下行，金融机构开始去杠杆时，往往会造成一系列的风险暴露事件。此轮发生的上市公司债务违约问题，就和现在宏观领域经济下行、景气低迷及金融领域严监管、去杠杆的背景密切相关。

关于风险溢出方面的研究，现有文献主要关注于宏观金融体系内的风险溢出，比如银行间因为业务关联而造成的风险的溢出等。关注金融体系内部风险溢出主要起源于 2008 年席卷全球的金融危机，金融危机前，金融机构普遍采用 VaR 方法度量风险，但该方法只能衡量机构自身的风险，无法捕捉因业务关联、资金往来而产生风险溢出效应的影响（李志辉等，2011）。银行间的业务关联及资金往来使得极端负面冲击出现时，银行机构之间、银行与其他金融机构之间以及银行系统与实体经济之间会因为单个银行的风险溢出而导致风险在整个体系中传导扩散，提高了冲击的破坏水平和影响范围，放大了风险传染的可能性以及传染的程度（李政等，2016）。因此危机之后，各国研究者和监管机构努力构建新的衡量系统性风险及其溢出效应的方法，以弥补现有 VaR 方法度量金融风险的缺陷和不足。诸多学者利用市场数据建立全新的金融风险模型进行分析，包括基于收益率尾部依赖关系的条件在险价值 CoVaR（Adrian & Brunnermeier，2016）、边际期望损失 MES（Acharya et al.，2017）和系统性风险指数 SRISK（Brownlees & Engle，2017；赵静，2018），这些都是基于股票市场数据，利用其高频的特点，极大提高了系统性风险测度的前瞻性和准确性（葛鹏飞，2019）。

阿德里安和布伦纳迈尔（Adrian & Brunnermeier，2009）在他们的工作论文中，首次将金融机构的风险溢出纳入 VaR 分析架构下，提出了条件在险价值 CoVaR 方法来衡量金融机构在发生损失时，对整个金融系统可能产生的最大风险溢出。随后他们利用分位数回归对金融机构发生损失后的风险溢出效应进行了估计。CoVaR 方法的提出使很多学者陆续对其在金融领域进行了实证应用。有学者借鉴阿德里安和布伦纳迈尔的 CoVaR 方法，运用分位数回归技术，衡量了我国商业银行的系统性风险溢出效应。实证结果显示国有银行的系统性风险溢出效应大于股份制商业银行，无条件风险价值 VaR 和条件风险价值 CoVaR 之间无必然关联（李志辉，樊莉，2011），以 VaR 为核心指标的现行监管政策不能有效防范系统性风险溢出。高国华等（2011）通过研究发现，国有银行具有较强的风险溢出效应，这种溢出效应在股份制银行中不明显，银行溢出风险 ΔCoVaR、不良贷款率、宏观经济波动密切相关。金融行业间的系统性风险溢出效应具有正向性和非对称性（陈建青等，2015）。严伟祥等（2017）构建 DCC - GARCH 模型并结合 CoVaR 方法，研究某一金融企业陷入困境时对其他金融行业的风险溢出贡献，最终结果表明，证券业对其他金融行业的平均风险溢出贡献最大，需通过分类监管和细化监管的方式化解风险，维护金融稳定。蒋海等（2018）将分位数回归、LASSO 算法和 CoVaR 相结合，对我国上市银行股票交易数据分析，搭建了我国上市银行尾部风险网络，研究结论表明，银行网络的关联性越强，银行系统性越易发生风险，而且离中心节点较近的银行尾部风险溢出效应越强。

通过以上的分析我们发现，现有关于风险溢出的文献着重着眼于金融系统之间的风险溢出研究，较少学者关注于实体行业（或企业）与金融行业（或机构）之间风险溢出的研究。王海林等（2019）分别采用社会网络方法和基于分位数回归的 CoVaR 法，考察了因为资金链接的僵尸企业对银行系统的风险溢出，发现僵尸企业风险对银行业存在较强的风险溢出效应。并且国有银行和股份制银行处于僵尸企业风险溢出的中心地位（王海林和高颖超，2019）。翟永会（2019）通过构建时变 t - Copula - CoVaR 模型，剖析了房地产业、交通运输业、采掘业、钢铁业、化工业等对银行系统的风险传递和风险溢出，结果发现在众多行业中，房地产业对银行系统的风险溢出效应最大，其次是交通运输业；同时发现银行业对各行业的风险溢出存在差异，房地产业居首位，钢铁业次之。他认为管理银行业系统性风险不仅要较强银行内部的风险控制，更要重点关注系统重要性行业、系统脆弱性行业对银行业的风险溢出。

三、理论分析与研究方法

（一）理论分析

早期的主流的经济金融理论未考虑由于信息不对称而产生的代理成本变动，也没有分析金融体系在信贷融资过程中的中介作用。随着不完全信息理论应用到经济周期分析中，许多研究开始以信贷市场存在摩擦为假设展开（翟永会，2019）。众多学者认识到金融体系特别是银行体系的重要作用在于克服信息不对称条件下借贷双方之间的逆向选择和道德风险，因此，伯南克等（1996）提出了著名的金融加速器理论。他们认为信贷市场摩擦使外源融资成本超出内源融资成本。当经济处于上升时期，企业资本净值增加，外源融资成本不会发生太大变化；当经济处于下行时期，企业的资本净值降低，外源融资支付出现溢价，同时外源融资规模增加，企业的消费和生产减少（朱太辉，2019）。可能出现的外部冲击严重影响企业的消费和生产。并且"紧缩"的信贷市场状态对产出产生更大的影响，加剧经济波动，进一步恶化经济形势。如此过程不断循环，可能会导致金融危机和经济危机。米什金（Mishkin，1997）基于信息不对称理论对金融脆弱性的原因和机制进行了归纳，他认为随着经济周期的变化，非银行经济主体净值也会呈现波动性变化的特点，银行部门和非银行经济主体形成了以资金借贷为主的信贷供求关系，信贷供求双方的财务状况将造成信贷波动，不利于金融稳定。当遭遇不利因素冲击时，银行部门或非银行经济主体的资产负债表恶化，资产净值下降，逆向选择和道德风险升高，信贷供给的减少可能使银行体系崩溃或爆发金融危机（朱太辉，2019）。

当上市公司面临严重的流动性困难，发生债务违约且资不抵债时，可能导致公司最终进行破产清算。由于股权的偿付顺序要落后于债权，因此债务违约上市公司股票投资者将首先面临巨大的损失，不仅给股票投资者带来不利影响，也会造成债券市场和证券市场的严重震荡。公司债务违约因为信贷业务和银行系统之间形成密切的关系，一旦发生大规模的债务违约情形，将给我国银行系统带来重大影响。同时大规模上市公司债务违约极易诱发股价崩盘风险，造成资不抵债的破产清算风险向证券市场和银行系统跨领域溢出，由股价崩盘引发的多重风险再次冲击银行系统。债务违约风险在债券市场、证券市场和银行系统之间进行积累和激荡，并产生连锁反应，进一步加深金融系统的风险积聚和传递。一旦宏观经济形势出现转变，经济增速放缓，逆向选择和道德风险升高，信贷融资成本提升，银行系统进一步收缩信贷，各行业经营风险大幅上升，则上市公司债务违约事件将会逐年增多。数次的金融危机教训表明，系统性风险虽然表现在金融领域，但其源头和触发事件可能在于实体经济。因此，对于上市公司债务违约对银行系统的风险进行溢出效应研究具有重要的理论和实践意义。

债务违约企业与银行之间形成的紧密而交错的债务关系，形成了一个复杂的网络体系，这种关联使得外部冲击在债务违约企业与银行系统以及银行系统与股市系统之间传导扩散，提升外部冲击的破坏水平和影响范围，大幅增加风险传染的可能及传染程度。由于经济计量方法强调"变量独立性假设"，而关联数据不满足该假设，因此常用的计量模型难以描述和分析债务违约企业和银行系统间的风险传染关系，为此应用社会网络分析法（social network analysis，SNA）来弥补这方面的不足。李政等（2016）认为网络分析法可以解构金融网络间的总体关联性。本研究基于银行贷款数据库，对照上市公司的债务违约数据，建立了贷款关系矩阵，利用 SNA 方法分析债务违约上市公司与银行间的关系强度，并直观研究二者之间的风险传染关系。

（二）风险传导路径分析

本部分将分析上市公司债务违约影响金融稳定的传导路径，具体如图6-2所示。图中，债务违约企业和上下游企业均属于实体经济范畴，它们维系着国民经济的再生产与再创造，银行系统和金融系统为实体经济的壮大、发展提供资金支持和信贷支撑。当行业经济形势不景气，上市公司的盈利能力将会下降，再融资难度加大，致使资金链紧张，流动性风险加剧。一旦发生不可控的外部冲击（例如当前的新冠肺炎疫情），上市公司可能陷入严重的流动性危机，出现大规模的债务违约情形。债务违约风险将会通过资金链接、业务链接等对其供应链上下游企业、互保互联企业和行业内部企业产生"多米诺效应"，导致不良信贷链条加长，最终可能演化成由"点"到"线"再到"面"的债务违约风险爆发格局，形成更大危害，并最终将风险转入金融系统，嫁接到商业银行领域，使银行不良贷款急剧升高，形成大量呆账坏账。在我国商业银行仍是众多企业进行间接融资的最主要载体，处于企业资金信贷链条的中心。按照风险传导理论，商业银行系统将作为风险传播节点，汇聚由外界传入的风险。如果商业银行不良资产过高，大量资产无法收回形成呆账坏账，那么银行在遇到其他不可预料危机时极有可能产生风险共振，当风险共振幅度超过商业银行自身能够承担的某一阈值时，商业银行系统积聚的风险将会溢出至整个金融体系，从而引发系统性风险。而且金融领域的风险积聚和爆发又可能发过来造成实体经济企业的融资困境等问题，最终形成一种金融系统和实体行业间的风险传染循环（汪海林和高颖超，2019）。

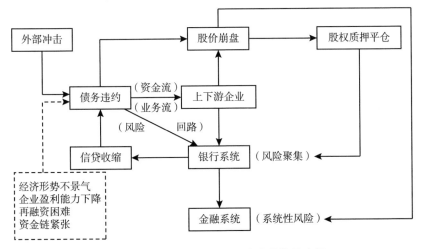

图6-2　债务违约影响金融稳定的传导路径

其次，如果上市公司出现严重债务违约可能会诱发公司股价崩盘，进而产生大股东股权质押平仓风险。面对债务违约上市公司出现的过高的债务压力，商业银行或债权人可能不再提供新的融资贷款支持，使上市公司的控制权转移。为了这一现象，上市公司将会尽力掩盖真实的资金链压力，进一步提高信息不对称程度，从而提升风险积累和爆发的可能，并最终将累积的风险汇聚到银行系统，并传导至金融领域。

最后，银行系统和金融系统内部同样因为业务关联和资金关联也成为金融体系风险积聚和传染的重要领域。债务违约企业由于信贷业务和银行系统产生了千丝万缕的联系，同时通过资金流、业务流等方式影响到上下游企业，一旦发生外部冲击使得大量上市公司出现债务违约，将不仅直接影响到银行系统和股市系统，同时也会通过因为资金和业务关联的上下游企业间接影响到银行系统和股市系统，可能引起银行系统信贷进一步收缩，形成所谓的"恶魔回路"。因此，有理由相信债务违约企业存在通过信贷业务和资金链接而造成的风险外溢效应，作为信贷市场上重要参与方，商业银行会不可避免地成为债务违约企业风险外溢的重要载体。若将来遭遇到的外部冲击超过某一极限或风险累积到一定程度，那么聚集的潜在风险将不可避免地转化为现实风险，并对实体经济、银行系统和金融系统造成严重影响。

（三）研究方法

1. 社会网络分析法

采用社会网络分析法就是将债务违约上市公司和与其有借贷关系的商业银行作为社会网络节点，利用他们之间的借贷关系构建 2 - 模网络。在分析过程中，首先将债务违约上市公司设为矩阵行变量，与其发生过借贷关系的商业银行设为矩阵列变量；若债务违约上市公司与商业银行之间存在贷款关系那么相应矩阵项赋值为 1，否则为 0，这样每个矩阵项就构成了债务违约上市公司和商业银行贷款关系网络中的一个节点。通过手工收集并整理债务违约上市公司银行贷款数据，筛选并计算生成二模贷款数字矩阵，构建出债务违约上市公司和商业银行贷款关系的 2 - 模网络（王海林和高颖超，2019）。然后计算该网络节点中心性的度中心性（degree centrality）、介数中心性（between centrality）和接近中心性（closeness centrality）[①]，利用 2 - 模网络的中心性数据对债务违约上市公司与商业银行风险之间的关联关系进行量化分析。中心性指标的计算方法见表 6 - 5。

表 6 - 5　　　　　　　　　　中心性分析指标

指标	计算方法	含义
度中心性	$DC_i = \dfrac{k_i}{N-1}$	其中，k_i 表示 i 节点的度数，DC_i 表示 i 节点在网络中的影响力
介数中心性	$BC_i = \sum\limits_{s \neq i \neq t} \dfrac{n_{st}^i}{g_{st}}$	其中，g_{st} 为从节点 s 到节点 t 的最短路径的数目，n_{st}^i 为从节点 s 到节点 t 的 g_{st} 调最短路径中经过节点 i 的最短路径的数目
接近中心性	$CC_i = \dfrac{1}{d_i} = \dfrac{N}{\sum\limits_{j=1}^{N} d_{ij}}$	其中，d_i 表示网络中任意一个节点 i 到网络中所有节点的距离的平均值。d_i 越小表明节点 i 越接近其他节点，其重要性越高

2. 金融风险动态相关识别

为了捕捉债务违约上市公司和商业银行收益率的风险动态相关关系，本研究拟通过构建扰动项服从 t 分布的动态条件相关 GARCH 模型（简称 DCC - GARCH）来检验债务违约上市公司收益率和商业银行收益率的动态相关关系以及风险溢出效应。该模型可以有效估计数据量较大金融变量的相关系数矩阵，并研究金融变量之间动态非线性相关关系。恩格（En-

---

① 限于篇幅，以上三种中心性的详细定义及计算，详见汪小帆等编著，《网络科学导论》，高等教育出版社 2012 年版，第 158 ~ 162 页。

gle，2002）的文章中，通过将条件协方差矩阵分解为条件方差对角矩阵和条件相关系数矩阵，使该模型的待估参数更加简洁，具有更好的计算优势，同时能够更好地反映不同金融变量之间的波动性溢出。其关系式可以表示为：$H_t = D_t^{1/2} R_t D_t^{1/2}$，其中 H_t 为条件协方差矩阵，D_t 为条件方差对角矩阵，R_t 为条件相关系数矩阵。进一步，$D_t^{1/2} = diag(h_{11,t}^{1/2}, \cdots, h_{kk,t}^{1/2})$，$h_{i,t}$ 为单个金融变量通过 GARCH 模型拟合得到的条件方差：

$$h_{i,t} = \omega_i + \sum_{i=1}^{p} \phi_i \varepsilon_{i,l-p}^2 + \sum_{j=1}^{q} \varphi_j h_{i,l-q}^2 \qquad (6.3)$$

其中，ϕ_i 为滞后 p 阶的残差平方项系数，φ_j 为滞后 q 阶的条件方差系数，ω_i、ϕ_i 和 φ_j 均为需要通过 GARCH 模型拟合并回归得到的参数。对于两个金融变量采用 DCC - GARCH（1，1）模型进行估计，两个金融变量的动态条件相关系数 $\rho_{12,t}$ 可以通过以下公式得出：

$$\rho_{12,t} = \frac{(1-\alpha-\beta)q_{12} + \alpha\varepsilon_{1,t-1}\varepsilon_{2,t-1} + \beta q_{12,t-1}}{\sqrt{((1-\alpha-\beta)\bar{q}_{11} + \alpha\varepsilon_{1,t-1}^2 + \beta q_{11,t-1})((1-\alpha-\beta)\bar{q}_{22} + \alpha\varepsilon_{2,t-1}^2 + \beta q_{22,t-1})}}$$

$$(6.4)$$

动态条件相关系数 $\rho_{12,t}$ 越大，表示两种金融资产的波动性越一致，由于共振的影响，风险将会被放大，同时意味着风险溢出程度较高。

3. 条件在险价值的估计

VaR 指在一定概率下，某资产或投资组合在未来某区间内出现的可能损失。用 X^i 代表某银行资产的收益率，那么有下列关系式：$P(X^i \leq VaR_q^i) = q\%$。在本研究中，将 X^i 定义为债务违约上市公司 i 的损失率，VaR_q^i 表示债务违约上市公司 i 在 $q\%$ 概率水平下的损失，一般情况下 VaR 为负数。依此类推，如果定义 $CoVaR_q^{j \mid C(X)}$ 为商业银行 j 在债务违约上市公司 i 发生尾部事件 $C(X^i)$ 条件下，既定持有期内在 $q\%$ 概率水平下的 VaR 值，那么这就是条件在险价值 $CoVaR$。其实 $CoVaR_q^{j \mid C(X)}$ 是条件概率分布的 $q\%$ 分位数，其关系式可以表示为：

$$P(X^j \leq CoVaR_q^{j \mid C(X)} \mid X^i = VaR_q^i) = q\% \qquad (6.5)$$

如果要描述债务违约上市公司对商业银行的风险溢出效应，则需计算出债务违约上市公司出现最大损失时造成的商业银行风险增加值 $\Delta CoVaR_q^{j \mid i}$，其关系表达式为：

$$\Delta CoVaR_q^{j \mid i} = CoVaR_q^{j \mid i} - VaR_q^j \qquad (6.6)$$

本研究借鉴阿德里安和布伦纳迈尔（2016）的 DCC - GARCH 来测算 $CoVaR$。在他们的模型中，通过 DCC - GARCH 模型拟合得到的动态条件相关系数矩阵和条件方差 - 协方差矩阵进行标准化处理，构建了均值为零，损失服从二元正态分布概率密度函数，其形式如下：

$$(X_t^i, \ X_t^j) \sim N\left[\begin{pmatrix} 0 \\ 0 \end{pmatrix}, \ \begin{pmatrix} (\sigma_t^i)^2 & \rho_t^{ij}\sigma_t^i\sigma_t^j \\ \rho_t^{ij}\sigma_t^i\sigma_t^j & (\sigma_t^j)^2 \end{pmatrix} \right] \qquad (6.7)$$

式（6.7）中，ρ_t^{ij} 为资产 i 和资产 j 在 t 时刻的条件相关系数，$(\sigma_t^i)^2$ 和 $(\sigma_t^j)^2$ 分别为资产 i 和资产 j 在 t 时刻的条件方差，而 $\rho_t^{ij}\sigma_t^i\sigma_t^j$ 为资产 i 和资产 j 在 t 时刻的条件协方差，以上参数均可通过 DCC – GARCH 模型拟合得出。由多元正态分布的性质可知，当资产 i 发生损失时，资产 j 的损失也服从正态分布。将资产 i 发生损失条件下，资产 j 在发生损失的条件概率进行标准化处理，可得到 $\left[\dfrac{X_t^j - X_t^i\sigma_t^j\rho_t^{ij}/\sigma_t^i}{\sigma_t^j \ \sqrt{1 - (\rho_t^{ij})^2}} \right] \sim N(0, \ 1)$，资产 i 的在险价值 $VaR_{q,t}^i = \Phi^{-1}(q\%)\sigma_t^i$。结合式（6.4）可以得到当金融资产 j 在资产 i 发生风险时，其动态 $CoVaR_{q,t}^{j|i}$ 的计算公式为：

$$CoVaR_{q,t}^{j|i} = \Phi^{-1}(q\%)\sigma_t^j \ \sqrt{1 - (\rho_t^{ij})^2} + \Phi^{-1}(q\%)\rho_t^{ij}\sigma_t^i \qquad (6.8)$$

进一步由于 $\Phi^{-1}(50\%) = 0$，所以资产 j 的边际风险溢出，式（6.5）可以写为：

$$\Delta CoVaR_{q,t}^{j|i} = \Phi^{-1}(q\%)\rho_t^{ij}\sigma_t^i \qquad (6.9)$$

q 表示收益率序列不同的分位数，当取不同值时表示债务违约上市公司遭受的不同置信水平的损失。式（6.8）和式（6.9）中的参数均可由 DCC – GARCH 模型估计，由此可以得到债务违约上市公司对商业银行的风险溢出效应。

四、实证结果分析

（一）样本选取与数据来源

本研究的关键数据为公司债务违约数据，从 WIND 数据库中选取 2010～2017 年我国沪深 A 股上市公司（剔除了金融类和 ST 类公司）中披露的诉讼数据，手工整理并筛选了在"案件名称"中包含"欠款纠纷""货款纠纷""借款纠纷""借款合同纠纷""票据纠纷""企业借贷纠纷""金融借款纠纷""债务纠纷""债权债务纠纷"的样本，剔除数据披露方作为原告的情形（秦璇和方军雄，2019），从 31 470 个上市公司数据中，共筛选出 581 个上市公司债务违约数据。根据整理的债务违约涉案金额看，涉案金额波动幅度较大，最小的涉案金额为 3.37 万元，最大为 10.72 亿元。为了在后面的分析能够通过网络分析法对债务违约上市公司和银行借款进行关联，因此以涉案金额为条件进行筛选，选取涉案金额大于等于

1 000万元的上市公司为样本，作为下文分析的基础，共计186条债务违约数据，涉及95家上市公司①。上市公司和商业银行的贷款数据来自CS-MAR数据库，从2010～2017所有上市公司69 400个贷款数据中提取涉及95家债务违约上市公司贷款数据共计15 204个数据，在分析过程中涉及同一家债务违约上市公司多次向同一家商业银行申请贷款的数据取其中最大金额作为分析的基础，最后剔除外国银行以及外国银行在我国设置的分行，共整理出贷款商业银行为99家。

（二）债务违约风险传染的关系网络分析

根据研究需要将2－模矩阵转换为反映企业对应银行贷款关系95×95和银行对应企业借款关系99×99两个1－模矩阵，这两个矩阵反映出任何两家债务违约上市公司申请贷款的银行数目和任何两家商业银行提供贷款的债务违约上市公司数目。表6－6截取了部分债务违约上市公司申请商业银行贷款1－模矩阵的一部分，表格中的数字反映了为债务违约上市公司提供贷款的商业银行的数目。其中主对角线的数字表示为该公司提供贷款的商业银行数目，非主对角线数字表示共同为该两个公司提供贷款的商业银行数目。在该表中可以看出为鸿达兴业提供贷款的商业银行数目为34个，而为鸿达兴业和沙钢股份共同提供贷款的商业银行数目为15个。

表6－6　　　　　　　债务违约上市公司贷款关系1－模矩阵

公司名称	电广传媒	鸿达兴业	沙钢股份	三钢闽光	顺络电子	海利得	钱江水利	山煤国际	申华控股	中粮糖业
电广传媒	27	19	13	14	12	16	18	14	19	14
鸿达兴业	19	34	15	16	13	15	19	14	22	14
沙钢股份	13	15	24	14	12	13	14	12	15	13
三钢闽光	14	16	14	29	13	14	17	14	19	13
顺络电子	12	13	12	13	23	13	14	12	18	12
海利得	16	15	13	14	13	28	18	16	19	17
钱江水利	18	19	14	17	14	18	30	14	18	14
山煤国际	14	14	12	14	12	16	14	26	17	13

---

① 这186条债务违约数据涉案金额为281.4亿元，占总债务违约涉案金额82.23%，基本包含影响较大的债务违约情形。

公司名称	电广传媒	鸿达兴业	沙钢股份	三钢闽光	顺络电子	海利得	钱江水利	山煤国际	申华控股	中粮糖业
申华控股	19	22	15	19	17	19	18	17	45	17
中粮糖业	14	14	13	13	12	17	14	13	17	29

表6-7是截取了银行对应企业贷款关系1-模矩阵的一部分，表格中的数字是商业银行为债务违约上市公司提供贷款的银行数目，其中主对角线数目为该商业银行为债务违约上市公司提供贷款的公司数目，非主对角线数目为任意两个商业银行共同为债务违约上市公司提供贷款的公司数目。从主对角线的数目可以看出在当前表格中工商银行为43家债务违约上市公司提供了银行贷款，光大银行为29家债务违约上市公司提供了银行贷款，而工商银行和光大银行共同提供贷款的债务违约上市公司是18家，该矩阵客观上反映了因为债务违约上市公司申请商业银行贷款业务而产生的银行间的相互关联性，显然工商银行因为自身提供贷款的债务违约上市公司数目较多，而处于相对比较中心的位置。

表6-7　　　　　　　　商业银行借款关系1-模矩阵

公司名称	工商银行	光大银行	建设银行	交通银行	民生银行	农业银行	兴业银行	招商银行	中国银行	中信银行
工商银行	43	18	27	29	25	26	22	21	28	28
光大银行	18	29	23	21	18	19	16	15	19	20
建设银行	27	23	36	25	20	22	17	20	28	27
交通银行	29	21	25	37	21	19	19	21	26	24
民生银行	25	18	20	21	31	22	16	18	24	21
农业银行	26	19	22	19	22	33	24	22	25	22
兴业银行	22	16	17	19	16	24	32	12	26	22
招商银行	21	15	20	21	18	22	12	30	25	20
中国银行	28	19	28	26	24	25	26	25	39	27
中信银行	28	20	27	24	21	22	22	20	27	32

进一步对债务违约上市公司和商业银行关系网络的中心性分析指标进行中心性分析，表6-8列出了债务违约上市公司和商业银行中心性指标

排名前十的企业名称，左侧为债务违约上市公司，右侧为商业银行。度中心性的数值表示一个企业或银行发生过资金借贷关系对应银行或企业的个数的标准化处理后的相对值。根据表6-8数据显示，债务违约上市公司中，申华控股度中心性、介数中心性和接近中心性均最高，分别为0.4545、0.0080和0.0947，表示申华控股从45家银行取得了贷款，处于贷款关系网络的中心，一旦出现资不抵债破产清算的情形，将会给银行系统造成比较大的风险溢出效应。表6-8还列出了中心性较高的其他债务违约上市公司，和申华控股相同，这些债务违约上市公司风险溢出效应的影响对银行系统相对较大，都需要在风险控制中加以关注。商业银行中，大型国有商业银行的中心性指标普遍较高，其中工商银行度中心性、介数中心性和接近中心性均最高，分别为0.4343、0.0114和0.0939。根据表6-7的数据，工商银行共给43家债务违约上市公司提供了贷款，和其他商业银行相比其处于风险溢出网络的中心。如果大量债务违约上市公司逾期无法偿还贷款，那么将工商银行将承担债务违约上市公司较大的风险溢出。从整个的数据分析大型国有商业银行和股份制商业银行比一般的城市商业银行处于借贷关系网络更中心的位置，也将承受债务违约上市公司可能带来的更多的风险溢出效应；同时对债务违约上市公司进行分析时，银行需要对中心性较高的债务违约上市公司加以关注，谨慎评估中心性较高的债务违约上市公司可能带来的风险溢出效应，以及由此带来的风险转移，加强负债约束和风险管控。

表6-8   借贷款数据的2-模中心性分析结果

债务违约上市公司	度中心性	介数中心性	接近中心性	商业银行	度中心性	介数中心性	接近中心性
申华控股	0.4545	0.0080	0.0947	工商银行	0.4343	0.0114	0.0939
鸿达兴业	0.3434	0.0060	0.0786	中国银行	0.3939	0.0103	0.0879
钱江水利	0.3030	0.0053	0.0786	交通银行	0.3737	0.0098	0.0879
三钢闽光	0.2929	0.0051	0.0748	建设银行	0.3636	0.0095	0.0849
中粮糖业	0.2929	0.0051	0.0748	农业银行	0.3333	0.0087	0.0849
海利得	0.2828	0.0050	0.0737	兴业银行	0.3232	0.0085	0.0838
电广传媒	0.2727	0.0048	0.0737	中信银行	0.3232	0.0085	0.0836
山煤国际	0.2626	0.0046	0.0690	民生银行	0.3131	0.0082	0.0820
沙钢股份	0.2424	0.0042	0.0684	招商银行	0.3030	0.0079	0.0813
顺络电子	0.2323	0.0041	0.0567	光大银行	0.2929	0.0077	0.0808

注：限于篇幅，仅列出了排名前十的债务违约上市公司和商业银行。

（三）债务违约上市公司的风险溢出效应

经过上述分析发现大型国有商业银行和股份制商业银行处于借贷网络的中心位置，同时承受着债务违约上市公司带来的更多的风险溢出效应，尤其是大型国有商业银行，它的度中心性、介数中心性和接近中心性均高于其他类型商业银行，显示大型国有商业银行在借贷网络中的重要性。为了进一步衡量债务违约上市公司对银行系统带来的风险溢出效应，选取中心性排名靠前的 16 家大型国有上市商业银行和股份制上市商业银行作为承受债务违约上市公司风险溢出效应的银行样本，中心性排名前 30 的债务违约上市公司为风险溢出的债务违约上市公司样本，对风险溢出效应展开进一步的分析。从万得数据库提取上述公司 2010～2017 年日股票收盘价，根据收盘价取对数值求取收益率，每个样本共得到 1 943 个数据，共计 89 378 个有效数据，然后依据总市值占比对收益率进行加权处理，即

$$R_{bank,t} = \sum_{i=1}^{16} w_{i,t} r_{i,t}(t = 1 \cdots 1\,943) \text{ 和 } R_{debt,t} = \sum_{j=1}^{30} w_{j,t} r_{j,t}(t = 1 \cdots 1\,943)，分$$

别得到商业银行收益率和债务违约上市公司收益率，另外为了分别检验债务违约上市公司对大型国有银行和股份制商业银行的风险溢出效应，分别将 5 家大型国有银行和 11 家股份制商业银行的收益率按总市值占比进行了加权处理，得到 $R_{国有}$ 和 $R_{股份制}$。

表 6-9 列出了债务违约上市公司收益率和商业银行收益率的描述性统计、JB 统计量、ADF 值（ADF 检验选取的滞后阶数为 25）和 ARCH 效应检验（使用 LM 检验，其滞后阶数为 20）。从收益率的偏度和峰度来看，各收益率具有左偏且尖峰的特征。ADF 平稳性检验的 1%、5% 和 10% 显著水平的临界值分别为 -2.580、-1.950 和 -1.620，计算出的 ADF 值表明收益率序列是平稳的。随后进行的 ARCH 效应检验，发现债务违约上市公司收益率和商业银行收益率均符合波动率丛聚的特点，存在 ARCH 效应，其收益率的特点符合 DCC-GARCH 模型的要求。

表 6-9　　　　　　　　　　描述性统计分析结果

收益率序列	R_{debt}	R_{bank}	$R_{国有}$	$R_{股份制}$
均值	-0.000189	0.000028	0.000058	-0.000089
最大值	0.061241	0.083305	0.088143	0.083602
最小值	-0.092699	-0.104872	-0.104758	-0.105160
标准差	0.016456	0.014013	0.013648	0.0175751

收益率序列	R_{debt}	R_{bank}	$R_{国有}$	$R_{股份制}$
偏度	-0.705330	-0.173860	-0.132953	-0.070091
峰度	6.36948	11.66905	13.66959	8.14806
JB 统计量	1 080	6 094	9 222	2 147
ADF 值	-8.791 (0.0000)	-7.958 (0.0000)	-7.857 (0.0000)	-8.158 (0.0000)
ARCH 检验	311.408 (0.0000)	361.134 (0.0000)	414.857 (0.0000)	198.837 (0.0000)

  表 6-10 显示了通过 DCC-GARCH 模型得到债务违约上市公司和商业银行收益率之间参数估计，无论 α 和 β 均在 1% 的置信水平上显著，同时符合模型参数的限制要求（$\alpha+\beta<1$）。两者之间的相关系数 ρ 的估计值为 0.69342，说明债务违约上市公司和商业银行收益率之间的动态条件相关系数值比较高，二者间的风险溢出效应相对比较明显。进一步分析，α 较小的估计值表明标准化残差乘积滞后一期基本不作用于动态条件相关系数；β 接近 1，表明债务违约上市公司与商业银行收益率间的相关系数的大小与前期影响的强弱密切相关。进一步将商业银行样本分为大型国有银行和股份制银行，可以得到国有银行收益率和债务违约上市公司收益率之间的相关系数 ρ 为 0.71416 大于股份制银行的 0.57671（二者均在 1% 的水平上显著），表明债务违约上市公司的风险溢出效应在国有银行较股份制银行上更为明显，显示出大型国有银行不仅在借贷网络中处于中心地位，同时也承担着更多的债务违约上市公司风险的外溢效应。一旦债务违约上市公司出现大面积违约，可能会给国有大型银行带来较大的联动风险。

表 6-10　　　　　　　　　　　**DCC-GARCH 模型参数估计结果**

溢出效应模型	ρ	α	β	自由度	对数似然比
债务违约-全体银行	0.69342 *** (7.51)	0.04524 *** (6.09)	0.93176 *** (93.23)	4.61029 *** (13.32)	11 813.17
债务违约-国有银行	0.71416 *** (10.86)	0.04374 *** (5.98)	0.93244 *** (93.27)	4.50586 *** (13.61)	11 895.16
债务违约-股份制银行	0.57671 *** (6.93)	0.04038 *** (4.89)	0.93006 *** (73.70)	4.55825 *** (13.03)	11 261.36

  注：***、** 和 * 分别表示统计量在 1%、5% 和 10% 的水平上显著，括号内是 T 统计量。

图 6-3 显示了债务违约上市公司收益率序列与商业银行金融风险收益率序列的动态相关系数变化情况，从趋势上看，二者间的动态相关系数大部分时间均高于 0.5 以上，表明二者收益率序列之间的联动变化比较明显，其波动相关性较为显著，客观上反映出债务违约上市公司对商业银行有较强的金融风险溢出。依据 DCC - GARCH 模型回归的结果，将时变条件相关系数和时变条件方差代入式（6.8）和式（6.9）即可得到债务违约上市公司收益率在不同分位数点上，对商业银行系统的 *CoVaR* 和 *dCoVaR* 值。

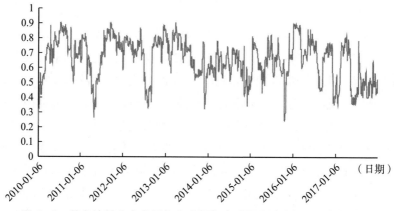

图 6-3　债务违约上市公司与商业银行金融风险动态相关系数示意图

表 6-11 显示了通过 DCC - GARCH 模型得到的不同分位数的 *CoVaR* 和 *dCoVaR* 描述性统计结果。以 5% 分位数为例，*CoVaR* 均值为 0.02979，表示当债务违约上市公司收益率发生 5% 分位数损失时，给商业银行系统收益率带来的最大损失均值为 2.979%，结合前面商业银行收益率的统计性描述，该损失带来的影响是比较大的。同时 *dCoVaR* 均值为 0.0119，表示在 5% 分位数水平上，债务违约上市公司对商业银行系统的风险贡献程度为 1.19%。当分位数从 5% 向 1% 变化时，*CoVaR* 由 2.979% 变为 4.206%，*dCoVaR* 由 1.19% 变为 1.68%，表明随着债务违约上市公司陷入危机，收益率出现极端亏损值时，它对商业银行系统的风险溢出效应也随之增加，同时也带来了商业银行收益率更大的损失。也就是说债务违约上市公司通过银行资金借贷关系可能将自身具有的风险传染给商业银行系统，债务违约上市公司对商业银行系统存在风险溢出效应。对比债务违约上市公司对国有大型银行和股份制银行的风险溢出效应，发现对国有大型银行的风险溢出贡献率为最大，表明在防控债务违约风险时，应该着重关

注对国有大型银行的风险溢出效应。

表 6－11　DCC－GARCH 计算得到的不同分位数下的 *CoVaR* 和 *dCoVaR*

溢出效应模型		*CoVaR*			*dCoVaR*		
		10% 分位数	5% 分位数	1% 分位数	10% 分位数	5% 分位数	1% 分位数
全体银行	均值	0.02329	0.02979	0.04206	0.00931	0.01190	0.01680
	最小值	0.00542	0.00693	0.00979	0.00564	0.00710	0.01030
	最大值	0.07136	0.09127	0.12889	0.03758	0.04807	0.06787
国有银行	均值	0.02834	0.03624	0.05118	0.01020	0.01305	0.01843
	最小值	0.00568	0.00726	0.01026	0.00525	0.00671	0.00953
	最大值	0.07479	0.09566	0.13508	0.03641	0.04658	0.06577
股份制银行	均值	0.02207	0.02822	0.03985	0.00844	0.01080	0.01525
	最小值	0.01356	0.01734	0.02449	0.00296	0.00379	0.00535
	最大值	0.07156	0.09153	0.12926	0.03578	0.04576	0.06462

注：以上的分位数均取单侧 1% 、5% 和 10% 的左分位点，同时在 *CoVaR* 和 *dCoVaR* 列表时略去了前面的负号（负号表示损失）。

第三节　公司债务违约对非银行金融机构的风险溢出效应

目前，对风险溢出效应的研究主要集中在银行金融机构，但非银行金融机构的扩张也可能加剧系统性风险。本部分研究了企业债务违约对非银行金融机构的溢出效应，采用的各种检验设定方法与债务违约上市公司对商业银行的溢出效应相同。为了衡量债务违约上市公司对非银行金融机构带来的风险溢出效应，剔除严重缺失总市值与收益率的样本后，依据总市值占比对收益率进行加权处理得到了 63 家非银行金融机构的加权收益率：

$$R_{nbank,t} = \sum_{t=1}^{63} w_{i,t} r_{i,t} (t = 1 \cdots 1\,943)$$

另外采用相同方式得到 30 家国有非金融机构与 23 家股份制非金融机构收益率 $R_{nbank,国有}$ 与 $R_{nbank,股份制}$。此外，还得到了相对来说比重较大的证券（22 家）与保险（4 家）类机构的收益率 $R_{证券}$ 与 $R_{保险}$。

表 6－12 中，非银行金融机构的收益率偏度大于零，峰度大于 3 说明收益率序列具有"尖峰厚尾"特征。ADF 检验了序列的平稳性。随后进

行的 ARCH 效应检验，发现非银行金融机构的收益率均符合波动率丛聚的特点，存在 ARCH 效应，其收益率的特点符合 DCC - GARCH 模型的要求。

表 6 - 12　　　　　　描述性统计分析结果——非银行金融机构

收益率序列	R_{nbank}	$R_{nbank,国有}$	$R_{nbank,股份制}$	$R_{证券}$	$R_{保险}$
均值	0.000592	0.000474	0.000690	0.000400	0.000552
最大值	0.094849	0.098241	0.092793	0.100056	0.098937
最小值	-0.098674	-0.100810	-0.099768	-0.099989	-0.099990
标准差	0.020667	0.021111	0.020875	0.024615	0.020403
偏度	0.175142	0.207825	0.121455	0.259026	0.417253
峰度	6.652730	6.863923	6.428050	6.484240	6.697066
JB 统计量	1 090	1 222	956	1 004	1 103
ADF 值	-17.943 (0.0000)	-18.446 (0.0000)	-23.034 (0.0000)	-18.269 (0.0000)	-18.873 (0.0000)
ARCH 检验	298.185 (0.0000)	305.762 (0.0000)	288.593 (0.0000)	289.617 (0.0000)	307.233 (0.0000)

表 6 - 12 显示了通过 DCC - GARCH 模型得到债务违约上市公司和非银行金融机构收益率之间参数估计，无论 α 和 β 均在 1% 的置信水平上显著，同时符合模型参数的限制要求 ($\alpha + \beta < 1$)。由表 6 - 13 可知，债务违约上市公司和非银行金融机构收益率的相关系数 ρ 的估计值为 0.53955，说明债务违约上市公司和非银行金融机构收益率之间具有一定的风险溢出效应。对比表 6 - 10 与表 6 - 13 发现，债务违约上市公司与银行之间的风险溢出效应高于债务违约上市公司与非银行金融机构间的风险溢出效应。

表 6 - 13　　　　　DCC - GARCH 模型参数估计结果——非银行金融机构

溢出效应模型	ρ	α	β	自由度	对数似然比
债务违约——非银行 金融机构	0.53955 *** (48.33)	0.01858 *** (3.08)	0.97531 *** (150.63)	5.84870 *** (8.33)	11 178
债务违约——非银行 金融机构——国有	0.52747 *** (47.94)	0.01891 *** (2.87)	0.97501 *** (135.60)	6.05099 *** (8.35)	11 121
债务违约——非银行 金融机构——股份制	0.50919 *** (45.53)	0.01759 *** (3.14)	0.97603 *** (163.25)	5.86952 *** (8.17)	11 124

溢出效应模型	ρ	α	β	自由度	对数似然比
债务违约——非银行金融机构——证券	0.44220 *** (46.56)	0.01306 *** (2.14)	0.97796 *** (152.36)	5.58699 *** (8.63)	10 835
债务违约——非银行金融机构——保险	0.38546 *** (29.85)	0.01530 *** (3.91)	0.98177 *** (208.11)	5.42789 *** (8.13)	10 908

注：*** 、** 和 * 分别表示统计量在1%、5%和10%的水平上显著，括号内是 Z 统计量。

进一步分析，表6-13 中 α 与 β 的数值和表6-10 中具有相同特点，同样具有类似结论。进一步将非银行金融机构样本根据企业属性划分后发现，国有非银行金融机构收益率和债务违约上市公司收益率之间的相关系数为 0.52747 大于股份制非银行金融机构的 0.50919（二者均在 1% 的水平上显著），表明债务违约上市公司的风险溢出效应在国有非银行金融机构上更为明显。本研究还分析了证券、保险机构与债务违约上市公司收益率间的相关关系。由表6-13 可知，证券机构收益率和债务违约上市公司收益率之间的相关系数为 0.44220 大于保险机构的 0.38546（二者均在 1% 的水平上显著），表明债务违约上市公司的风险溢出效应在证券机构上更为明显。

图6-4 显示了债务违约上市公司收益率序列与非银行金融机构金融风险收益率序列的动态相关系数变化情况，从趋势上看，二者间的动态相关系数大部分时间都在 0.5 以上，表明二者收益率序列之间的联动变化比较明显，其波动相关性较为显著，客观上反映出债务违约上市公司对非银行金融机构有较强的金融风险溢出。依据 DCC-GARCH 模型回归的结果，将时变条件相关系数和时变条件方差代入式（6.8）和式（6.9）即可得到债务违约上市公司收益率在不同分位数点上，对非银行金融机构的 CoVaR 和 dCoVaR 值。

表6-14 显示了通过 DCC-GARCH 模型得到的不同分位数的 CoVaR 和 dCoVaR 描述性统计结果。以 10% 分位数为例，CoVaR 均值为 0.01683，表示当债务违约上市公司收益率发生 10% 分位数损失时，给非银行金融机构收益率带来的最大损失均值为 2.603%。同时 dCoVaR 均值为 0.01219，表示在 10% 分位数水平上，债务违约上市公司对非银行金融机构的风险贡献程度为 1.219%。当分位数从 10% 向 5% 变化时，CoVaR 由 2.603% 变为 2.715%，dCoVaR 由 1.219% 变为 1.271%。另外，当分位数从 5% 向 1% 变化时，CoVaR 由 2.715% 变为 2.804%，dCoVaR 由 1.271% 变为 1.313%。

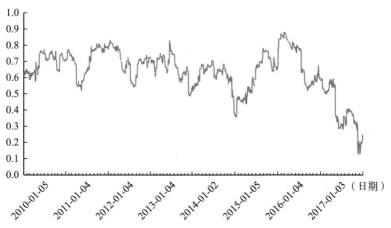

图6-4 债务违约上市公司与非银行金融机构金融风险动态相关系数示意图

表明随着债务违约上市公司陷入危机，收益率出现极端亏损值时，它对非银行金融机构的风险溢出效应也随之增加，使非银行金融机构的收益率面临损失。对比表6-11和表6-14发现，债务违约上市公司对银行系统的风险溢出效应要高于债务违约上市公司对非银行金融机构的风险溢出效应，表明在防控债务违约风险时，应该着重关注对银行的风险溢出效应。但为了防止系统性风险的发生，也不能忽视上市公司对非银行金融机构的风险溢出效应。

表6-14　　DCC-GARCH计算得到的不同分位数下的 *CoVaR* 和
dCoVaR：非银行金融机构

溢出效应模型		*CoVaR*			*dCoVaR*		
		10%分位数	5%分位数	1%分位数	10%分位数	5%分位数	1%分位数
非银行金融机构	均值	0.02603	0.02715	0.02804	0.01219	0.01271	0.01313
	最小值	0.00896	0.00935	0.00966	0.00152	0.00159	0.00164
	最大值	0.06325	0.06599	0.06813	0.03451	0.03600	0.03717
非银行金融机构——国有	均值	0.02623	0.02736	0.02825	0.01192	0.01244	0.01284
	最小值	0.01072	0.01119	0.01155	0.00190	0.00198	0.00204
	最大值	0.06191	0.06459	0.06669	0.03323	0.03466	0.03579
非银行金融机构——非国有	均值	0.02667	0.02782	0.02872	0.01234	0.01287	0.01329
	最小值	0.00696	0.00726	0.00749	0.00125	0.00131	0.00135
	最大值	0.06601	0.06887	0.07110	0.03580	0.03735	0.03856

溢出效应模型		*CoVaR*			*dCoVaR*		
		10%分位数	5%分位数	1%分位数	10%分位数	5%分位数	1%分位数
非银行金融机构——证券	均值	0.02004	0.02091	0.02159	0.00921	0.00961	0.009921
	最小值	0.01077	0.01124	0.01160	0.00360	0.00375	0.00388
	最大值	0.04646	0.04847	0.05004	0.02697	0.02813	0.02905
非银行金融机构——保险	均值	0.01953	0.02037	0.02103	0.00738	0.00769	0.00795
	最小值	0.00657	0.00685	0.00708	− 0.00180	− 0.00188	− 0.00194
	最大值	0.04774	0.04980	0.05142	0.02443	0.02549	0.02631

注：以上的分位数均取单侧1%、5%和10%的左分位点，同时在 *CoVaR* 和 *dCoVaR* 列表时略去了前面的负号（负号表示损失）。

第四节 公司债务违约对股价极端波动风险的影响

一、引言

在世界经济格局日趋复杂、新冠疫情尚未得到控制的情况下，防范系统性风险，维护金融稳定的任务更加艰巨。就资本市场而言，兼顾质量和效率有助于保证金融有效服务实体经济，避免系统性风险的发生。尤其在2015年中国股市出现异常波动后，中国股市运行中存在的问题被暴露出来。因此，探究如何优化中国股市运行效率，对降低系统性风险，维护金融安全颇具意义。

在有效市场中，不会经常出现股价脱离大盘的极端波动现象。目前学术界主要关注股价极端下跌风险，而忽视了同属于股价极端波动风险的股价极端上涨风险。目前中国股价呈现出极端上涨与下跌的异象，这已经不能用有效市场假设理论来解释。西方学者通过放松有效市场假设，认为金融市场中的有限理性投资者的过度自信、羊群效应增加了股价波动性。股价极端上涨与下跌使中国股票价格剧烈震荡，这对资本市场来说是较难规避的系统性风险。近年来，股价极端波动风险越来越被重视，但主要集中于对股价极端下跌风险的探讨。国内外学者在研究股价极端风险时较推崇的是基于委托代理理论的信息窖藏理论，该理论认为股价极端下跌的根源是企业管理层刻意隐瞒坏消息，当坏消息超过临界值时，便会迅速向资本市场扩散，造成股价大幅下跌（Hutton et al.，2009）。基于信息窖藏理论衍生出大量从财务信息（Ball & Brown, 1968; Beaver & Lambert, 1987; Fama & French, 1992）、境外机构持股（童元松和王光伟, 2015）、公司治理以及管理者决策（王瑾乐和史永东, 2018; 张瑾等, 2018）、债务违约风险（李诗瑶, 2019）、股权质押（杜丽贞等, 2014）、融资融券（王庆安和高恺, 2017）等方面探究股价极端下跌影响因素的研究。

相比股价极端下跌风险的研究，有关股价极端上涨风险的研究较少。姜等（Jiang G. J. et al. , 2011）通过对美国国债的日价格跳跃的归因后发现，宏观经济新闻的发布等事件会促进债券价格的上涨，股价上涨无法用信息隐藏理论来解释。叶彦艺等（2019）通过对出现股价极端上涨的特征及市场表现进行了分析，认为由于操纵股价及非理性投资者的过度反应引发的资产泡沫，能够吸引股价正向反馈者。在价格被推升后，价格操纵着便在恰当时机退出市场，资产泡沫的破裂，又使股价暴跌。概览以往研究发现，全面考察股价极端上涨与下跌的文献不多。在违约事件频发得当下，研究债务违约这一系统性风险的重要来源，如何影响股价极端下跌风险与极端上涨风险以及债务违约对股价极端上涨与下跌风险的影响有无区别尚未得到重视。为了弥补这一不足，本节构建度量企业债务违约指标，考察企业债务违约对股价极端波动风险的影响。

本节选取 2009 ~ 2019 年 A 股上市企业为研究样本，试图在违约现象频发的背景下，探索企业债务违约在股价极端波动的作用、机构持股如何影响二者的关系及潜在的影响机制。实证分析发现：（1）企业债务违约会增加股价极端上涨与下跌风险，并且股价极端上涨风险更强劲，说明经济体中存在大量具有累积前景理论偏好的投资者，使企业面临更大的潜在风险。（2）机构投资者能够削弱股价极端波动风险，说明机构持股投资者具有监管作用；机构持股削弱企业债务违约与股价极端下跌风险正相关关系的作用更强，表明机构持股者更注重防范股价下跌风险。（3）值减损效应、管理防御效应与资本结构效应的存在会作用于机构持股对企业债务违约与股价极端波动风险关系的影响。

本节可能的边际贡献有：第一，拓展了企业债务违约的经济后果研究。目前债务违约的已有文献主要围绕投融资决策、企业人事政策等的影响展开的（金龙等, 2021）。研究企业债务违约对股价极端波动风险影响的文献较少，本节完善了该领域的研究。第二，丰富了股价极端风险的研究，结合信息窖藏理论和泡沫理论综合考察了企业债务违约对股价极端上涨风险与下跌风险间影响及差异。第三，基于学术界对机构投资能否稳定金融市场存在较大争议这一事实，结合企业价值减损效应、管理防御效应与资本结构效应，研究了机构持股比例调节企业债务违约与股价极端波动风险关系的异质性，既加深了人们对机构持股稳定金融市场能力的认知，也拓展了企业债务违约对股价极端波动风险影响的渠道检验。

二、理论分析与研究假设

目前关于股价波动影响因素的研究有很多，以往学者们主要从财务信息、公司治理以及管理者决策、信息不对称等方面对股价波动进行研究。但从债务违约经济后果研究出发研究股价极端波动风险的研究较少，并且基本停留在理论层面。为了完善债务违约与股价极端波动风险的实证研究，本节基于以往研究从理论上探讨债务违约与股价极端波动风险的关系，深入剖析债务违约影响股价极端上涨与下跌风险的理论机制，并给出相应假说作为实证分析的依据。

（一）企业债务违约与股价极端波动风险

信息是导致股价波动的重要原因，如果信息被市场上的投资者获悉，交易者会对信息做出迅速反应，加剧个股波动性（王国臣等，2017）。陈等（Chen et al.，2001）提出的信息窖藏理论认为，企业为了追求自身利益，不善于披露负面消息。债务违约是企业经营不佳难以承担债务负担的表现，债务违约会损害企业声誉，上市公司因受处罚造成的损失要远远大于直接损失（Karpoff J. M. & Lott J. R.，1993）。如贝尼什和普莱斯（Beneish & Press，1995）以美国91家上市公司年报为样本进行了实证研究后发现，企业违约后将付出高昂代价，技术违约成本会在股价中体现。因此，为了防止债权人大量抽贷，企业会蓄意掩饰企业经营中的负面消息（李栋栋，2016）。随着企业发生债务违约风险概率的提高，债券投资者便会提高风险溢价水平，使得企业债券发行成本不断提高。根据信息窖藏理论可知，当负面消息的积累量超过企业的承载力时，企业的负面消息便会迅速扩散到市场中，市场上的投资者将会作出及时反应，使股价骤然下跌，进而诱发股价极端下跌风险。

股市"泡沫"被经济理论界看作极其反常的现象，他们认为股价应该回归其内在价值。在完全理性下，不可能出现股价泡沫，但是为了解释这一现象衍生出打破完全理性假设的行为金融学。行为金融学从微观角度出发，通过对个体心理因素进行分析发现，非理性投资者的过度盲目自信会高估自己产生信息的能力，并且他们具有高偏态偏好，而企业债务违约高的单个证券和不良股票组合具有正偏态；所以如果投资者处于有累积前景理论偏好的经济体中，市场不能恰当地对危机风险进行定价，强烈偏好正偏态的投资者可能会推高这些证券的价格，产生股价泡沫，引发股价极端上涨风险（Daniel K. & Subrahmanyam H. A.，1998；Campbell et al.，2008；Barberis & Huang，2008），使企业面临更大的潜在下跌风险。目前国内也有研究证实了中国股票市场中存在投资者反应过度（孙培源和范利民，2004）与收益反转（饶育蕾等，2014）现象，只是间接表明股价极端上涨与风险有关，并没有对股价极端上涨风险进行深入探究。叶彦艺等（2019）通过研究刻画了出现股价暴涨风险的特征，并得到运营基本面越差、信息透明度越低及市场过于乐观的股票容易出现极端上涨，但未来价格跌落的潜在风险更大。可见，关于股价极端上涨风险的研究较少，考察债务违约这一系统性风险的来源与股价极端上涨风险关系的研究更罕见。

自2014年以来，我国债券市场违约事件频发，违约传染（焦健和张雪莹，2020；张春强等，2019；崔鹏和陈国文，2020）与外溢效应逐渐变大。公司债务违约增大必定会使对应的债券价值大幅下降，同时必然会波及公司股票价格（张瑾和陈辉，2018）。企业违约造成的股价下跌使得券商等金融机构的利益受损，严重时会导致金融市场出现剧烈震荡（温廷新和孔祥博，2020），进而引发其他种类的金融风险。由上述信息窖藏理论可知，违约企业倾向于隐藏坏消息，当坏消息超过自身承受能力而快速散布时，便会加大股价极端下跌风险。另外，根据泡沫理论可知，如果市场中存在大量非理性投资者，他们并没有掌握全部真实信息（如企业存在企业债务违约），便会催生股价泡沫，引发股价极端上涨风险。

由于涨、跌停制度的存在，使我们可以将企业债务违约对股价极端上涨风险与股价极端下跌风险的影响差异进行对比分析。由前述分析可知，企业债务违约不仅会增加股价极端上涨风险，还会增大股价极端下跌风险。本节认为，企业债务违约时，管理层在逐利动机驱使下粉饰财务报表，信息不对称使市场中的投资者变得不再理性，因此，在短时间内，会推升股价，增加发生股价极端上涨风险的概率。据此，提出如下假设。

H1：企业债务违约与股价极端波动风险正相关。

H2：企业债务违约与股价极端上涨风险的正相关性更强，即潜在高股价回调风险。

（二）企业债务违约、机构持股与股价极端波动风险

对于股票持有者而言分为机构持股者和散户持股者两类，机构持股者占股比例往往较大，容易对公司股票价格产生操控作用，因此研究机构投资者对股票价格波动的影响研究也十分重要。但学术界对于机构持股是否能起到稳定金融市场的作用存在较大争议。而且目前尚缺乏机构持股如何影响债务违约与股价极端波动风险关系的研究。

在现有研究中，一部分学者认为，机构投资者是具有独立法人资格的经济实体，与个人投资者在投资目的、方向上存在差异。与个人投资者相比，机构投资者对偏态的偏好较低，因此，机构投资者持有企业债务违约股票的份额很少，而且持有增长速率很低。而在过去1年中偏度越高，即违约概率越高的股票，将会出现高收入增长率与高波动率（Jennifer Conrad et al.，2014）。机构投资者对低违约概率股票的青睐，低风险股票的高需求将迎来后续高收益；而高违约概率股票的低需求，使得其后续收益降低（Campbell et al.，2008；Ming Gu，2020）。机构投资者的壮大对公司高层管理起着监督作用，能起到明显稳定市场、缓解股价崩盘风险的作用（盛军锋等，2008；岳意定和周可峰，2009）。哈姆（Hamm，2015）也提到机构投资者持股比例越高，企业管理层越能被外界监督，减少管理层操纵实际财务状况，避免信息不透明现象的发生，完善公司治理，从而避免公司资金动荡，稳定股票市场价格。高昊宇等（2017）指出，机构持股者在对公司治理的过程中，能够起到降低股价极端上涨风险与股价极端下跌风险的作用。经理人为了减轻股价暴跌带来的损害，存在隐藏坏消息的强烈动机，因此，机构持股更能抑制股价极端下跌风险。可见，如果机构持股者是理性的，在进行投资决策能有效识别高债务违约概率的企业，并能起到监督与公司质量的作用，有助于企业降低及发生债务违约的概率，从而稳定股价。

另一部分学者认为，机构投资者具有的"羊群效应"和正反馈策略效应会提高股价波动率。根据"羊群效应"，机构投资者往往高度同质性行为。一旦有机构投资者开始买卖同一股票，将出现大量效仿者，最终使股价持续、大幅度波动（Maug & Naik，1996）。考伦和方（Callen & Fang，2011）指出，长期机构投资者有效稳定股票市场，而短期投资者不断地持有和抛售股票的行为加剧了股票价格的波动。据此，本节认为，在"羊群效应"与正反馈策略下，机构持股者是有限理性的，在进行投资决策不能有效识别高债务违约概率的企业，便会加剧债务违约概率与股价极端波动风险的正相关关系。

综合上述讨论，本节提出如下假设：

H2a：机构持股会削弱企业债务违约与股价极端波动风险的正相关关系，且抑制企业债务违约与股价极端下跌风险正相关关系的作用更强。

H2b：机构持股会增强企业债务违约与股价极端波动风险的正相关关系。

（三） 影响机制分析

从价值减损效应维度看，企业违约会约束企业创新，不利于企业价值的提升。而机构投资者能借助自身优势，约束企业管理层降低减少创新投入等短视行为。作为信息的知悉者，机构投资者和内部治理者努力降低企业价值被低估的可能性，使企业从更长远的角度考虑自身发展，不断加大创新力度。根据熊彼特的著作《经济发展理论》可知，在技术创新下，利润决定盈利水平，盈利水平则决定企业价值（路璐等，2018）。张瑾等（2019）通过实证分析发现，当不同企业面临的违约风险无差异时，与具有较低盈利水平的企业相比，高盈利质量企业往往具有较小的违约风险溢价，企业价值相对来说也越高。然而，环境不确定性增加了企业债务违约风险，企业面临的环境不确定性程度越大，不利于从外部融资，易使企业陷入财务危机（张靖等，2018）。融资约束的提高不利于企业进行创新投资（Cornaggia et al.，2015），因此企业价值得不到提升。由于盈利能力与企业价值正相关，所以当企业价值升高时，投资者会增加对企业的信心，买入股票，抬升股价。反之，股价会出现大幅度下降。

从管理防御效应维度看，违约企业的低质量信息披露会显著增加债务成本，加剧股价波动，不利于企业的生存与发展。根据信号传播理论，优质企业倾向于向外界传递消息，吸引机构投资者投资。但高违约概率企业的大股东为了自身利益会合谋共同设立筑牢防御壕沟，形成管理防御效应（杨丹等，2013）。在管理防御效应下，为防止利益侵占行为被外部投资者发觉，公司管理层出于机会主义动机倾向于隐藏企业运营过程中的坏消息和重大风险，会造成市场对股价的高估，形成泡沫，一旦泡沫破裂会导致股价大幅波动（邓超等，2019）。中国作为新兴市场，存在严重的大股东侵占现象。研究表明，控股股东掠夺行为显著加大了公司的违约概率，从而对股价极端波动存在显著影响（张长征和方卉，2018）。Zeitun R. & Gang Tian G.（2007）研究发现，违约公司相对于未违约公司具有较高的股权集中度。管理者过度自信制约企业投资决策，最终实施的决策往往会超过其实际承受能力（Heaton，2002），公司过度投资越多，其公司价值越低，相应的其公司股票价格将下跌（杜兴强，2011），增加股价崩盘风险（江轩宇和许年行，2015）。

从资本结构效应维度看，债务违约不利于企业在负债与股权结构中做出选择，降低企业经营效率。根据动态权衡理论，最优资本结构是企业价值最大化的关键。机构投资者通过影响企业投资决策，降低负债水平，但是如果债务结构不合理容易使公司陷入财务困境。目前，我国上市公司不合理的债务结构不利于盈利能力的提升。企业债务结构不合理，还是造成债务违约的重要内部原因，中、短、长期债务应当合理分配，避免短期融资一旦出现困难，就会使以债偿债的经营模式难以维持，从而陷入财务危机（张艳丽和方兴劼，2019）。另外，由于资本结构同群效应的存在，企业资本机构不仅取决于自身特征，还会受到同行业、同区域企业基本面特征的影响。如果企业存在非理性行为，便会反馈在自身及其他企业的股票价格上（陆蓉等，2017），引起股价波动。综合上述分析，本节提出如下假设。

H3：价值减损效应、管理防御效应与资本结构效应能作用于机构持股对企业债务违约与股价极端波动风险的关系。

三、研究设计

（一）样本选取

我们选取 2009～2019 年 A 股上市公司作为研究样本。样本中剔除了金融及数据缺失较多的企业。为了剔除异常值，本节对连续性变量进行 1% 和 99% 水平上缩尾处理。样本数据来自 Wind 数据库。

（二）变量选择与说明

（1）股价极端波动风险。股价暴涨与暴跌是股票市场短期异常波动的表现，涨停与跌停使投资者与资本市场面临着难以规避的系统性风险。本节参考现有研究，将股票涨停次数（extremeu）、跌停次数（extremed）及涨跌停次数之和（extremec）作为极端价格波动风险的衡量指标（高昊宇等，2017）。

另外，参考李志生等（2017）的做法，对股价极端跳跃风险进行了衡量。首先，构建如下回归方程：

$$r_{i,t} = \gamma_i + \gamma_1 r_{m,t-2} + \gamma_2 r_{m,t-1} + \gamma_3 r_{m,t} + \gamma_4 r_{m,t+1} + \gamma_5 r_{m,t+2} + \varepsilon_{i,t} \quad (6.10)$$

式（6.10）中，$r_{i,t}$ 为股票 i 在第 t 日的收益率；$r_{m,t}$ 为第 t 日 A 股市场收益率；$\varepsilon_{i,t}$ 为随机扰动项。利用公式（6.10）得残差项，然后定义特质收益率 $W_{i,t} = \ln(1 - \varepsilon_{i,t})$。如果在第 t 日股票 i 的特质收益率大于该股票年平均收益率（μ）和 2 倍标准差（σ）之和，则认为出现了跳跃事件。如果在第 t 日股票 i 的特质收益率小于该股票年平均收益率（μ）和 2 倍标准差（σ）之差，则表明出现了崩盘事件。本节将两种情形下的极端波动风险分别定义为两个定性变量 jump 和 crash。

（2）违概概率。企业违约会抑制企业可持续发展。企业发生债务违约会改变投资者的心理预期，使投资者改变投资决策，对股票供求关系造成负面冲击。企业陷入严重财务困境而引发破产其实可看作是一种违约行为（吴世农和卢贤义，2001）。参考吴世农和卢贤义的做法利用如下 Logit 模型，估算企业出现违约的概率：

$$default_1 = \frac{1}{1 + e^{-(-0.867 + 2.5313x_1 - 40.2785x_2 + 0.4597x_3 + 3.2293x_4 - 3.9544x_5 - 1.7814x_6)}}$$

$$(6.11)$$

式（6.11）中，x_1 为盈利增长率；x_2 为资产报酬率；x_3 为流动比率；x_4 为长期负债股东权益比；x_5 为营业资本比总资产；x_6 为资产周转率。

另外，我们还参考现有研究，从 Wind 数据中手工整理了企业债务诉讼数据，将案件名称为"借款合同纠纷""贷款纠纷""金融借款纠纷""票据纠纷""企业借贷纠纷""债务纠纷""欠款纠纷"的企业认定为债务违约（$default_2$）企业（秦璇和方军雄，2019）。当企业发生违约诉讼时 $default_2$ 为 1，否则为 0。

（3）其他变量。调节变量是机构持股水平（$inst$）。基于现有有关股价极端波动的研究，还控制了换手率（$lnturn$）、成交量（$lnvolume$）、总资产（$lnasset$）、市账比（MB）、净资产收益率（$lnroe$）、每股收益（$lneps$）、营业收入增长率（$growth$）、市净率（$lnpb$）、市盈率（$lnpe$）、企业年龄（$lnage$，企业年龄加 1 后取对数）。此外，本节还控制了时间、行业、地区效应。

（三）实证模型

为了检验企业债务违约对股价极端上涨风险与极端下跌波动风险的影响、违约行为对股价极端波动风险的影响在不同机构持股水平下是否存在差异，本节参考沈等（shen et al.，2006）、纳达拉詹等（Nadarajan et al.，2018）的做法，构建如下方程。由于被解释变量为非负整数，所以选取负二项回归或泊松回归方法探讨企业债务违约与股价极端波动风险间的关系。由于泊松回归暗含被解释变量的期望与方差这一假设，因此这一假设不成立时，采用负二项回归方法。

$$extremerisk_{i,t+1} = \alpha_0 + \alpha_1 default_{i,t} + \alpha_c Z_{i,t} + \mu_i + \delta_i + \gamma_i + \varepsilon_{i,t} \quad (6.12)$$

$$extremerisk_{i,t+1} = \beta_0 + \beta_1 default_{i,t} \times inst_{i,t} + \beta_2 default_{i,t}$$
$$+ \beta_c Z_{i,t} + \mu_i + \delta_i + \gamma_i + \varepsilon_{i,t} \quad (6.13)$$

在式（6.12）中，$extremerisk$ 为因变量，$default$ 是自变量，Z 代表一系列控制变量，μ_i、δ_i 与 γ_i 分别为时间、行业、地区固定效应，$\varepsilon_{i,t}$ 是残差项。如果 α_1 显著为正，则说明企业债务违约与股价极端波动风险正相关，即企业违约会加剧股价极端波动风险；否则认为，企业违约不会增加股价极端波动风险。

式（6.13）在式（6.12）基础上加入了企业债务违约 *default* 与机构持股水平 *inst* 的交互项进行再次回归分析。其与变量含义同式（6.12）。当 $\beta1$ 为正数时，表明机构持股水平的增加，会加强企业债务违约与股价极端波动风险的正相关关系；反之则认为，机构持股会削弱企业债务违约与股价极端波动风险的正相关关系。

四、实证结果与分析

（一）描述性分析

表 6-15 为变量的描述性统计分析。表 6-15 中，*extremec* 的均值为4.103，说明 A 股市场易发生股价极端波动风险，股市稳定性较差。*extremeu* 的平均值为 2.500，*extremed* 的平均值为 1.512，所以从平均来看，涨停的次数多于跌停次数。另外，通过分析发现，*extremeu*、*extremed* 与 *extremec* 的相关系数分别为 0.9455 和 0.8994，说明将涨停与跌停风险联合起来的 *extremec* 可以描述 A 股市场的整体股价极端波动风险。*default*₁ 和 *default*₂ 的均值分别为 0.123 和 0.129，表明企业易发生债务违约的概率较高。机构持股 *inst* 的均值为 39.7%，说明 A 股市场整体机构持股比例偏低。

表 6-15　　　　　　　　　　主要变量的描述性统计

变量	均值	标准差	中位数	偏度	峰度
extremec	4.103	7.770	1.000	3.239	17.188
extremeu	2.500	4.741	0.000	3.148	16.352
extremed	1.512	3.660	1.000	3.660	13.842
*default*₁	0.123	0.203	0.045	2.931	11.814
*default*₂	0.129	0.335	0.000	2.212	5.894
inst	0.397	1.393	3.635	-2.713	2.1432
lnturn	5.882	1.074	0.180	-0.162	3.602
lnvolume	6.742	1.283	1.552	-0.004	4.151
lnasset	3.221	1.536	3.601	0.762	4.851
lnroe	2.173	0.968	2.121	-0.923	4.358
MB	3.394	0.768	1.343	-1.370	9.344
lneps	-1.116	1.151	-1.154	-0.911	5.785

变量	均值	标准差	中位数	偏度	峰度
growth	2.837	1.572	0.103	−0.730	6.235
ln*pb*	1.187	0.776	1.083	1.174	7.581
ln*pe*	3.895	1.059	3.744	0.738	3.920
ln*age*	1.817	0.887	2.485	−0.981	3.077

（二）多元回归分析

（1）企业债务违约与股价极端波动风险。首先采用负二项回归与泊松回归检验企业债务违约与股价极端波动风险的相关关系。模型（3）中的因变量股价极端波动风险 *exetrmerisk* 用 *extremec*、*extremeu* 及 *extremed* 来衡量，自变量采用 $default_1$ 指标衡量。回归结果如表6-16所示。

表6-16 企业债务违约与股价极端波动风险

变量	(1) extremec	(2) extremed	(3) extremeu	(4) extremec	(5) extremed	(6) extremeu
*default*1	0.907*** (0.219)	1.061*** (0.202)	1.155*** (0.185)	3.665*** (0.438)	3.315*** (0.615)	4.471*** (0.662)
ln*turn*	0.026*** (0.013)	0.071*** (0.014)	0.120*** (0.012)	1.050*** (0.008)	1.015 (0.012)	1.083*** (0.009)
ln*volume*	1.019*** (0.005)	−0.055*** (0.014)	−0.171*** (0.013)	0.853*** (0.007)	0.923*** (0.012)	0.816*** (0.008)
ln*asset*	0.817*** (0.004)	−0.142*** (0.014)	−0.153*** (0.013)	0.842*** (0.008)	0.879*** (0.012)	−0.127*** (0.019)
MB	1.016* (0.009)	0.015 (0.024)	0.219*** (0.023)	1.282*** (0.019)	1.099*** (0.024)	−0.087*** (0.029)
ln*roe*	1.007 (0.008)	−0.062 (0.021)	−0.253*** (0.019)	0.804*** (0.010)	0.895*** (0.017)	0.010 (0.025)
ln*eps*	1.022*** (0.003)	0.030*** (0.007)	0.027*** (0.007)	1.014*** (0.004)	1.026*** (0.006)	0.025*** (0.007)
growth	1.374*** (0.010)	0.216*** (0.021)	−0.093*** (0.02)	0.931*** (0.012)	1.323*** (0.025)	0.456*** (0.025)
ln*pb*	0.557*** (0.009)	−0.173*** (0.049)	−0.033*** (0.041)	1.080*** (0.026)	0.956*** (0.038)	−0.177*** (0.041)

变量	(1)	(2)	(3)	(4)	(5)	(6)
	extremec	extremed	extremeu	extremec	extremed	extremeu
ln*pe*	3.105 ***	0.189 ***	0.565 ***	4.855 ***	1.004 ***	-1.377 ***
	(0.158)	(0.144)	(0.131)	(0.531)	(0.136)	(0.239)
ln*age*	5.715 ***	1.061 ***	1.155	3.567	3.188	0.363 *
	(0.410)	(0.202)	(0.185)	(0.438)	(0.591)	(0.236)
Constant	1.296 ***	0.071	0.120 ***	1.050	1.015	0.199 ***
	(0.007)	(0.014)	(0.012)	(0.008)	(0.012)	(0.014)
时间固定效应	Yes	Yes	Yes	Yes	Yes	Yes
行业固定效应	Yes	Yes	Yes	Yes	Yes	Yes
地区固定效应	Yes	Yes	Yes	Yes	Yes	Yes

注：*、**、*** 分别表示显著性水平为10%、5%、1%。后表同。

表6-16中，列（1）~列（3）为负二项回归的分析结果，其余三列为泊松回归的分析结果。由表6-16可以发现，列（1）~列（3）中，$default_1$ 与股价极端波动风险 extremec、extremeu 及 extremed 的回归系数分别为0.907、1.061和1.155，且均在1%水平上显著。列（4）~列（6）中 $default_1$ 与股价极端波动风险的回归系数分别为3.665、3.315和4.471，且均在1%水平上显著。以上结果表明，债务违约会加大股价极端上涨风险与极端下跌风险，破坏 A 股市场的稳定性。另外，债务违约与股价极端上涨风险的系数均大于债务违约与极端下跌风险的系数。

（2）企业债务违约、机构持股与股价极端波动风险。为了分析机构持股水平对企业债务违约与股价极端波动风险正相关关系的影响，构造了机构持股与企业债务违约的交乘项。表6-17为采用负二项回归的回归分析结果。

表6-17   企业债务违约、机构持股与股价极端波动风险

变量	(1)	(2)	(3)	(4)	(5)	(6)
	extremec	extremed	extremeu	extremec	extremed	extremeu
*default*1 × *inst*	-0.126 **	-0.188 **	-0.134 *	-0.121 ***	-0.149 *	-0.133 *
	(0.063)	(0.089)	(0.070)	(0.064)	(0.089)	(0.070)
*default*1	1.192 ***	0.794 *	1.506 ***	1.293 ***	0.878 ***	1.605 ***
	(0.308)	(0.431)	(0.339)	(0.309)	(0.431)	(0.341)

变量	(1) extremec	(2) extremed	(3) extremeu	(4) extremec	(5) extremed	(6) extremeu
lnturn	0.026 ** (0.013)	− 0.021 (0.018)	0.051 *** (0.014)	0.024 *** (0.013)	− 0.239 (0.018)	0.050 *** (0.014)
lnvolume	− 0.082 *** (0.014)	− 0.011 (0.02)	− 0.137 *** (0.016)	0.102 *** (0.008)	− 0.124 (0.020)	0.066 *** (0.009)
lnasset	− 0.093 *** (0.018)	− 0.007 (0.027)	− 0.141 *** (0.02)	− 0.226 *** (0.009)	− 0.353 *** (0.013)	− 0.159 *** (0.011)
MB	− 0.317 ** (0.130)	− 0.361 ** (0.161)	− 0.245 (0.16)	− 0.001 (0.014)	0.277 *** (0.021)	− 0.163 *** (0.017)
lnroe	− 0.222 *** (0.080)	− 0.428 *** (0.098)	− 0.092 (0.099)	0.004 (0.012)	− 0.155 *** (0.017)	0.099 *** (0.015)
lneps	− 0.051 ** (0.024)	0.149 *** (0.033)	− 0.172 *** (0.027)	0.016 *** (0.004)	0.036 *** (0.006)	0.013 *** (0.005)
growth	0.013 * (0.007)	0.013 (0.009)	0.013 * (0.008)	0.446 *** (0.013)	0.046 ** (0.019)	0.688 *** (0.015)
lnpb	− 0.056 (0.118)	0.276 * (0.166)	− 0.191 (0.132)	− 0.607 *** (0.021)	− 0.960 *** (0.035)	− 0.444 *** (0.025)
lnpe	− 0.259 *** (0.074)	− 0.202 ** (0.09)	− 0.290 *** (0.092)	0.896 *** (0.110)	0.366 *** (0.131)	− 0.976 (0.031)
lnage	0.103 ** (0.042)	− 0.063 (0.06)	0.194 * (0.048)	− 0.373 *** (0.034)	− 0.130 ** (0.055)	− 0.495 *** (0.041)
Constant	3.361 *** (0.831)	3.194 *** (0.958)	3.138 *** (1.058)	2.218 *** (0.164)	2.759 *** (0.255)	2.046 *** (0.201)
时间固定效应	Yes	Yes	Yes	Yes	Yes	Yes
行业固定效应	No	No	No	Yes	Yes	Yes
地区固定效应	No	No	No	Yes	Yes	Yes

表 6 – 17 中，前三列只控制了时间固定效应，其余三列对时间、行业和地区固定效应均进行了控制。由表 6 – 17 知，列（1）～列（6）中 $default_1$ 与 extremec、extremeu 及 extremed 的回归系数均在 1% 水平上显著为正，再次表明企业债务违约会加剧股市极端风险，破坏股票市场稳定。在第（1）列和第（4）列中，交互项的系数分别为 − 0.216 与 − 0.212，且分别在 5% 和 1% 水平上显著，其余四列中交互项的系数都显著为负数。

这表明随着机构持股比例的增加，企业债务违约与股价极端波动风险的正相关关系被削弱。另外，第（2）（5）列的系数的绝对值分别大于第（3）（5）列，说明机构持股比例的增加，更能削弱企业债务违约与极端下跌风险的正相关关系。

（三）影响机制分析

根据研究假设部分的影响机制分析，本节从价值减损效应、管理防御效应及资本结构调整效应层面进一步分析了企业债务违约、机构持股与股价极端波动风险间的关系。本部分采用负二项回归进行分析。

（1）价值减损效应。从价值减损效应来看，企业一旦出现债务违约其资金来源受阻，不利于企业创新，企业价值的降低。企业价值的降低会动摇股东投资的信心，破坏股价稳定，进而引发股价极端波动风险。而如果企业被机构持股者持有，机构投资者和内部治理者会努力加大创新力度，提高企业价值。因此本节引入企业创新变量，研究企业债务违约、机构持股与股价极端波动风险的关系。本节将研发支出总额比营业收入作为企业创新的测度指标。当研发支出总额比营业收入大于其 50 分位数时，表示企业创新水平较高，否则表明企业创新水平较低。回归结果如表 6 – 18 中所示。

表 6 – 18　　　　　　　　　　　价值减损效应

变量	（1）	（2）	（3）	（4）	（5）	（6）
	extremec	*extremed*	*extremeu*	*extremec*	*extremed*	*extremeu*
$default1 \times inst$	− 0. 303 * (0. 088)	− 0. 044 (0. 102)	− 0. 071 (0. 082)	− 0. 269 * (0. 155)	0. 063 (0. 166)	− 0. 229 (0. 114)
$default1$	0. 838 * (0. 459)	0. 234 *** (0. 529)	1. 539 *** (0. 440)	1. 137 ** (0. 460)	1. 001 (0. 703)	1. 486 * (0. 768)
ln*turn*	0. 291 *** (0. 017)	0. 003 *** (0. 021)	0. 068 *** (0. 017)	0. 122 ** (0. 021)	0. 124 ** (0. 031)	0. 063 * (0. 035)
ln*volume*	0. 131 *** (0. 019)	− 0. 045 ** (0. 024)	0. 267 *** (0. 026)	0. 257 *** (0. 023)	0. 211 *** (0. 032)	0. 305 *** (0. 026)
ln*asset*	− 0. 180 *** (0. 028)	0. 042 (0. 037)	− 0. 263 *** (0. 020)	− 0. 169 *** (0. 025)	− 0. 227 *** (0. 037)	− 0. 146 *** (0. 028)
MB	− 0. 052 (0. 042)	0. 085 (0. 058)	− 0. 212 *** (0. 037)	− 0. 024 (0. 037)	0. 154 *** (0. 053)	− 0. 102 ** (0. 041)

变量	(1)	(2)	(3)	(4)	(5)	(6)
	extremec	extremed	extremeu	extremec	extremed	extremeu
lnroe	-0.061 * (0.032)	-0.073 * (0.044)	0.121 *** (0.027)	0.058 * (0.034)	-0.031 (0.049)	0.098 *** (0.037)
lneps	0.026 *** (0.009)	0.048 *** (0.012)	0.014 (0.009)	0.012 (0.010)	0.012 (0.014)	0.020 * (0.011)
growth	0.175 *** (0.033)	-0.208 *** (0.046)	0.478 *** (0.027)	0.362 *** (0.034)	0.061 (0.050)	0.550 *** (0.038)
lnpb	-0.622 *** (0.065)	-1.255 *** (0.100)	-0.904 *** (0.062)	-0.329 *** (0.058)	-0.597 *** (0.086)	-0.266 *** (0.066)
lnpe	-0.506 (0.411)	0.904 (0.606)	0.578 *** (0.236)	-0.457 (0.301)	-0.140 (0.451)	-0.929 *** (0.345)
lnage	-0.303 *** (0.088)	0.027 (0.121)	-0.401 *** (0.074)	-0.024 (0.106)	0.063 (0.166)	0.015 (0.114)
Constant	0.838 * (0.459)	1.200 * (0.624)	1.718 *** (0.399)	1.137 ** (0.460)	1.001 (0.703)	0.839 * (0.500)
时间固定效应	Yes	Yes	Yes	Yes	Yes	Yes
行业固定效应	Yes	Yes	Yes	Yes	Yes	Yes
地区固定效应	Yes	Yes	Yes	Yes	Yes	Yes

表 6-18 中列 (1) ~ 列 (3)、列 (4) ~ 列 (6) 分别为高企业创新水平与低企业创新水平下,企业债务违约行为对股价极端波动风险的影响。由表 6-18 可知,列 (1) 中, $default_2 \times inst$ 的系数是 -0.303,在 10% 水平上显著。在列 (2) 与列 (3) 中交互项的系数为负数但不显著。列 (4) 中, $default_2 \times inst$ 的系数是 -0.269,在 10% 水平上显著,其数值小于第 (1) 列的系数,列 (5) 和列 (6) 中的这一系数为正数,但不显著。表明创新水平越高,机构持股越能削弱企业债务违约与极端波动风险的正相关关系。

(2) 管理防御效应。从管理防御效应来看,管理层为了自身利益会与控股股东合谋将公司财产进行转移,且在信息透明度较低时,大股东的利益侵占行为越强。这种大股东"掏空"行为会降低企业可用资金,引发债务违约的概率加大。企业违约会降低企业市场关注度,不利于股价的提升,造成股价极端波动。反之,根据信号传播理论,企业信息透明度的增强,会为企业引来大量机构投资者,良好的公司治理水平,使企业容易实现利益最大化目标。企业经营绩效得以提升，股价也较为稳定。因此，本节引入信息透明度变量，实证分析企业债务违约行为与股价极端波动风险相关关系。本节参考罗伊乔杜里等（Roychowdhury et al.，2007）的做法，将市值账面比作为信息透明度的衡量指标，并根据市值账面比的 50 分位数划分高低信息透明度，当市值账面比较高时表明企业信息透明度较低，市值账面比较低时表明企业信息透明度较高。表 6 - 19 为相应的回归分析结果。

表 6 - 19　　　　　　　　　　　管理防御效应

变量	(1)	(2)	(3)	(4)	(5)	(6)
	extremec	extremed	extremeu	extremec	extremed	extremeu
$default1 \times inst$	-0.278* (0.109)	-0.325* (0.144)	-0.235* (0.123)	0.085 (0.103)	0.267* (0.161)	-0.005 (0.111)
$default1$	1.696*** (0.475)	1.489*** (0.636)	1.757*** (0.541)	1.556 (0.562)	0.831 (0.865)	2.004** (0.610)
lnturn	-0.031 (0.023)	-0.117*** (0.031)	0.011 (0.027)	-0.026 (0.022)	-0.050 (0.044)	-0.015 (0.024)
lnvolume	0.046** (0.020)	0.230 (0.032)	-0.092** (0.025)	-0.043 (0.028)	0.022 (0.045)	-0.080* (0.031)
lnasset	-0.076*** (0.020)	-0.011 (0.022)	-0.022 (0.024)	-0.068** (0.028)	-0.155*** (0.035)	0.001 (0.034)
MB	-0.136*** (0.031)	0.003 (0.035)	-0.212*** (0.038)	-0.144*** (0.056)	-0.092 (0.071)	-0.133* (0.068)
lnroe	0.044 (0.027)	-0.086*** (0.032)	0.114*** (0.033)	-0.006 (0.047)	-0.022 (0.06)	-0.042 (0.057)
lneps	0.004 (0.009)	0.033*** (0.009)	-0.007 (0.011)	0.046*** (0.015)	0.067*** (0.019)	0.054 (0.018)
$growth$	0.321*** (0.03)	-0.018 (0.035)	0.529*** (0.037)	0.429*** (0.075)	0.393*** (0.098)	0.451*** (0.089)
lnpb	-0.307** (0.133)	-0.650*** (0.162)	-0.168 (0.158)	-0.954*** (0.13)	-1.215*** (0.163)	-0.928*** (0.154)
lnpe	-1.652*** (0.368)	-0.969** (0.435)	-2.541*** (0.442)	-0.655* (0.397)	-0.646 (0.449)	-1.129** (0.473)
lnage	-0.048** (0.023)	-0.096*** (0.032)	-0.097*** (0.026)	0.114** (0.048)	0.137** (0.062)	0.105* (0.057)

变量	(1)	(2)	(3)	(4)	(5)	(6)
	extremec	*extremed*	*extremeu*	*extremec*	*extremed*	*extremeu*
Constant	0.138 *	0.336 ***	0.298 ***	0.400 **	0.449 **	0.412 ***
	(0.076)	(0.108)	(0.086)	(0.173)	(0.226)	(0.203)
时间固定效应	Yes	Yes	Yes	Yes	Yes	Yes
行业固定效应	Yes	Yes	Yes	Yes	Yes	Yes
地区固定效应	Yes	Yes	Yes	Yes	Yes	Yes

表 6 – 19 中列（1）～列（2）、列（3）～列（4）分别为低管理防御效应与高管理防御效应下，企业债务违约、机构持股、股价极端波动风险的关系。其中，列（1）～列（6）均采用负二项回归。由表 6 – 19 可知，在低管理防御下，$default_1 \times inst$ 的系数分别为 – 0.278、– 0.325 与 – 0.235，且均在 10% 水平上显著。表明在低管理防御下，机构持股能显著削弱股价极端波动风险。在列（3）～列（6），即在高管理防御企业中，$default_1 \times inst$ 的系数分别为 0.085、0.267、– 0.005（不显著）。以上结果表明，低管理防御下，机构持股削弱企业债务违约与股价极端波动风险正相关关系的作用更强。

（3）资本结构效应。从资本结构财务效应角度来看，如果企业经营不善出现财务危机，濒临发生债务违约，为了避免外部消极影响的发生，企业便会摒弃杠杆适度的原则，造成资本结构的严重均衡，资本结构失调作为企业生存危机发生的诱因，便会破坏股价稳定。而拥有大量机构投资者的企业能够进行最优投资决策，实现资本结构的优化，稳定股价。因此，本节引入企业杠杆变量，实证分析了机构持股对企业债务违约与股价极端波动风险相关关系的影响，并将资产负债率作为企业杠杆水平的衡量指标。回归分析结果见表 6 – 20。

表 6 – 20　　　　　　　　　资本结构效应

变量	(1)	(2)	(3)	(4) 高	(5)	(6)
	extremec	*extremed*	*extremeu*	*extremec*	*extremed*	*extremeu*
$default1 \times inst$	– 0.210 *	– 0.248 *	– 0.246 *	– 0.086	0.122	– 0.108
	(0.088)	(0.162)	(0.129)	(0.084)	(0.118)	(0.093)
$default1$	0.335	2.227 *	1.717 *	0.858 *	0.167	1.307 **
	(0.546)	(0.862)	(0.705)	(0.410)	(0.621)	(0.450)

变量	(1) extremec	(2) extremed	(3) extremeu	(4) 高 extremec	(5) extremed	(6) extremeu
lnturn	0.247 *** (0.019)	0.023 (0.032)	0.083 *** (0.022)	-0.009 * (0.019)	-0.073 *** (0.028)	0.312 (0.021)
lnvolume	0.188 *** (0.021)	-0.094 *** (0.035)	0.204 *** (0.025)	0.207 *** (0.024)	0.179 *** (0.033)	-0.142 *** (0.024)
lnasset	-0.289 *** (0.031)	-0.449 *** (0.05)	-0.211 *** (0.035)	-0.173 *** (0.028)	-0.229 *** (0.043)	-0.153 *** (0.031)
MB	-0.164 *** (0.048)	-0.002 (0.066)	-0.274 *** (0.056)	-0.064 * (0.039)	0.069 (0.057)	-0.115 *** (0.043)
lnroe	-0.032 (0.034)	0.004 (0.047)	-0.032 (0.039)	0.070 ** (0.035)	0.009 (0.052)	0.086 ** (0.039)
lneps	0.030 *** (0.009)	0.034 *** (0.012)	0.041 *** (0.011)	0.003 (0.01)	0.009 (0.015)	0.008 (0.011)
growth	0.166 *** (0.034)	-0.253 *** (0.049)	0.390 *** (0.040)	0.323 *** (0.035)	0.062 (0.051)	0.508 *** (0.039)
lnpb	-0.649 *** (0.058)	-1.223 *** (0.088)	-0.362 *** (0.066)	-0.259 *** (0.061)	-0.613 *** (0.090)	-0.170 ** (0.069)
lnpe	0.038 (0.318)	0.565 (0.519)	-0.833 ** (0.357)	-0.700 * (0.371)	-0.133 (0.546)	-1.058 ** (0.447)
lnage	-0.185 * (0.104)	0.113 (0.145)	-0.317 *** (0.117)	-0.045 (0.094)	0.071 (0.139)	-0.022 (0.105)
Constant	-0.335 (0.546)	0.559 (0.764)	-0.850 (0.619)	0.947 ** (0.423)	0.871 (0.621)	0.697 (0.475)
时间固定效应	Yes	Yes	Yes	Yes	Yes	Yes
行业固定效应	Yes	Yes	Yes	Yes	Yes	Yes
地区固定效应	Yes	Yes	Yes	Yes	Yes	Yes

表 6-20 中列(1)~列(2)、列(3)~列(4)分别为低企业杠杆与高企业杠杆下,企业债务违约、机构持股与股价极端波动风险的关系。表 6-20 中,列(1)~列(6)均采用负二项回归方法。其中,列(1)~列(3)中,$default_1 \times inst$ 的系数都在10%水平上显著为负。在高杠杆企业中,$default_1 \times inst$ 的系数分别是0.086、0.122和-0.108,且都在不显著。通过对比发现,在低杠杆企业中,机构持股削弱企业债务违约与股价极端

波动风险正相关关系的作用更强。并且机构持股削弱企业债务违约与股价下跌风险正相关关系的作用强于企业债务违约与股价上涨风险。

综上，价值减损效应、管理防御效应、资本结构效应不利于机构持股削弱债务违约与股价极端波动风险的正相关关系，验证了假设3。

五、稳健性检验

（一）替换变量与计量方法

为了检验企业债务违约与股价极端波动风险相关关系的稳健性，表 6-21 中，通过替换变量与计量方法进行了回归分析。列（1）与列（2）中因变量替换为极端跳跃风险的定性变量，使用 Logit 模型进行实证分析。列（3）~列（5）中的被解释变量变为 $default_2$，并采用负二项回归模型进行再次回归分析。

表 6-21　　　　违约行为与股价极端波动风险——稳健性检验

变量	(1) Jump	(2) Crash	(3) extremec	(4) extremed	(5) extremeu
$default_2$	0.9040 * (0.0640)	0.7890 * (0.0990)	0.019 (0.050)	0.035 (0.067)	0.013 (0.055)
lnturn	1.0310 (0.0330)	1.3520 *** (0.0880)	0.088 *** (0.038)	0.043 (0.053)	0.135 *** (0.041)
lnvolu	0.9790 (0.0290)	0.9910 (0.0590)	-1.018 (0.026)	-0.021 (0.054)	-0.273 *** (0.042)
lnasset	0.8760 *** (0.0240)	0.9950 (0.0580)	0.861 *** (0.023)	0.031 (0.053)	0.051 (0.043)
MB	1.0060 (0.0130)	0.9310 * (0.0350)	0.898 ** (0.038)	-0.137 (0.484)	-0.863 ** (0.416)
lnroe	0.6660 *** (0.0450)	0.6160 *** (0.1030)	0.963 (0.038)	-0.227 (0.268)	-0.251 (0.239)
lneps	1.0480 * (0.0290)	0.9290 (0.0620)	1.046 *** (0.010)	0.276 *** (0.072)	-0.308 *** (0.059)
growth	1.1990 *** (0.0760)	1.1820 (0.1890)	1.350 (0.046)	-0.008 (0.021)	-0.018 (0.017)
lnpb	1.2640 *** (0.1010)	2.5930 *** (0.5110)	0.402 *** (0.037)	0.43 (0.472)	-0.539 (0.407)

变量	(1)	(2)	(3)	(4)	(5)
	Jump	Crash	extremec	extremed	extremeu
lnpe	0.7750 ***	0.8240	3.616	0.199	−0.367
	(0.0530)	(0.1380)	(0.963)	(0.254)	(0.229)
lnage	1.4950 ***	1.0200	0.861 ***	−0.02	0.355 ***
	(0.0480)	(0.0690)	(0.036)	(0.083)	(0.067)
常量	200.4340 ***	82.2150 ***	1.371 ***	−1.083	5.493 **
	(100.0400)	(88.8550)	(0.033)	(2.87)	(2.497)
时间固定效应	Yes	Yes	Yes	Yes	Yes
行业固定效应	Yes	Yes	Yes	Yes	Yes
地区固定效应	Yes	Yes	Yes	Yes	Yes

由表 6 – 21 可知，列（1）~ 列（2）中，$default_2$ 的系数均在 10% 水平上显著为正数，且第（1）列大于第（2）列的数值。其余三列的这一系数也是正数。表明企业债务违约与股价极端波动风险正相关，且企业债务违约与股价极端上涨风险的系数较大，预示着违约企业存在的潜在风险较大。验证了结论的稳健性。

（二）内生性检验

为了消除内生性，引入滞后变量进行了再次实证检验。列（1）和列（4）中将企业债务违约与机构持股进行了一阶滞后，检验了机构持股水平对企业债务违约与股价极端波动风险相关关系的影响。其中，列（1）与列（2）使用泊松回归，剩余两列使用负二项回归。

表 6 – 22 中，列（1）~（3）中，$default_1$ 的系数均在 1% 水平上显著为正，表明企业债务违约与股价极端波动风险具有正相关关系。列（2）与列（4）中 $default_1$ 的系数也显著为正，且交乘项系数均在 1% 水平上显著为负。表明结论具有稳健性。

表 6 – 22 内生性检验

extremec	(1)	(2)	(3)	(4)
$default1 \times inst$		−0.172 ***		−0.125 ***
		(0.034)		(0.048)
$default1$	3.619 ***	1.788 ***	1.074 ***	1.484 ***
	(0.440)	(0.169)	(0.165)	(0.234)

extremec	(1)	(2)	(3)	(4)
lnturn	1.048 *** (0.008)	0.041 *** (0.007)	0.099 *** (0.011)	0.096 *** (0.011)
lnvolume	0.854 *** (0.007)	−0.153 *** (0.008)	−0.124 (0.012)	−0.122 *** (0.012)
lnasset	0.840 (0.008)	−0.169 *** (0.009)	−0.145 *** (0.012)	−0.143 *** (0.012)
MB	1.286 *** (0.019)	0.227 *** (0.015)	0.132 *** (0.020)	0.124 *** (0.020)
lnroe	0.804 (0.010)	−0.202 *** (0.013)	−0.175 *** (0.017)	−0.168 *** (0.017)
lneps	1.015 *** (0.004)	0.014 *** (0.004)	0.029 *** (0.006)	0.027 *** (0.006)
growth	0.929 *** (0.012)	−0.055 *** (0.013)	0.028 (0.018)	0.034 * (0.018)
lnpb	1.082 (0.026)	0.051 ** (0.024)	−0.068 * (0.037)	−0.075 ** (0.037)
lnpe	4.839 *** (0.533)	1.659 *** (0.11)	0.517 *** (0.117)	0.563 *** (0.118)
lnage	−0.142 *** (0.054)	−0.153 *** (0.036)	−0.032 *** (0.033)	−0.425 *** (0.143)
Constant	1.415 *** (0.440)	1.672 *** (0.150)	1.104 *** (0.149)	1.614 *** (0.204)
时间固定效应	Yes	Yes	Yes	Yes
行业固定效应	Yes	Yes	Yes	Yes
地区固定效应	Yes	Yes	Yes	Yes

（三）改变样本区间

股灾容易导致股票市场出现大幅度波动，为了消除股市异常波动对实证结果造成影响，本节排除了发生股灾及股灾后一年的样本，即去掉了2009年、2015年及2016年的数据。表6-23为回归分析结果。

表 6 - 23

变量	(1)	(2)	(3)	(4)	(5)	(6)
	extremec	extremed	extremeu	extremec	extremed	extremeu
default1 × inst				-0. 135 ** (0. 051)	-0. 182 ** (0. 109)	-0. 148 ** (0. 082)
default1	1. 260 *** (0. 185)	1. 282 *** (0. 227)	1. 352 *** (0. 208)	1. 705 *** (0. 256)	1. 308 ** (0. 535)	1. 860 ** (0. 410)
lnturn	0. 097 *** (0. 012)	0. 074 *** (0. 146)	0. 123 *** (0. 013)	0. 095 *** (0. 013)	0. 218 (0. 019)	0. 039 *** (0. 016)
lnvolume	1. 039 * (0. 021)	-0. 024 (0. 016)	1. 048 *** (0. 012)	0. 061 *** (0. 014)	0. 018 (0. 019)	0. 085 *** (0. 016)
lnasset	0. 670 *** (0. 015)	-0. 144 *** (0. 159)	0. 817 *** (0. 011)	-0. 270 *** (0. 015)	-0. 348 *** (0. 021)	-0. 259 *** (0. 017)
MB	1. 135 *** (0. 053)	1. 460 *** (0. 046)	0. 940 *** (0. 022)	0. 038 (0. 027)	0. 240 *** (0. 036)	-0. 030 (0. 030)
lnroe	0. 910 *** (0. 025)	0. 801 *** (0. 020)	1. 028 (0. 02)	-0. 033 (0. 021)	-0. 142 *** (0. 027)	0. 017 (0. 023)
lneps	1. 067 *** (0. 011)	1. 051 *** (0. 01)	1. 011 (0. 007)	0. 020 ** (0. 008)	0. 055 *** (0. 012)	0. 014 (0. 009)
growth	1. 347 *** (0. 038)	1. 202 *** (0. 035)	2. 044 *** (0. 044)	0. 402 *** (0. 024)	0. 237 *** (0. 032)	0. 486 *** (0. 026)
lnpb	0. 275 *** (0. 014)	0. 338 *** (0. 015)	0. 344 *** (0. 011)	-1. 065 *** (0. 036)	-1. 194 *** (0. 051)	-1. 052 *** (0. 040)
lnpe	6. 317 *** (1. 215)	1. 555 ** (0. 298)	1. 757 *** (0. 284)	0. 749 *** (0. 151)	1. 133 *** (0. 203)	0. 368 *** (0. 166)
lnage				-0. 379 *** (0. 060)	-0. 227 *** (0. 084)	-0. 441 *** (0. 066)
Constant	5. 688 *** (2. 498)	19. 658 *** (5. 519)	2. 901 *** (0. 611)	2. 995 *** (0. 299)	3. 363 *** (0. 412)	3. 082 *** (0. 330)
时间固定效应	Yes	Yes	Yes	Yes	Yes	Yes
行业固定效应	Yes	Yes	Yes	Yes	Yes	Yes
地区固定效应	Yes	Yes	Yes	Yes	Yes	Yes

表 6 - 23 为负二项回归分析结果，列（1）~列（3）中 $default_1$ 的系数分别为 1. 260、1. 282 和 1. 352，且均在 1% 水平上显著，表明企业债

务违约与股价极端波动风险具有正相关关系。列（2）中系数小于列（3）中的系数，表明企业债务违约较易引发股价极端上涨风险，潜在的股价回调风险较大。列（4）~列（6）中 $default_1$ 的系数在 1% 水平上显著；交乘项的系数为均在 1% 水平上显著为负，表明机构持股比例的提升会削弱企业债务违约与股价极端波动风险的正相关关系，而且相比来说，机构持股对企业债务违约与股价极端下跌风险的关系的抑制作用更强。

六、进一步分析

（一）外生冲击检验

在资本市场开放有序推进下，上市企业的市场活跃度得到提高。"陆港通"作为资本市场开放事件为中国资本市场带来了大量资金流入，缓解了中国企业的融资约束，降低了企业发生违约风险的概率。本节将资本市场开放作为影响企业违约行为的外生冲击事件，并设定如下双重差分模型研究资本市场开放对股市股价极端波动风险的影响机制。一方面，资本市场开放能够优化融资环境降低企业债务违约；另一方面，资本市场开放进程的加快，为本节的研究提供了准自然实验策略。设定如下中介效应模型：

$$extremerisk_{i,t+1} = \alpha_0 + \alpha_1 open_{i,t} + \alpha_c Z_{i,t} + \mu_i + \delta_i + \gamma_i + \varepsilon_{i,t} \quad (6.14)$$

$$inst_{i,t+1} = \alpha_0 + \alpha_1 open_{i,t} + \alpha_c Z_{i,t} + \mu_i + \delta_i + \gamma_i + \varepsilon_{i,t} \quad (6.15)$$

$$extremerisk_{i,t+1} = \alpha_0 + \alpha_1 open_{i,t} + \alpha_2 inst_{i,t} + \alpha_c Z_{i,t} + \mu_i + \delta_i + \gamma_i + \varepsilon_{i,t}$$
$$(6.16)$$

其中，$open$ 为企业当年是否为纳入"沪港通"或"深港通"，如果被纳入取 1，否则取 0。机构持股水平 $inst$ 为中介变量，其他参数的含义同式（6.14）和式（6.15）。表 6-24 为回归分析结果。

表 6-24　　资本市场开放影响股价极端波动风险的机制检验

变量	(1)	(2)	(3)	(4)	(5)	(6)	(7)
	extremec	extremed	extremeu	inst	extremec	extremed	extremeu
open	- 0.065 ** (0.033)	- 0.431 *** (0.076)	- 0.218 *** (0.057)	0.016 *** (0.004)	- 0.064 ** (0.033)	- 0.419 *** (0.075)	- 0.213 *** (0.057)
inst					- 0.022 * (0.017)	- 1.210 *** (0.194)	- 0.550 ** (0.144)

变量	（1）	（2）	（3）	（4）	（5）	（6）	（7）
	extremec	extremed	extremeu	inst	extremec	extremed	extremeu
lnturn	0.001 （0.036）	0.133 ** （0.053）	0.146 *** （0.032）	− 0.039 *** （0.003）	− 0.008 （0.038）	0.061 （0.055）	0.113 *** （0.034）
lnvolume	− 0.148 *** （0.039）	− 0.076 （0.047）	0.045 （0.032）	− 0.009 *** （0.003）	− 0.146 *** （0.040）	− 0.071 （0.047）	0.047 （0.032）
lnasset	− 0.064 （0.040）	− 0.436 *** （0.047）	− 0.302 *** （0.035）	0.061 *** （0.002）	− 0.076 * （0.041）	− 0.376 *** （0.048）	− 0.274 *** （0.036）
lnroe	− 0.158 （0.052）	− 0.571 *** （0.188）	− 0.492 *** （0.150）	0.005 （0.005）	0.025 （0.060）	− 0.568 *** （0.187）	− 0.490 *** （0.150）
lneps	0.024 *** （0.014）	− 0.274 *** （0.047）	− 0.039 （0.037）	0.018 *** （0.002）	− 0.160 *** （0.053）	− 0.242 *** （0.048）	− 0.024 （0.037）
growth	0.115 * （0.050）	− 0.258 ** （0.108）	− 0.147 * （0.080）	− 0.017 *** （0.0049）	0.027 ** （0.014）	− 0.261 ** （0.1074）	− 0.149 * （0.080）
lnpb	0.419 ** （0.127）	1.0515 *** （0.2204）	0.9726 *** （0.1779）	0.0782 *** （0.0070）	0.109 ** （0.051）	1.1452 *** （0.2209）	1.0153 （0.1805）
lnage	− 0.065 （0.033）	− 0.0683 （0.0519）	0.1447 *** （0.0344）	0.0535 *** （0.0028）	0.422 *** （0.128）	0.0209 （0.0539）	0.1853 *** （0.0371）
Constant	0.001 （0.036）	4.1205 *** （0.9876）	2.0266 ** （0.7978）	0.1033 *** （0.0302）	1.230 （0.592）	4.1654 *** （0.9822）	2.0471 ** （0.7961）
时间固定效应	Yes	Yes	Yes	Yes	Yes	Yes	Yes
行业固定效应	Yes	Yes	Yes	Yes	Yes	Yes	Yes
地区固定效应	Yes	Yes	Yes	Yes	Yes	Yes	Yes

表 6 – 24 中，股价极端波动风险用 extremec、extremeu 与 extremed 三个指标来衡量。由表 6 – 24 可知，列（1）~列（3）中，open 的回归系数都在 1% 水平上显著为负数，说明资本市场开放能显著降低股价极端波动风险，而且降低股价极端下跌风险的作用更强。列（5）~列（7）中 open 的系数分别为 − 0.064、− 0.419 与 − 0.213，且都在 1% 水平上显著，但与列（1）~列（3）中系数相比系数大小都出现了一定程度的降低。这一现象说明机构持股是资本市场开放降低股价极端波动风险的机制。

（二）同群效应

中国正处于金融改革转型期，金融市场风险被充分暴露。随着行业竞争日益激烈，企业必须关注影响自身发展的外部因素。由于企业间存在竞争与合作的关系,所以在进行经营决策时,易受到同行业尤其是在行业中居于领先地位企业的影响。所以一旦有企业发生违约,可能会引发违约同群效应,进而引发股价极端波动风险。本节首先参考陆蓉和常维(2018)的做法,定义同群效应变量 peer1 和 peer2。其中 peer1 为同行业同地区(省份)其他企业的债务违约,peer2 为同行业不同地区其他企业的债务违约。表 6 - 25 为验证企业同群效应存在性及违约同群效应对股价极端波动风险影响的回归结果。

表 6 - 25　　　　　　　　违约同群效应与股价极端波动风险

变量	(1)	(2)	(3)	(4)	(5)
	$default_1$	$default_1$	$extremec$	$extremeu$	$extremed$
peer1	0. 276 *** (0. 020)		0. 777 ** (0. 312)	0. 695 *** (0. 230)	0. 205 * (0. 106)
peer2		0. 150 *** (0. 045)			
lnturn	0. 078 *** (0. 006)	0. 068 *** (0. 005)	1. 586 *** (0. 072)	1. 183 *** (0. 054)	0. 423 *** (0. 029)
lnvolume	- 0. 090 *** (0. 006)	- 0. 084 *** (0. 005)	- 0. 384 *** (0. 068)	- 0. 294 *** (0. 050)	- 0. 099 *** (0. 027)
lnasset	0. 190 *** (0. 005)	0. 181 *** (0. 005)	0. 184 *** (0. 061)	0. 292 *** (0. 047)	- 0. 103 *** (0. 024)
MB	0. 030 *** (0. 003)	0. 029 *** (0. 003)	- 0. 129 * (0. 070)	- 0. 179 *** (0. 048)	0. 059 ** (0. 029)
lnroe	- 0. 057 *** (0. 019)	- 0. 055 *** (0. 019)	- 0. 718 * (0. 376)	- 0. 069 (0. 278)	- 0. 634 *** (0. 153)
lneps	- 0. 101 *** (0. 006)	- 0. 091 *** (0. 006)	- 0. 886 *** (0. 086)	- 0. 642 *** (0. 061)	- 0. 244 *** (0. 036)
growth	0. 017 (0. 011)	0. 020 * (0. 011)	0. 191 (0. 196)	- 0. 052 (0. 139)	0. 259 *** (0. 083)
lnpb	- 0. 009 (0. 021)	- 0. 004 (0. 021)	3. 606 *** (0. 418)	2. 581 *** (0. 314)	1. 006 *** (0. 163)
lnpe	0. 029 *** (0. 020)	0. 038 * (0. 019)	- 0. 471 (0. 388)	0. 075 (0. 289)	- 0. 535 *** (0. 155)
lnage	0. 027 *** (0. 005)	0. 022 *** (0. 005)	- 0. 732 *** (0. 084)	- 0. 827 *** (0. 065)	0. 096 *** (0. 032)

变量	(1)	(2)	(3)	(4)	(5)
	$default_1$	$default_1$	$extremec$	$extremeu$	$extremed$
Constant	-0.494 *** (0.099)	-0.5428 *** (0.103)	1.068 (1.965)	-1.512 (1.428)	2.813 *** (0.772)
时间固定效应	Yes	Yes	Yes	Yes	Yes
行业固定效应	Yes	Yes	Yes	Yes	Yes
地区固定效应	Yes	Yes	Yes	Yes	Yes

表 6 – 25 中，股价极端波动风险用 $extremec$、$extremeu$ 与 $extremed$ 三个指标来衡量；违约行为用 $default_1$ 来度量；$peer1$ 与 $peer2$ 为两个同群效应指标。由表 6 – 25 可知，列 (1)、列 (2) 中，同群效应 ($peer1$ 与 $peer2$) 的系数都在 1% 水平上显著取正值，说明 A 股上市企业具有违约同群效应。列 (3) ~ 列 (5) 中 $peer1$ 的系数分别为 0.777、0.695、0.205，显著性分别为 10%、1%、10%，说明企业违约同群效应会加剧股价极端上涨风险与股价极端下跌风险，并且对股价极端上涨风险的加剧作用更强。总之，企业存在违约同群效应，而且违约同群效应会增加股价极端波动风险，并且存在潜在较大的风险，破坏股市稳定。

七、研究结论

本节主要研究了债务违约与股价极端波动风险的关系及机构持股对这一关系的影响，并利用计量方法研究和讨论了影响债务违约与股价极端上涨风险与下跌风险相关关系的差异及其影响因素。本节在一定程度上为降低企业债务违约、维护金融稳定提供了解决思路，具有一定的现实意义。

本节使用中国 A 股上市公司 2009 ~ 2019 年的面板数据，实证分析了企业债务违约对股价极端波动风险的影响。通过研究得出以下结论：(1) 企业债务违约容易发生股价极端波动风险，并且企业债务违约更容易导致股价极端上涨风险，潜在的未来股价回调下跌风险更大。(2) 机构持股水平的提升会减弱企业债务违约与股价极端波动风险的正相关关系；由于股价下跌对投资者来说会产生较大损害，所以机构投资者削弱企业债务违约与股价极端下跌风险的作用更强。(3) 价值减损效应、管理防御效应与资本结构效应作用于机构持股对企业债务违约与股价极端波动风险的关系影响。即，在低企业创新、低信息透明度与高企业杠杆的企业中，机构持股削弱企业债务违约与股价极端波动风险的正相关关系的作用更强。

（4）通过替换估计方法、内生性检验、改变样本区间等进行稳健性检验发现，债务违约与股价极端波动风险间的正相关关系仍显著；企业债务违约增强股价极端上涨风险的作用更强。机构持股削弱企业债务违约与股价极端下跌风险正相关关系的作用也更显著。（5）进一步分析发现，机构持股是资本市场开放降低股价极端波动风险的机制；违约具有同群效应，违约同群效应会加剧股价极端波动风险。综合以上结论发现，加强对企业违约的惩戒力度，降低债务违约，可以起到降低股价极端波动风险的发生概率，进而提高资本市场服务于实体经济的能力，促进金融稳定。

第五节　本　章　小　结

本章研究上市公司债务违约的风险溢出效应。主要的研究内容按照公司债务违约风险累积与商业银行不良贷款形成、上市公司债务违约对商业银行的风险溢出效应等重要议题依次展开。

第一节"公司债务违约风险累积与商业银行不良贷款形成"，笔者研究中国非金融上市企业债务累计与商业银行不良贷款之间的关系，使用96家商业银行2007年到2017年的经营数据以及中国非金融上市企业的债务数据，使用最小二乘法、系统GMM估计方法对样本数据进行回归分析，分析结果发现中国非金融上市公司债务违约风险与商业银行不良贷款存量之间是正相关关系，即公司债务违约风险累计会提高商业银行的不良贷款，且上市银行的不良贷款形成受公司债务违约风险累计的影响更大。

第二节"公司债务违约对商业银行的风险溢出效应"，笔者通过选取2010~2017年我国沪深A股上市公司中披露的诉讼数据，手工整理并筛选了上市公司债务违约数据和企业—商业银行贷款数据，采用SNA方法构建了债务违约上市公司和商业银行借贷款关系2-模网络矩阵，利用中心性指标分析了债务违约上市公司和商业银行之间的关联，并通过构建DCC-GARCH模型研究了债务违约上市公司对商业银行系统的风险传染关系。根据对中心性指标的分析发现，国有大型和股份制商业银行的中心性指标相对靠前，反映出国有大中型和股份制商业银行通过贷款关系与债务违约上市公司之间存在着较为密切的网络关系，这种网络关系可能会随着债务违约上市公司自身经营业绩的恶化，给国有大中型和股份制商业银行带来较大的系统性风险，同时在商业银行日常的风险管理与控制过程中，也加大了风险因素的积累。因此，虽然国有大中型和股份制商业银行自身抵御风险能力较强，但是在面对复杂的网络借贷关系时，还需考虑可能沿关系网络而造成的风险在整个银行体系内部的积累与扩散（王海林、高颖超，2019）。

同时，根据服从 t 分布的动态条件相关 GARCH 模型，对债务违约上市公司不同左分位数的尾部风险溢出效应进行了估计，结果显示债务违约上市公司收益率序列和商业银行收益率序列之间的相关度比较密切，其动态相关系数值较高，这点在国有大型银行方面显示尤其突出，表明债务违约上市公司对银行系统存在较明显的风险溢出效应。在不同分位数水平下对商业银行的风险溢出效应做出的分析显示，在 5% 的分位数水平下，债务违约上市公司对商业银行的风险溢出贡献度为 2.59%，在 1% 分位数水平下，债务违约上市公司对商业银行的风险溢出贡献度为 3.68%，表明随着债务违约上市公司收益率出现更极端的亏损值，其对商业银行的风险溢出效应也出现了更大程度的溢出。进一步显示了债务违约上市公司和商业银行之间因为资金借贷业务关联而造成的密切关系，说明债务违约上市公司对商业银行的资金依赖性使商业银行承担了较高风险，以及当债务违约上市公司出现更大幅度收益率亏损时，对商业银行造成的风险溢出效应。

第三节"公司债务违约对非银行金融机构的风险溢出效应"，笔者筛选了上市公司债务违约数据和企业—非银行金融机构贷款数据，采用第二节类似的方法对公司债务违约对非银行金融机构的风险溢出效应进行了实证分析。

第四节"公司债务违约对股价极端波动风险的影响"，笔者研究发现企业债务违约行为与股价极端波动风险具有正相关关系，且机构持股比例的上升会削弱企业债务违约行为与股价极端波动风险的正相关关系。影响机制分析表明，价值减损效应、管理防御效应与资本结构效应会加剧这一正相关关系。进一步分析表明，机构持股是资本市场开放降低股价极端波动风险的机制；违约行为具有的同群效应会加剧股价极端波动风险的发生概率。建议继续适时放宽境外机构持股比例，改善股票市场的投资结构。同时还需进一步强化资本市场监管，完善相应的法律体系，提高证券违法行为的惩治力度。

第七章 宏观审慎监管与上市公司债务违约风险

防范上市公司债务风险的有效途径之一是加强对其的有效监管，宏观审慎监管是微观审慎监管的有益的补充。本章重点研究宏观审慎监管会对上市公司债务违约风险的影响，以及宏观审慎监管对企业债务违约风险影响的动态机制。

第一节　机制分析与研究假设

一、引言

近年来，我国出现部分的非金融企业剥离原有的特许经营权，大量依靠虚拟金融中的股权来赚钱，即企业融资。非金融企业金融化会导致实业经济与虚构的经济之间的危害联动性上升，系统性经济危害不断增强，降低了整个的从宏观来讲经济的不变性。虚拟金融膨胀势必导致更高的企业风险。库皮卡和尼克尔森（Kupieca & Nickerson，2004）认为此种危害是潜在威胁的一种，而它是因某一金融市场震荡而引发的，并且不会导致资产售价发生极大变化、企业流动性明显降低、埋下破产隐患等。一直以来，金融危机爆发的主要原因是危机前各个国家均秉承着单个金融机构稳健则整体金融机构稳健的微观审慎政策监管理念。而实际上企业与外界过度关联且参与较多复杂的贷款，导致了企业杠杆率过高。1979 年 6 月 28 日至 29 日，库克委员会在一次关于转换银行贷款最后期限的研讨会上首次提到"宏观审慎监管"一词。1997 年的亚洲经济危机后，"宏观审慎"一词被普遍使用。博里奥（Borio，2005）重点分析了宏观审慎监管与微观审慎监管的区别与联系：首先，宏观审慎监管的目的是防止经济中的系统性风险，避免金融动荡；微观审慎监管则是避免经济机构可能出现危机；其次，宏观审慎监管认为金融风险是内生的，而微观审慎监管则觉得金融危害是外生的。金（Jin，2018）认为宏观审慎监管侧重于解决金融系统性的风险，以确保经济的平稳增长。

强化上市公司的质量是新时期加快完善社会主义市场金融体系的重要内容。自《国务院批准中国证监会关于提高上市公司质量的通知》发布以来，国内挂牌企业的数量增长明显、品质持续提高，推动了国家金融发展。但是，挂牌公司筹划和治监不正规、发展质量不高、层次矛盾仍较凸显，与建设当代化财经系统、促进财经高质量成长的条件还留有差距。同时，新冠肺炎疫情对挂牌公司产出筹划和高质量成长带来了挑战。宏观审慎监管对企业风险有影响吗？产生影响的机制是什么？影响程度有多大？这些问题对于我国构建宏观审慎监管机制、防范企业风险都有非常重要的参考价值。

与以往研究相比起来，鲜有文献采用动态随机一般均衡模型来研究宏观审慎监管对企业风险影响。本部分着眼于企业债务违约风险的治理，使用动态随机一般均衡模型，考察宏观审慎监管对企业债务违约风险的影响及传导机制。研究发现，宏观审慎监管有效抑制了企业债务违约风险的增加，有利于企业去杠杆；宏观审慎能够通过降低银行信贷规模、弱化企业金融化程度、减缓企业现金流波动率来降低企业的债务违约风险。

二、机制分析与研究假设

宏观审慎政策的基本职能是降低市场参与者过度承担金融风险的动机，进而使各经济主体对系统性金融风险的影响内部化。宏观审慎政策旨在使经济体系更具弹性，降低发生经济危机的可能性和惨重性（Harimohan & Nelson，2014）。彭建刚（2011）认为宏观审慎监管是指将经济市场视作一个集体，用政策干涉的方式，减少经济丧失，维护经济稳健和可持续性成长的目的。宿营（2014）提出宏观审慎监管实施的重点是评估和识别系统性风险，保持经济和金融的不变性增长。卢比奥（Rubio，2014）讨论了宏观审慎政策和货币政策之间的联系，认为货币政策和宏观审慎政策的结合显著增加了经济福利，增加了经济系统的稳定性，降低了企业风险。王观朋（2019）证实了于上市企业而言，银行借贷明显强化其承受风险的能力，换言之，即银行借贷资金的代替效用要大于债务危机的效用，并且中、小银行使上市企业银行借贷受到的抑制更显著。丹尼斯和王（Denis & Wang，2014）认为企业债务违约风险会转移到银行，进一步影响经济的波动。加拉蒂和莫斯纳（Galati & Moessner，2011）提出宏观审慎工具可以阻止风险蔓延，但经济体系和重要的系统性组织中存在顺周期问题。高什（Ghosh，2015）认为宏观审慎政策与银行所有权相互作用，以缓和信贷周期的严重性。梅赛德斯等（Mercedes et al.，2014）指出宏观审慎政策对于私人银行信贷增长具有适度和暂时的影响，可以管理私营部门银行信贷动态的顺周期性并控制系统性风险，且货币政策有补充作用。宏观审慎政策可以有效约束银行信贷过快扩张和资产价格快速上涨，减缓财务变量与金融变量之间的周期性反馈，控制经济主体的前期损害负担，降低企业的债务违约风险。

宏观审慎监管的评价指标与政策工具并不直接作用于企业的债务违约风险，而是通过银行信贷、金融资产以及外部经济环境作用于企业的经营过程中。首先，在银行信贷方面，宏观审慎监管是针对贷款交易的虚构繁荣所提出的一种解决政策（Clement，2010）提出宏观审慎监管有助于均衡银行信贷，可以识别过度银行信贷供给。（Daniel & Melecky，2014）。债务会增加金融危机的可能性，减少企业任意的现款流量（黄乾富和沈红波，2009）。银行会通过发放贷款的方式，为企业提供经营投资所需的资金，企业也大部分采取间接融资，所以贷款是银行与企业联系的主要途径。因此，银行信贷对企业的筹资具有很大的震慑。当企业贷款规模增加时，股东投资的风险偏好增加害债权人的利益（陈德球等，2013），银行贷款引起的债务可能会促使企业承担更多的风险。郭瑾等（2017）经研究发现，银行借贷和公司承受危害的水平两者呈明显的正相关关系。此外，当企业注资时间较长时，银行贷款与企业风险负担之间的正相关关系增加了一倍。因此，本节提出了"宏观审慎监管—银行信贷—企业风险"这一传导机制。

其次，从企业金融化角度分析，马勇、陈点点（2020）研究发现了宏观审慎政策能够通过降低非金融企业的经济投资增长率的方式来抑制企业金融化，弱化企业的风险承担。方意（2013）从理论上分析了宏观审慎政策作用于信贷周期的传导途径，提出宏观审慎工具会直接作用于金融机构，银行等金融机构可以通过扩大存贷利差、减少分红、发行新股或降低资产持有来调整资本金水平，抑制企业的贷款需求，宏观审慎政策收紧使得预期资产价格降低，进一步降低银行金融资产持有规模。企业在经营过程中，存在金融资产过多、过度投资的现象，尤其是有政治背景的公司（余明桂、潘红波，2008；张敏、黄继承，2009），有政治背景的公司能够获得更多的长期银行贷款，会持有更多的金融资产并扩大投资规模（张敏等，2010）。企业过度金融化以及过度投资均是低效的经营行为。过度注资水平越高，现实收益离开预期收益的水平越大，企业风险相应增加。宏观审慎监管会降低企业金融化水平，从而减缓企业的债务违约风险。因此，本节提出了"宏观审慎监管—银行信贷—企业金融化"这一传导机制。

最后，从企业现金流波动性方面看，宏观审慎监管会降低经济外部经济的不确定性。外部经济不确定性越低，企业现金流动波动性越小。宏观审慎监管会通过降低企业现金流波动性的途径，降低企业的债务违约风险。吉斯等（Giese et al.，2013）提出在信贷繁荣时期，宏观审慎监管通过提高逆周期资本缓冲有助于增强弹性，并可能抑制资产负债表的过度扩张，促进经济的稳定，降低外部经济不确定性。加巴考塔和帕本（Gambacorta & Pabon，2017）研究得出宏观审慎监管在稳定银行信贷周期方面颇为有效，降低经济波动。金融主体的顺周期行为是对经济和经济运转的健康回应，但是无数金融主体顺周期行为的召开将导致工业经济和金融体系相继出现长期失衡，造成工业金融和经济体系非常态失衡，进而通过金融危机和金融衰退来解释积累的不均衡。所以王靖国（2011）提出了构建反周期经济宏观审慎实施的体制框架，以降低经济体制顺周期性，降低外部经济的不确定性，提高经济的稳定性。实施审慎的宏观经济政策以及加强金融的安全管理是重中之重。

企业的投资受到融资约束的限制，由于企业进行投资时大部分资金依赖于银行贷款，在实施金融监管时，银行受到监管压力和评估要求的影响，这些压力和评估要求可能导致银行收缩信贷规模，从企业撤回贷款。因金融资源有限，金融市场是存在相当明显的信贷配给不足情况（叶康涛和祝继高，2009）。国有制企业与政府、国有制商业银行之间留存着先天的关系，融资约束较弱。李念（2014）在经实证分析后发现：与无政治关联的公司对比而言，政治关系类公司得到的长期银行借贷资金更高，然而也正因此，其发生风险的可能性也更大。

综合上述分析，本节提出假说1。

假说1：宏观审慎监管可以抑制企业风险。

第二节　理论模型分析

本节构建包含家庭、企业、银行、信托、政府部门的 DSGE 模型，分析宏观审慎监管对企业债务违约风险的影响。

1. 家庭部门

在模型中，家庭部门持有存款、债券、现金和利润分红。

家庭部门的效用函数为：

$$\max E_0 \sum_{t=0}^{\infty} \beta^t \left[\frac{C_t^{1-\sigma}}{1-\sigma} - \psi \frac{L_t^{1+\eta}}{1+\eta} + \theta \ln\left(\frac{M_t}{P_t}\right) \right] \tag{7.1}$$

家庭部门的预算约束为：

$$K_{t+1} = I_t + (1-\delta)K_t \tag{7.2}$$

$$P_t C_t + B_{t+1} + M_t - M_{t-1} + P_t(K_{t+1} - (1-\delta)K_t) + Q_t h_t \leqslant$$

$$W_t N_t + \prod_t - P_t T_t + (1+i_{t-1})B_t + R_t^k K_t \tag{7.3}$$

家庭部门的一阶条件为：

$$\psi L_t^{\eta} = C_t^{-\sigma} w_t \tag{7.4}$$

$$E_t(1+\pi_{t+1})^{-1}(1+i_t) = E_t r_{t+1}^k + 1 - \delta \tag{7.5}$$

$$C_t^{-\sigma} = \beta E_t C_{t+1}^{-\sigma}(1+i_t)(1+\pi_{t+1})^{-1} \tag{7.6}$$

$$m_t = \theta \frac{1+i_t}{i_t} C_t^{\sigma} \tag{7.7}$$

$$C_t^{-\sigma} - \frac{X}{D_t} = \beta C_{t+1}^{-\sigma}(1+r_t^d) \tag{7.8}$$

2. 企业部门

最终产品生产部门：本节将最终产品生产部门的生产函数设定为 CES 形式：

$$Y_t = \left[\int_0^1 Y_t(j)^{\frac{\varepsilon-1}{\varepsilon}} dj \right]^{\frac{\varepsilon}{\varepsilon-1}} \tag{7.9}$$

本节也得到了对第 j 种中间产品需求的函数：

$$Y_t(j) = \left(\frac{P_t(j)}{P_t}\right)^{-\varepsilon} Y_t \tag{7.10}$$

最终产品的价格表达式：

$$P_t = \left[\int_0^1 P_t(j)^{1-\varepsilon} dj \right]^{\frac{1}{1-\varepsilon}} \tag{7.11}$$

中间产品生产部门的生产函数设定为 C-D 生产函数：

$$Y_t(j) = A_t K_t(j)^{\alpha} L_t(j)^{1-\alpha} \tag{7.12}$$

A_t 代表全要素生产率，并且遵循下列 AR（1）过程：

$$\ln A_t = \rho_a \ln A_{t-1} + \varepsilon_{a,t} \tag{7.13}$$

最小化它们的生产成本：

$$\text{mincost} = w_t L_t(j) + r_t^k S_t^c(j) + r_t^s S_t^s(j) \tag{7.14}$$

$$\text{s. t} \quad Y_t(j) = A_t K_t(j)^{\alpha} L_t(j)^{1-\alpha} \tag{7.15}$$

$$K_t(j) = S_t^c(j) + S_t^s(j) \tag{7.16}$$

在产品需求的约束下，还可以构造出中间产品生产商的拉格朗日算式：

$$L1 = w_t L_t(j) + r_t^k K_t(j) + mc_t(Y_t(j) - A_t K_t(j)^\alpha L_t(j)^{1-\alpha}) \tag{7.17}$$

分别对 $N_t(j)$，$K_t(j)$，h_{mt-1} 和 mc_t 求一阶偏导，可以得到一阶条件为：

$$w_t = mc_t(1-\alpha)A_t K_t(j)^\alpha L_t(j)^{-\alpha} \tag{7.18}$$

$$r_t^k = mc_t \alpha A_t (S_t^c + S_t^s)^{\alpha-1} L_t(j)^{1-\alpha} \tag{7.19}$$

$$r_t^s = mc_t \alpha A_t (S_t^c + S_t^s)^{\alpha-1} L_t(j)^{1-\alpha} \tag{7.20}$$

所有调价企业调整后的共同价格（也称最优价格）为：

$$P_t^\# = P_t(j) = \frac{\varepsilon}{\varepsilon-1} \frac{E_t \sum_i^\infty (\phi\beta)^i u'(C_{t+i}) mc_{t+i} P_{t+i}^\varepsilon Y_{t+i}}{E_t \sum_i^\infty (\phi\beta)^i u'(C_{t+i}) P_{t+i}^{\varepsilon-1} Y_{t+i}} \tag{7.21}$$

由于上式中存在着中间产品商的异质性问题，因此可以将共同价格改写为以下形式：

$$P_t^\# = \frac{\varepsilon}{\varepsilon-1} \frac{X_{1,t}}{X_{2,t}} \tag{7.22}$$

其中，

$$X_{1,t} = u'(C_t) mc_t P_t^\varepsilon Y_t + \phi\beta E_t X_{1,t+1} \tag{7.23}$$

$$X_{2,t} = u'(C_t) P_t^{\varepsilon-1} Y_t + \phi\beta E_t X_{2,t+1} \tag{7.24}$$

3. 银行部门

为简化模型，本节假设银行的存款与自有资本之和不超过银行的贷款总额，银行预算约束为：

$$D_t + n_t = S_t^c + S_t^s \tag{7.25}$$

银行的利润方程为：

$$\pi_{bank} = D_t - (1 + r_{t-1}^d)D_{t-1} + (1 + r_t^d) \times S_{t-1}^c \times ct_t - S_t^c$$
$$+ (1 - \Gamma_t) \times (1 + r_{t-1}^a) \times ZG_t - ZG_t - PN(X_t) \tag{7.26}$$

关于宏观审慎监管的设定，本节参考费弗和皮拉德（Feve & Pierrard, 2017）、瞿凌云（2019）的研究，将惩罚函数设置为方程（7.27），将银行资本充足率（η_t）设置为信贷增速与 GDP 增速的偏离程度，如模型（7.29）所示：

$$PN(X_t) = -P_a \ln(1 + P_b X_t) \tag{7.27}$$

$$X_t = n_t - \eta_t \times S_t^c \tag{7.28}$$

$$\eta_t = \overline{\eta}^{(1-\rho_\eta)} \times \eta_{t-1} \left(\frac{Loan_t/Loan_{t-1}}{GDP_t/GDP_{t-1}}\right)^{(1-\rho_\eta)} e^{\varepsilon_{\eta t}} \tag{7.29}$$

联立方程（7.25）、（7.26）、（7.27）、（7.28），分别对存款、企业贷款、资管产品求导，一阶条件为：

$$1 + \frac{P_a P_b}{1 + P_b(Dt - S_t^c - ZG - \eta S_t^c)} = \beta \times \frac{C_t}{C_{t+1}} \times (1 + r_t^d) \tag{7.30}$$

$$1 + \frac{(1 + \eta_t) P_a P_b}{1 + P_b(Dt - S_t^c - ZG - \eta S_t^c)} = \beta \times \frac{C_t}{C_{t+1}} \times (1 + r_t^d) \times ct_t \tag{7.31}$$

$$1 + \frac{P_a P_b}{1 + P_b(Dt - S_t^c - ZG - \eta S_t^c)} = \beta \times \frac{C_t}{C_{t+1}} \times (1 + r_t^a) \times (1 - \Gamma_{t+1}) \tag{7.32}$$

参考马勇和付莉（2020）关于违约企业回偿率的设定，本节假设企业的回偿率冲击在 $[a, b]$ 上服从均匀分布，当回偿率小于 fm 时，企业发生违约，所以 ctt 的行为方程为：

$$ct_t = \frac{(1 + r_t^k) \times (1 - risk) + \int_a^{fm} (O \times q_t \times fmx) \times \frac{1}{b - a} d(fmx)}{1 + r_t^k} \tag{7.33}$$

$$fm = \frac{1 + r_t^k}{O \times q_t} \tag{7.34}$$

$$risk_t = \frac{fm - a}{b - a} \tag{7.35}$$

其中，O 是抵押物覆盖率；qt 是抵押物整体回偿率，抵押物整体回偿率冲击服从一阶自回归；fmx 是特定厂商的回偿冲击；$risk$ 是企业的债务违约风险。

4. 信托部门

假设信托通过发行资管产品的方式获取资金，继而将资金出借给企业，从而获得收益，因此，信托的利润方程为：

$$\pi_{t+1} = (1 + r_{t+1}^s - \delta) \times S_t^s - (1 + r_t^a) \times ZG_t \tag{7.36}$$

约束条件为：

$$\text{s.t} \quad S_t^s = (1 - a) \times ZG_t \tag{7.37}$$

一阶条件为：

$$1 + r_t^a = (1 - a) \times (1 + r_{t+1}^s - \delta) \tag{7.38}$$

5. 中央银行

假设中央银行采取数量型货币政策规则，且货币供给的增长率遵循下列 AR（1）过程

$$\Delta \ln M_t = (1 - \rho_m) \pi + \rho_m \Delta \ln M_{t-1} + \varepsilon_{m,t} \tag{7.39}$$

6. 政府部门

政府的名义预算约束就为：

$$0 \leqslant P_t T_t + M_t - M_{t-1} \tag{7.40}$$

一次性总付税就必须满足：

$$T_t = -\frac{M_t - M_{t-1}}{P_t} \tag{7.41}$$

第三节　动态均衡模拟分析

一、参数的设定

参考马亚明和刘翠（2014）的研究，将家庭部门的贴现因子 β 设定为 0.9；消费替代弹性倒数设置为 1（巴曙松和田磊，2015）；劳动供给弹性的倒数设定为 0.5（马勇和王芳，2018）；劳动的负效应系数设定为 1；家庭所持有的实际货币余额在家庭效用函数中的权重设置为 1；资本折旧率设为 0.08，资管产品发行成本设定为 0.03，惩罚函数参数 pa 设置为 47.6，惩罚函数参数 pb 设置为 0.01（瞿凌云等，2019）；回偿率冲击分布的范围分别定为 1.36 和 1（Tayler & Zilberman，2016）；资本份额设置为 0.35，劳动份额设置为 0.65，价格粘性参数设置为 0.75（刘斌，2010）；参考赵恢林和黄建忠（2019）的研究，将不同中间产品间的替代弹性设定为 6；稳态时的通货膨胀率为 0；其余未校准的参数，本文使用贝叶斯估计对参数进行赋值。

本节选取 2002 年第一季度到 2020 年第四季度，选取以下变量进行贝叶斯估计：GDP 季度数据（Y_t）、CPI 指数（πt）、信托贷款总额（SS）、投资总额（I）、M2（m），数据来源于中国人民银行、国家统计局与 Wind 数据库。所有数据均经季节调整以及 HP 滤波去趋势处理，以保证数据的平稳性。本文相关参数的先验分布和贝叶斯估计结果如表 7 – 1 所示：

表 7 – 1　　　　　　　　部分参数的贝叶斯估计值

参数	先验分布		后验分布		
	分布	均值	均值	方差	置信区间
ρ_a	Beta	0.9500	0.9998	0.023	［0.9730，0.9912］

参数	先验分布		后验分布		
	分布	均值	均值	方差	置信区间
ρ_m	Gamma	0.5000	0.9358	0.2	[0.7716, 0.8262]
ρ_Γ	Beta	0.5000	0.4871	0.05	[0.4268, 0.5745]
ρ_η	Beta	0.1250	0.1729	0.02	[0.1131, 0.1937]
ρ_q	Beta	0.5000	0.5839	0.2	[0.9997, 0.9998]
σ_a	Inv gamma	0.0100	0.0104	Inf	[0.9353, 0.9364]
σ_m	Inv gamma	0.0100	0.3780	Inf	[0.4136, 0.5232]
σ_Γ	Inv gamma	0.0100	0.0051	Inf	[0.1414, 0.2057]
σ_η	Inv gamma	0.0100	0.0061	Inf	[0.2947, 0.8061]
σ_q	Inv gamma	0.0100	0.4395	Inf	[0.0099, 0.0112]

二、动态模拟分析

(一) 脉冲响应分析

上述企业债务违约风险模型中有五个冲击，分别是技术冲击、宏观审慎监管冲击、货币供给冲击、信托部门违约冲击、回偿率冲击，本节对已构建的企业债务违约风险模型进行脉冲响应模拟分析，如图7-1~图7-5所示。

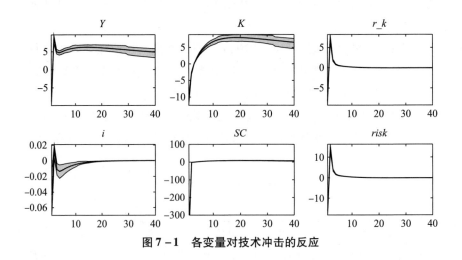

图 7-1　各变量对技术冲击的反应

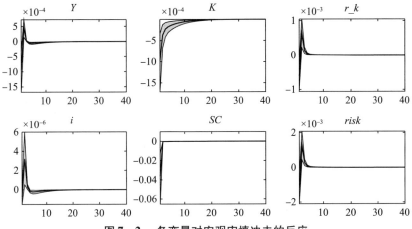

图 7 - 2　各变量对宏观审慎冲击的反应

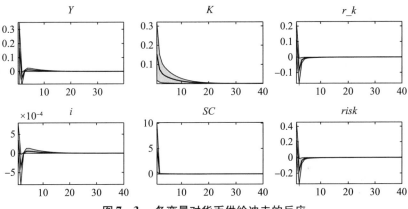

图 7 - 3　各变量对货币供给冲击的反应

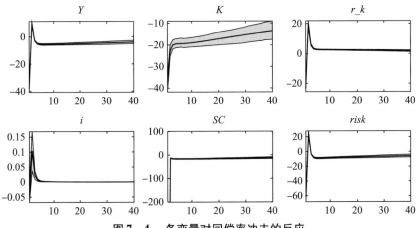

图 7 - 4　各变量对回偿率冲击的反应

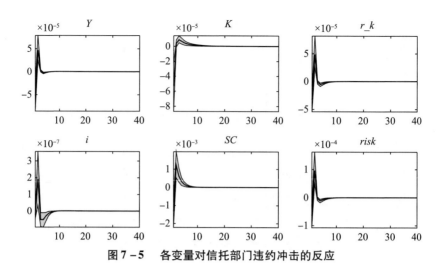

图 7 - 5   各变量对信托部门违约冲击的反应

图 7 - 1 显示的是宏观审慎政策下，各个变量对技术冲击的反应。从图 7 - 1 中可以看出，在一单位标准差的正向技术冲击下，总产出会在期初受到负向冲击，且负向冲击逐渐减弱，长期来看，总产出受到正向冲击。资本受到负向冲击，长期资本会受到正向冲击。利率长期受到正向冲击。银行贷款受到负向冲击。贷款利率在期初受到负向冲击，长期来看会受到正向冲击。从债务违约风险的脉冲响应图可以看出，企业债务风险在期初均会受到负向冲击，短期内，负向冲击会转变为正向，随着期数的增加，变量重新达到均衡值。这可能是由于，从长期来看，技术冲击会提高生产的边际效率，进而引起资本的积累，带来正向的产出效应。而企业资本的增加，会导致企业在短期内有扩大经营规模的动机，企业的资金需求上升。而贷款利率的上升会增加企业的经营成本，因此债务违约风险在长期内会受到正向的影响。

图 7 - 2 显示的是宏观审慎政策下，各个变量对宏观审慎冲击的反应。从图 7 - 2 可以看出，在一单位标准差的正向宏观审慎冲击下，总产出会在期初受到较明显的负向冲击，随着期数的增加，总产出恢复均衡水平。资本和银行贷款规模均受到负向冲击，且随着时间的推移，负向冲击减缓，直至变量达到稳态水平。贷款利率和利率从第二期开始，受到宏观审慎冲击的正向影响。企业的债务违约风险从期初开始，会受到负向冲击。这可能是由于在宏观审慎政策背景下，当加强宏观审慎政策监管时，银行可能会由于监管政策的加强，收缩信贷规模，企业的资本规模下降，从而引起总产出降低。在监管政策加强的环境下，企业会降低扩张规模，规范经营，从而使企业的债务违约风险下降。

从图 7-3 中可以看出，在一单位标准差的正向货币供给冲击下，银行贷款规模和企业资本会受到正向冲击。总收入、贷款利率和利率会在期初受到正向冲击，随着期数的增加，冲击转为负向，并逐步趋于稳态值。而企业的债务违约风险会在期初受到正向冲击，长期受到负向冲击。这可能是由于正向的货币供给冲击会引起市场上价格的波动，各个变量受到的冲击较明显。当货币供给增加后，银行会增大贷款规模，企业资本增加。长期银行贷款利率上升，企业债务违约率上升。由于宏观审慎政策的存在，监管部门会动态调整资本充足率指标，因此企业的债务违约风险会有小幅度的降低。

图 7-4 显示的是宏观审慎政策下，各个变量对回偿率冲击的反应。在一单位标准差的正向回偿率冲击下，总收入、资本、贷款利率、利率以及银行贷款会在期初受到负向冲击。这可能是由于正向的回偿率冲击意味着企业抵押物变现能力越强，企业获得贷款的难度会降低，贷款利率会受到负向影响。但由于宏观审慎监管的存在，银行会控制放贷规模，短期内企业资本积累与投资规模不会增加，从而企业的债务违约风险在短期内有所降低。

图 7-5 显示的是宏观审慎政策下，各个变量对信托部门违约冲击的反应。在一单位标准差的正向信托部门违约冲击下，总收入、贷款利率以及银行贷款规模会在期初受到负向冲击，随着时间的推移，冲击由负转正，并逐渐趋于稳态值。总资本会受到负向冲击。利率会在期初受到正向冲击，且随着时间的推移，冲击由正转负，并逐渐趋于稳态值。而企业的债务违约风险会在期初受到负向冲击。这可能是由于随着信托部门违约率的上升，资本规模和银行贷款规模均会下降，从而导致企业债务违约率上升。

从图 7-1~图 7-5 中可以看出，在双支柱政策背景下，技术冲击、货币供给冲击、回偿率冲击、信托部门违约冲击均会对企业的债务违约风险。在图 7-2 中，宏观审慎政策冲击会使得企业债务违约风险下降，随着时间的推移，宏观审慎冲击对企业债务违约风险的负向冲击逐渐减弱．宏观审慎政策会对银行贷款产生负向冲击，随着时间的推移，负向冲击逐渐减弱。基于以上分析，我们可以看到，宏观审慎监管可以抑制企业风险。宏观审慎可以通过减少银行信贷规模、降低企业金融化、弱化企业现金流波动性来降低企业债务违约的风险。

（二）方差分解分析

上文对各宏观经济变量在面对不同外生冲击时所作出的响应进行了分

析。为进一步研究不同的外生冲击能够在多大程度上引起各宏观经济变量的波动，本节对主要的经济变量进行了方差分解。

从表7-2中主要经济变量的方差分解结果来看，在宏观审慎监管政策下，技术冲击、货币政策冲击、宏观审慎监管政策冲击以及回偿率冲击对主要经济变量产生的影响较为明显，尤其是货币政策冲击和宏观审慎监管政策冲击。首先，从企业债务违约风险的角度分析，货币政策冲击对企业风险波动的解释程度达到45.6%的，宏观审慎监管政策冲击对企业风险波动的解释程度达到36.9%，回偿率冲击对企业风险波动的解释程度为17.49%，而技术冲击对企业风险波动的解释程度为0.02%，说明政策冲击会对企业债务违约风险产生影响，结论与上文的脉冲相应分析的结果相一致。其次，从宏观审慎监管政策冲击的角度分析，宏观审慎监管政策冲击对消费的解释程度达到9.85%，对总收入的解释程度达到34.49%，对总投资的解释程度达到40.15%，对资本的解释程度达到17.99%，对劳动的解释程度达到39.38%，对通货膨胀率的解释程度达到39.24%，对银行信贷的解释程度达到46.23%，对企业风险的解释程度达到36.9%，对资本利率的解释程度达到38.7%，对利率的解释程度达到41.14%，说明宏观审慎政策冲击对各宏观经济变量波动的解释程度较大。

表7-2 　　　　　　　　　　　方差分解表

变量冲击（%）	e_a	e_m	e_{et}	e_{ass}
C	9.71	34.57	9.85	45.86
Y	1.18	46.85	34.49	17.47
I	0.03	47.85	40.15	11.97
K	1.03	28.4	17.99	52.58
L	0.02	49.43	39.38	11.18
pai	0.17	49.4	39.24	11.18
SC	0.02	43.7	46.23	10.05
$risk$	0.02	45.6	36.9	17.49
r^k	0.02	47.82	38.7	13.46
i	0.09	47.48	41.14	11.3

资料来源：Matlab 运行结果整理所得。

第四节 实 证 结 论

本章基于动态随机一般均衡模型,从理论模型与实证模拟两个方面分析了宏观审慎监管对企业债务违约风险的影响。首先,本章构建了包含家庭、企业、银行、信托、政府部门的五部门动态随机一般均衡模型,在模型中引入了动态资本充足率的行为方程。其次,选取 2002 年第一季度到 2020 年第四季度的 GDP 季度、CPI 指数、信托贷款总额、投资总额、M2 等数据,对模型进行贝叶斯估计,选取合适的参数。最后,在实证分析部分,引入技术冲击、宏观审慎监管冲击、货币供给冲击、回偿率冲击以及信托部门违约冲击,对模型进行脉冲响应分析。

本章的实证结果表明:第一,宏观审慎监管可以降低企业债务违约风险的增加;第二,宏观审慎可以通过降低银行信贷规模、弱化企业金融化程度、减缓企业现金流波动率,从而减小企业的债务违约风险。基于上述研究结果,本章提出如下政策建议:

第一,企业应该创建和完善风险的预警体制。完善的风险预警系统有利于增强辨认和评估系统性风险的能力。监管部门应当紧密盯住系统性风险的最新研究,深透分析企业违约风险形成机制,建立系统性风险度量模型,追踪风险变换,制订对应的量化监督政策。根据企业的财政增长情况,预警系统应分为繁荣时期的预警系统和衰退时期的预警系统。两个预警体系设定的指标临界值不同。同时,为了防止系统经济损失的扩大对其他企业和经济系统造成的损害,有必要构建一个预警系统的风险控制体系,对系统经济损失的扩大进行有效的约束,以减少经济损失的损失,降低金融危机造成经济损失的可能性。

第二,多样化的监督调节手段可以更加灵活地调控企业风险。例如,可以通过逆周期、调整资本要求或者拨备水平来降低企业违约风险。逆周期就是弱化金融制度的顺周期行为和影响。现阶段推行宏观审慎政策的一项重要使命,是加强研究经济系统的顺周期机制,并采取措施减低其顺周期性。资本充足率的调整必须强化原有的资本要求,在良好的金融环境下增加资本存量和增加资本量,以保护金融环境恶化后可能出现的过度资本需求。调整供应水平要简单得多。通过前瞻性规定的调整,可以及时向企业发出警告,引导企业调整贷款规模,防范系统性风险。企业的风险分类方案和相关准备金应反映企业自身的特点。处理经济危害的一般规程、特别规程和规程应当精确。通过及时的调查和分析，我们应该对金融危害的规避采取审慎的立场，防止企业呈现虚假的高资产，不能为产业经济的成长供应充足的动力。

第三，完善微观审慎监管体系。微观审慎监管是宏观审慎监管的基础，在宏观审慎监管系统中具有举足轻重的地位和作用。进一步完善微观审慎监管体系，是构建我国宏观审慎监管体系的前提。同时，微观审慎监管能力和效率的提高须要摆在双重的凸起位置，监管能力和效率应与经济交易增长和经济更新维持动态的和谐。首先要加速经济监督法则、轨制和体制建设，谨防呈现惨重的"监督空心"和"监督死角"；其次要加强监督能力建设和人才存储，增强监督政府对资产欠债、注资战略和资产配置等的监督能力和对危害的预警、防备和节制能力；最后要逐步升级监督技术和方法，采用当代的科技方式，对经济危害予以甄别、防备和处置。特别要指出的是，本国尚未创建起包含流入流动性、处置有毒资产、经济组织重组与停业等因素的经济危机应对体制。但从经济危机救助来看，经济监管政府的有力救助是经济和经济危机的危害。

第五节　本 章 小 结

从宏观审慎角度来看，宏观审慎监管可降低金融风险对实体经济的影响。本章，通过构建宏观审慎监管与公司债务违约分析的动态一般均衡模型，引入技术冲击、宏观审慎监管冲击、货币供给冲击、回偿率冲击以及信托部门违约冲击等因素，研究了宏观审慎监管对企业债务违约风险的影响。本章研究认为：宏观审慎监管可以有效抑制企业债务违约风险；宏观审慎能够通过降低银行信贷规模、弱化企业金融化程度、减缓企业现金流波动率来降低企业的债务违约风险。

第八章 研究结论与建议

第一节 研究结论

本书首先对上市公司债务违约风险的相关理论进行了梳理，并对公司债务违约风险的主要测度方法进行了概述。其次，本书从宏观经济环境、制度环境和企业自身管理等方面分析了上市公司债务违约风险生产的动因，并以发生违约风险上市公司为例分析了该公司发生债务违约时的公司表现及所产生的影响。再次，选取了我国非金融上市公司的数据，实证分析了上市公司债务违约风险生成的宏微观机制，在宏观机制实证分析方面，本书主要研究了金融周期、资本市场开放和影子银行发展对公司债务违约风险的影响。在微观机制实证分析方面，本书主要研究了公司金融化、负债来源结构和负债期限结构对公司债务违约风险的影响。最后，本书实证研究了上市公司债务违约风险的溢出效应，主要分析了上市公司债务违约风险累积对银行不良贷款形成的影响，以及公司债务违约对商业银行的风险溢出效应。另外，还研究了宏观审慎监管对企业债务违约风险的影响。

在宏观机制方面，金融周期扩张，企业盈利能力提高，而且我国企业杠杆率随着金融周期的扩张而降低，进而降低企业债务风险；股票流动性可有效降低债务违约风险发生率，资本市场开放能够加强这一负相关关系，并且在国有企业中，资本市场开放的调节作用更加突出。另外，资本市场开放对股票流动性与违约风险的调节作用显著存在于企业创新水平较高、公司治理水平较高、成长机会高、杠杆水平低的企业中。

在微观机制方面，由于短期债务具有更高的展期风险和再融资风险，公司持有的短期债务比例越大，违约的可能性就越大。该结论支持展期风险理论，但这不支持资产替代假设，即短期债务越多的公司，股东投资于高风险项目的动机就越小，因此违约风险就越低。此外，展期风险效应主要表现在小规模企业和非国有企业中，对其他企业而言，此种风险效应并不显著。由于信用质量差的公司在延长债务期限方面面临更多困难，展期风险效应往往更强，因此较差的信贷质量会放大展期风险效应。对于流动性储备更少的企业，短期债务比例与违约风险的正相关关系更显著。因此企业保持流动性，即持有更多现金或受到更少的融资约束，可以作为对短期债务的展期风险和再融资风险的缓冲，从而一定程度上抵御其对违约风险带来的不利影响。企业的债务违约风险随着融资规模的扩大而增加，且相比于商业信用，那些更依赖于银行信用融资的企业面临更高的违约风险；负债规模与公司债务违约风险的正相关关系在非国有企业和位于金融发展水平较低地区的企业中表现更明显。

在风险溢出效应方面，上市公司债务违约风险与商业银行不良贷款存量之间是正相关关系，即公司债务违约风险累计会提高商业银行的不良贷款。根据对中心性指标的分析发现，国有大型和股份制商业银行的中心性指标相对靠前，国有大中型和股份制商业银行通过贷款关系与债务违约上市公司之间存在着较为密切的网络关系，这种网络关系可能会随着债务违约上市公司自身经营业绩的恶化，给国有大中型和股份制商业银行带来较大的系统性风险。同时在商业银行日常的风险管理与控制过程中，也加大了风险因素的积累。另外，在面对复杂的网络借贷关系时，还需考虑可能沿关系网络而形成的风险在整个银行体系内部的积累与扩散。上市公司债务违约对股价极端波动风险影响方面，债务违约与股价极端波动风险正相关，机构持股水平的提升会减弱违约行为与股价极端波动风险的正相关关系；价值减损效应、管理防御效应与资本结构效应作用于企业债务违约行为与股价极端波动风险的关系。即，在企业创新程度低、信息透明度低与高企业杠杆的企业中，违约行为与股价极端波动风险的正相关关系更显著；进一步分析发现，机构持股是资本市场开放降低股价极端波动风险的机制；违约行为具有同群效应，违约同群效应会加剧股价极端波动风险。加强对企业违约行为的惩戒力度，降低债务违约行为，可以起到降低股价极端波动风险的发生概率，进而提高资本市场服务于实体经济的能力，促进金融稳定。

在宏观审慎监管对上市公司债务违约风险影响方面，构建了包含家庭、企业、银行、信托、政府部门的五部门动态随机一般均衡模型，在模型中引入了动态资本充足率的行为方程，研究了宏观审慎对企业债务违约风险的影响，实证结果表明：宏观审慎监管有效率的减少了企业债务违约风险的增加。

最后，基于上述研究和分析，本书对研究结论进行了总结，从制度建设、公司治理和风险管控等方面提出了相应的建议，以期对降低我国上市公司的债务违约风险、促进我国上市公司的可持续健康发展提供有益的借鉴。

第二节　研究建议

一、改善上市公司经营环境

从内部环境来看，第一，企业应该提升自身的经营能力，积极淘汰落后产能，对于科技含量不高的设备应该努力研发改进，以提高产品的生产效率，提高产品竞争力。例如企业净现金流量不足，债务结构不合理等问题，而这些问题是导致其债务风险上升的主要原因，并且对光伏企业提出一些可行性建议：避免债务危机的关键在于提高自身的盈利能力。第二，完善企业管理制度，主要财务管理制度方面，杜绝弄虚作假行为，积极接受政府监督，可以通过周期查账结合严格奖惩的方法来强化内部财务管理制度。

从外部环境来看，第一，政府为企业处置非金融类债务创造外部条件。对于去产能企业来说，其有一部分企业的占用土地属于违法行为，政府应该实事求是依法处理，以便调整用地规划，为促进企业转型创造有利条件；帮助企业创造有利于企业发展的市场环境，组织协调相关企业按照市场规则兼并重组整合。第二，优化民营企业的发展环境。政府应该努力营造适合中小企业发展的政策环境，完善相关政策细则；促进给中小企业提供贷款的中小银行的发展，因为中小银行是民营企业等中小企业的主要融资渠道；最后针对一些符合国家产业调整政策且前景良好的企业，政府应该适当予以帮助。

随着我国资本市场的不断开放，企业面临的风险敞口也越来越大。企业债务治理尤其是对债务结构的优化对于把控公司债务违约风险至关重要。一方面，短期债务融资成本低且可以缓解利益冲突；另一方面，短期债务由于具有更高的展期风险效应会使得公司违约风险增大。因此公司管理层应根据公司自身实际情况寻求最佳的债务期限结构。此外，公司应该努力提高自身信用水平并尽可能保持流动性，更高的信用质量和更高的流动性水平有助于缓解短期债务带来的展期风险效应，进而最大程度降低违约概率，提升公司治理水平。

在推进供给侧结构性改革中，目前虽然我国去杠杆政策成效明显，但我国非金融企业部门的宏观杠杆率仍然偏高，去杠杆仍是一个长期任务，如何平稳顺利地去杠杆成为政策制定面临的重要问题。中央经济工作会议中也强调未来要在稳增长的前提下去杠杆，就是要在保证金融市场不产生剧烈波动的前提下，考虑降低企业总体债务水平，平衡债务的期限结构，以及企业负债治理政策与其他财务政策如现金持有水平等的兼顾。由于企业的风险水平不仅受到债务总额的影响，还与其自身债务的期限结构密切相关，政策的制定和实施还要充分考虑到可能对不同类型企业债务的期限结构造成的影响，实证表明展期风险效应主要存在于小规模和非国有企业中，因此应针对不同类型的企业制定不同的政策，尤其应特别注意政策的实施可能给小规模企业和非国有企业带来的债务风险，从而营造更加完善的金融市场环境。本书的研究结论为政策制定提供此方面的参考。

对于受融资约束程度大的公司，短期债务比例越高，违约风险越大。而受到融资约束程度小的公司，由于使用短期债务融资成本和代理成本低，且债务展期较容易，所以短期债务比例越高，违约风险越小。因此在对企业融资的监管过程中应把握债务期限结构对违约风险影响的个体差异性。另外，监管层应不断加强资本市场基础设施建设，加强企业的信息披露和识别管理，充分发挥地方银保监会的信息优势，针对不同类型的企业制定不同的措施，比如对于信用情况较好的企业适度放松其金融约束，企业就可以更多地使用成本较低的短期债务融资；对于信用情况较差的企业加强其金融约束，迫使企业降低其短期债务融资比例从而减少违约事件，一定程度上降低资本市场风险，更好地维护金融市场平稳良好运行。

规范影子银行发展。我国中小型企业在银行获得资金的机会是有限的，因此会依赖于从影子银行获得贷款，然而影子银行因受到的金融监管力度较小，借贷成本较高，故而会提高中小企业的融资成本，增加公司债务违约风险，因此应该采取相应策略降低影子银行可能给中小企业带来的风险。其次，提高对影子银行的监管力度。监管部门应该熟悉影子银行特点，借助及时且恰当的方式对差异化的影子银行的风险进行评估与化解。最后，加强中小企业监管。影子银行的发展可能会导致中小企业恶意追求高杠杆率，而脱离实体经济经营，因此对中小企业的监管也是必不可少的，对于一些信誉低、风险系数较高的企业应降低贷款力度，为真正需求贷款的中小企业提供融资支持，同时建立健全的中小企业的融资担保体系，增强相关担保机构的担保能力。

二、加强金融化上市公司的风险监管

上市公司为了追逐金融化所带来的高额利润，金融化趋势越来越明显，上市公司将大量资金投入金融领域中，大量配置金融资产会使其债务风险加大，过度金融化的行为使其发展缓慢，盈利下降，风险加剧，所以需要一些有效的措施来应对现在的状况，以降低制造业企业的债务风险，促进其健康发展。

首先，优化制造业企业的发展环境，促进行业间利润的均等化。制造业企业的金融化行为其实是一种跨行业套利行为，制造业的利润普遍偏低，而金融业和房地产业却表现出了超高的利润水平，所以政府应该优化制造业企业的发展环境，助力金融行业为制造业企业服务，加大金融业与房地产业的市场竞争，促进行业间利润的均等化，从而引导制造业企业专注其主营业务，发展实体业务，降低其运行中包括债务风险在内的风险水平。

其次，增强与制造业企业金融化行为有关的引导和监管。我国政府应该加大对于制造业企业的引导。可以对于有市场前景的高新技术制造业企业加大财政支持，助力其摆脱目前发展的困局，可以加大制造业企业生产经营活动的政策支持或者对于制造业企业一部分生产经营方面的税收进行减免或者帮助制造业企业引进先进的技术，可以鼓励制造业企业发展贸易金融，产业金融等来缓解融资约束，促进制造业企业的发展。总之，应该积极地引导制造业企业的高层管理者更多地把制造业企业的资源，把自己的重心放在制造业企业的生产经营上，而不是放在进行短期投资获取金融投资收益上。

再次，明确上市公司发展的定位。上市公司金融化不是必然就会导致债务风险的加大，导致经济和社会出现不好的波动，也可以发展产业与金融相结合的模式，实现产业与金融的协调发展，而这形成的前提条件是制造业企业充分利用金融市场的功能来发展自己的主营业务，而不是将金融市场看作投机的市场。所以对于制造业企业来说，在进行金融资产配置时应该要明确制造业企业发展的定位，确定金融资产在制造业企业中所发挥的作用，确定制造业企业金融化想要实现的目标，努力做到让金融化行为来促进制造业企业的发展，增强制造业企业主营业务的核心竞争力，实现真正的产业与金融协同发展，从而使得制造业企业的债务风险降低，促进制造业企业健康长远发展。具体来说，制造业企业应该以盈余管理、缓解融资约束、配合企业的战略等作为动因，适当配置包括货币性金融资产在内的金融资产来增加制造业企业的经营收益，尽量减少以投机为目的的金融化行为，防止把金融化当作单纯套利的工具，导致制造业企业主要的核心业务能力丧失，盈利降低，最终导致债务风险巨大，制造业企业破产。

最后，找到制造业企业金融化的主要原因。产能过剩与获利能力下降是诱发其金融化的真正动因，也是真正问题所在。通过金融化获取的收益并不能使制造业企业焕发新生。制造业企业应该加大自主技术创新，对企业进行转型升级，缩短其生产的周期，降低其生产的成本，提高其生产的效率，降低制造业企业的债务风险。

三、拓展企业融资渠道

负债是维持企业正常生产、经营活动的重要资源，而大多是企业长期处于高负债经营的状态下，潜在的债务风险会直接影响企业的资金链，甚至使其无法继续正常的经营活动。我国中小企业债务融资的比例过大，过度依赖债务融资进行经营活动，导致企业的资本结构不合理，最终导致企业的债务风险变大。因此，我们需要创新其他的债务融资方式，政府和银行等有关部门要积极做出应对，可以推荐运用的融资方式包括：基金投资和集合融资等。

具体的拓宽融资渠道的方式有以下几种：第一，发展权益类企业资本金补充机制，增强中小企业投融资功能，使得企业能够更多依靠股权融资，从而达到降低债务风险的作用。第二，银行市场和银保监会积极鼓励债务融资产品的创新，并且尽快应用到金融市场中。第三，特定客户定向私募债，针对特定客户，发债的门槛相对中期票据来说较低，且潜在的社会资金规模较大。

重视负债融资对企业的相机治理作用，提高商业信用在负债来源结构中的比例。企业扩大融资规模将不可避免地增大企业的还本付息压力，使得企业面临更高的债务违约风险，但负债可以带来税盾效应，并对企业产生治理作用。对企业而言，在进行融资决策时首先应当根据自身及行业整体的经营状况选择合适的股权和债权融资比例，接着再确定负债来源中银行信用和商业信用的比例。根据本书结论可知企业提高商业信用融资比例一方面可以显著缓解企业的代理成本，另一方面使得企业更倾向于保持内部更高的流动性水平，因此企业在确定负债来源结构时应更多考虑商业信用，最大化减少企业的非效率投资行为，提升公司业绩和管理水平从而最大程度降低其债务违约风险。其次，加强对商业银行信贷业务的治理，并不断完善商业信用体系的构建。实证结果表明，更多依赖银行信用融资的企业会面临更高的违约风险，且进一步研究表明银行信用对企业的负债治理效应弱于商业信用是导致公司债务违约风险高的原因之一，可见加强对商业银行的监督治理是降低公司债务违约风险的有效途径。目前我国商业银行对企业贷款的审核机制不够完善，尤其是对国有企业，银行信用没有起到显著的负债治理作用。因此应加强对商业银行特别是信贷方面的监督和治理，克服银行信用对国有企业的"预算软约束"，切实解决银行与国企产权高度同质性引发的信贷问题，让银行信贷资源分配趋于市场化，使得银行能够充分发挥信贷管理人的角色；同时，也应不断完善商业信用体系和相关规章制度，加强商业信用债权人的监督职能，为其充分发挥负债相机治理作用提供制度保证。最后，构建多层次的资本市场，鼓励企业拓宽融资渠道。目前，我国企业尤其是中小企业和一些非上市的民营企业面临较大的融资约束，严重制约企业的发展，因此应大力开拓和发展多种合法的融资渠道，构建多层次的资本市场，改善企业的融资环境，缓解由于信息不对称或信用体系不完善导致的银企不信任问题。此外，鼓励企业发行企业债券、上市交易等渠道融资，引入更多"硬预算约束"的债权人，让企业内部的非效率投资问题得到有效解决，进而最大程度降低企业的债务违约风险。

四、建立公司债务违约风险管理体系

首先，当受到不可抗拒的外部事件冲击时，上市公司债务违约风险可能通过资金流、业务联系、信贷关系以及股价传导等方式，给金融领域的银行系统、证券市场带来严重的风险积累和风险冲击。大规模的上市公司债务违约可能会给处于网络借贷中心的系统重要性银行带来较大的风险溢出，造成商业银行股价出现异常波动。监管当局应当重点关注处于借贷网络中心可能导致严重债务违约后果的上市公司，密切留意其资金流动性和融资渠道状况，加强负债约束，注意可能导致的银行不良贷款问题，采取可控可防的手段积极有序处置，降低风险外溢效应的影响程度。

其次，随着众多上市公司新一轮债券期限陆续到期，以及当前新冠肺炎疫情对商业零售、酒店餐饮、文化旅游以及石油贸易等全方位的影响，势必会造成上市公司经营回款进一步减少，加之受到持续的减杠杆、企业融资难发债难的影响，企业的流动资金变得紧张。为此，监管部门应该重视可能集中出现的大面积的债务违约情形和由此带来的风险溢出，重视企业支付义务的履行。坚决遏制债务违约风险从实体经济扩散至金融领域，防止由点状风险演化成链状风险或面状风险。

最后，通过网络借贷分析发现，虽然大量的城市商业银行和城乡银行在借贷网络中并不处于中心的关键地位，但是它们构成了大型国有银行和股份制商业银行的有效补充，为众多民营企业和中小企业提供了举足轻重的信贷支持。新冠肺炎疫情给我国的经济产生了全面的不利影响，众多民营企业和中小企业深受重创，部分企业因为无法产生持续现金流将不得不宣布破产倒闭，其中也不乏众多以前业绩优秀的企业。为了避免因为经营资金链断裂而导致的公司倒闭破产情形，建议管理部门妥善运用稳健的货币政策，降低企业融资成本，保持流动性合理充裕。

基于全面风险管理和公司的债务风险现状，从三个方面着手建立公司债务违约风险管理体系：一是从企业内部的风险控制着手，通过某种方式加强整体员工的风险防范意识。可以设置债务风险管理小组，由公司主要领导直接管理，主要是对于财务风险的管理，杜绝弄虚作假行为，并且检测市场走势并分析，定期向领导汇报等。二是建立企业金融风险监测体系。这种措施主要是针对重点僵尸企业来说的，首先是建立"一户一策"的信贷监测机制，密切关注企业的财务信息，主要是负债以及政府的政策变化等，早发现并及时化解信贷风险；其次，对于企业的信息进行全面检测，不仅包含信贷的信息，也应该包括非信贷信息和表外业务；最后，与地方金融部门等一道建立起风险监测联动机制，实现金融风险及早识别、防范与化解。

五、完善公司债务风险预警机制

首先，政策制度者应及时且充分地把握金融周期的变动情况，适时采取逆向调节并且加强监管力度。当金融周期处于紧缩期，政府应积极采取扩张性政策，增加经济中的流动性，降低企业面临的融资约束，避免企业因较高的融资约束引发"债务—通缩"。应提高银行的独立性并积极拓宽融资渠道与融资方式。由于我国资本市场发展相对比较缓慢，各种信贷资源主要以银行贷款为主，而我国银行的独立性不高，银行难免受到行政的干预。这就造成国有企业与民营企业相比能够获得更多的信贷支持。虽然国有企业改革取得了一些显著成果，国有企业资金的使用效率与部分民营企业相比不高，这导致了债务违约风险累积。扩宽融资渠道和融资方式使资金能够流向那些有积极回报的项目和企业，提高资金的使用效率，同时能够缓解民营企业面临高融资约束问题。

其次，我国目前处于供给侧结构性改革、"六稳"等经济背景下，企业债务累计与银行不良贷款增加成为经济关注的热点问题，问题的解决有助于缓解市场上的信用风险，有助于经济社会的稳健发展首先是非金融企业上市的角度。企业的负债率过高，会引发债务累计风险，当风险累积到一定程度时，企业会面临资产无法弥补债务的困境而走向破产，会进一步将债务累计的风险传导至银行部门。对于企业来说，应当降低企业的负债比率，合理经营，防止企业在经营过程中面临的资金链断裂等问题，同时企业应当建立破产清偿机制。其次是银行部门，银行应当严格审查贷款企业的信用资格，建立完整的信用评级体系以及贷款发放原则，减少信息不对称所带来的损害。当银行发放贷款后，应当密切监察贷款企业的经营状况，审查贷款企业的现金流变化。最后是政府部门，政府应当积极推进去杠杆政策的实施，尤其是严格把控非金融企业部门的杠杆率，预防非金融部门的债务累计风险传导至金融部门。同时，政府相关部门应当加强对银行等金融部门的监管力度，加强宏观审慎与微观审慎监管，防范金融系统性风险的发生。政府只有严格控制企业债务累积风险对银行不良贷款的冲击，才能使银行部门的资金更好地流向中国实体企业。

最后，完善风险预警机制，风险管控措施细化。如原本可以避免的财务风险或债务违约是由于缺乏适当的风险预警与防控措施造成的。所以，良好的风险预警机制的建立以及可以及时调整运营的战略是十分有必要的。具体来说，对外债较多，对外业务频繁的企业应该将防风险放在第一位，公司不应盲目追求利益，应高度重视保值工具这项工作，即选择保值工具时，以"简单工具为主"为选择保值工具的准绳，避免复杂工具的运用，并且培养专业人才动态的跟踪债务风险，确保企业可持续发展。

六、建立和完善企业债务风险处置机制

首先，建立债务重组机制。债务重组又称债务重整，意为在资金困难的情况下，企业债权人根据预先签订的协议做出让步。也就是说，企业的债权人原因修改企业的偿还条件，从而给企业财务缓冲的时间。

对于资产负债率极高，主营业务清晰，减轻债务负担后能够正常经营的企业可以通过整体债务重组的方式来处置债务风险，有利于企业在保持正常经营的前提下盘活资产，比如中港集团的债转股、债务延期等。而对于负债率极高且主营业务分散的企业可以通过分拆债务重组的方式处置债务风险，但是以这种方式其债务风险问题不能彻底解决。比如高速公路企业的借款来源主要是商业银行贷款，且其债务规模较大，资产负债率也比较高，最终导致高速公路企业的债务风险较大。故对于长期且负债规模大

的企业来说，可以通过与债权人协商，修改原协议的债务偿还条件，即通过债务重组来解决资金周转困难的问题，具体做法是先通过股东的担保向其他金融机构贷款以偿还之前即将到期的银行债务，直至原贷款银行的项目质权得到解除后，再根据企业项目的实际贷款额按比例质押给新的贷款商业银行等金融机构，从而解决了公司债务违约风险的问题，同时也提高了企业的融资能力。

其次，有效实施"债转股"。"债转股"能够有效地减少银行等金融机构的不良资产比率，提高金融机构的资产充裕率。实施债转股应在使用金融手段的同时，保证实体经济发展，争取实现"双赢"。但是由于当前的市场经济环境发生变化，我们应该在促进债转股实施的同时，也应该进行产业的改革，只有这样债转股的实施才会更加有效果。比如日本在这方面的改革就很到位，日本在改革时不仅从银行系统本身调整，还进行了产业的重建，从根本上减少不良资产的产生，进行金融再生和产业再生一体化的改革。日本金融再生和产业再生有机结合、以产业再生带动金融再生的做法，对于降低国有企业负债率、化解金融风险，无疑更具有借鉴意义。再如，我国高速公路企业在化解公司债务违约风险时，实施了公路经营权的转让措施，在股东不要求占有率的情况下可以考虑将部分项目的经营权转让。股东可在转让优质资产的同时搭配效益差的项目部分股权，转嫁部分风险。

最后，完善企业破产的立法。破产风险，是指企业因债务规模巨大，导致企业经营资金周转不灵、出现大规模亏损现象，从而无法按时偿还债务的经营结果。比如部分高速公路企业为了达到预期规划，从而无暇考虑收益，出现收不抵支的状况，最终企业的大规模长期债务无法到期偿还，即企业承担了破产风险；还有一些僵尸企业，不考虑自身的盈亏状况，长期以债抵债，使得其产业转型升级无法正常进行等。破产风险会直接导致企业无法正常运行，债务到期无法偿还，不仅仅是一个时点的资不抵债问题，因此破产风险并不是一种暂时风险，而是一种具有毁灭性的整体风险，如果不能及时发现并控制改善企业财务状况，最终会导致企业的破产。为了防范企业的债务风险，我们应该积极完善企业破产立法。这一工作主要从三个方面出发：破产清算，破产重整及破产和解。第一，依法实施破产清算。在破产清算时，债务关系可依法调整，保护双方利益，尤其是对于去产能的僵尸企业来说，部分企业在市场出清前期仅停止了生产经营，并未取消企业法人地位，没有重新理清其债权债务关系。依法实施破产清算，禁止拖延。第二，充分利用破产重整和破产和解制度，依法挽救危亡企业。破产重整及和解制度充分反映了企业破产与拯救相结合的原则。在金融风险较多的经济背景下，许多前景良好的企业因为资金链断裂等问题不能够很好地经营导致破产，对于此类企业可以充分发挥破产法的作用，通过政府及各方的努力挽救符合国家产业结构调整的危亡企业。

第三节　研究展望

在实证模型方面，本书主要构建了面板数据模型来检验非金融上市公司债务风险的生成机制，检验非金融上市公司债务风险溢出效应，下一步可以计划考虑开展调查研究，通过调查研究数据建模来进行实证分析，增加实证检验的可行度和说服力。

本书在非金融上市公司债务风险生成机制微观方面分析企业金融化、债务期限结构、债务来源结构等方面，考虑还不是很全面，没有考虑上市公司管理变化、偿债能力变化等方面的原因。公司治理水平、偿债能力等方面因素是下一步研究计划解决的问题。

在非金融上市公司债务违约风险溢出效应方面，仅关注了公司债务违约对商业银行和非银行金融机构的风险溢出，上市公司债务违约的风险溢出可能涉及诸多方面，后续可以继续研究上市公司债务违约对关联公司、资本市场等的风险溢出。

参 考 文 献

[1] 巴曙松. 论中国资本市场的开放路径选择 [J]. 世界经济，2003 (3)：67 - 71.

[2] 曾雪寒，罗腾香. 市场择时与资本结构——基于中国上市公司 1998 - 2013 年经验数据 [J]. 商场现代化，2015 (19)：234 - 235.

[3] 陈德球，刘经炜，董志勇. 社会破产成本、企业债务违约与信贷资金配置效率 [J]. 金融研究，2013，401 (11)：68 - 81.

[4] 陈辉等. 新三板做市商制度、股票流动性与证券价值 [J]. 金融研究，2017 (4)：176 - 190

[5] 陈丽英，张楠，王文苑. 资本市场对外开放与企业现金持有水平——基于"沪港通"的经验证据 [J]. 财会月刊，2020，(14)：23 - 31.

[6] 陈建青，王擎，许韶辉. 金融行业间的系统性风险溢出效应研究 [J]. 数量经济技术经济研究，2015 (9)：88 - 100.

[7] 陈婧，张金丹，方军雄. 公司债务违约风险影响审计收费吗？ [J]. 财贸经济，2018 (5)：71 - 87.

[8] 陈胜蓝，马慧. 卖空压力与公司并购——来自卖空管制放松的准自然实验证据 [J]. 管理世界，2017 (7)：142 - 156.

[9] 陈胜蓝，马慧. 贷款可获得性与公司商业信用——中国利率市场化改革的准自然实验证据 [J]. 管理世界，2018，34 (11)：108 - 120 + 149.

[10] 陈艳. 宏观经济环境、投资机会与公司投资效率 [J]. 宏观经济研究，2013 (8)：66 - 72 + 99.

[11] 陈仲常，刘敏，叶嘉. 股票市场流动性水平的度量 [J]. 统计与决策，2006 (18)：98 - 100.

[12] 程小可，姜永盛，郑立东. 影子银行、企业风险承担与企业价

值 [J]. 财贸研究, 2016 (6): 143 - 152.

[13] 迟国泰, 徐占东, 党均章. 基于银行间交易对手风险叠加的项目风险评价 [J]. 系统工程学报, 2015, 30 (4): 485 - 493.

[14] 邓可斌, 曾海舰. 中国企业的融资约束: 特征现象与成因检验 [J]. 经济研究, 2014 (2): 47 - 60 + 140.

[15] 邓莉, 张宗益, 李宏胜. 银行债权的公司治理效应——来自中国上市公司的经验证据 [J]. 金融研究, 2007 (1): 61 - 70.

[16] 邓敏等. 金融开放条件的成熟度评估: 基于综合效益的门槛模型分析 [J]. 经济研究, 2013, 48 (12): 120 - 133.

[17] 杜勇, 张欢, 陈建英. 金融化对实体企业未来主业发展的影响: 促进还是抑制 [J]. 2017 (12): 113 - 131.

[18] 杜元钰. 日本产业再生政策对化解我国国有企业债务风险的启示 [J]. 公共财政研究, 2017 (5): 55 - 61.

[19] 杜强. 中国债务杠杆形成机制与宏观效应研究 [D]. 天津财经大学, 2018.

[20] 杜金岷, 吕寒, 张仁寿, 吴非. 企业 R&D 投入的创新产出、约束条件与校正路径 [J]. 南方经济, 2017, (11): 18 - 36.

[21] 戴赜, 彭俞超, 马思超. 从微观视角理解经济 "脱实向虚"——企业金融化相关研究述评 [J]. 外国经济与管理, 2018, 40 (11): 31 - 43.

[22] 段云, 国瑶. 政治关系、货币政策与债务结构研究 [J]. 南开管理评论, 2016 (5): 84 - 94.

[23] 樊纲, 王小鲁, 朱恒鹏. 中国市场化指数. 各省区市场化相对进程 2011 年度报告 [M]. 经济科学出版社, 2011.

[24] 范云朋, 尹振涛. 金融控股公司的发展演变与监管研究——基于国际比较的视角 [J]. 金融监管研究, 2019, (12): 38 - 53.

[25] 冯丽艳, 肖翔, 赵天娇. 企业社会责任与债务风险——基于 ISO26000 社会责任指南的原则和实践的分析 [J]. 财经理论与实践, 2016 (202): 56 - 64.

[26] 冯琳, 黄小英. 企业债务期限结构与自由现金流的门限关系研究 [J]. 工业技术经济, 2017 (7).

[27] 关浣非. 对大规模到来的企业债务违约应有系统应对预案 [J]. 中国经济周刊, 2018, (22): 28 - 29.

[28] 高国华, 潘英丽. 银行系统性风险度量——基于动态 CoVaR 方

法的分析 [J]. 上海交通大学学报, 2011 (12): 1753 - 1759.

[29] 葛鹏飞, 黄秀路. 中国银行业系统性风险的演变: 降价抛售传染视角 [J]. 财贸经济, 2019 (2): 66 - 83.

[30] 耿得科, 张旭昆. 公司声誉、财务信息与债务违约风险估计 [J]. 经济与管理研究, 2011 (5): 94 - 101.

[31] 宫晓莉, 庄新田. 双指数跳跃扩散条件下上市公司违约风险分析 [J]. 系统工程学报, 2018 (2): 44 - 54.

[32] 龚丹丹, 张颖. 企业金融资产投资对经营业绩的影响研究——基于工业 4.0 时代对制造业的分析 [J]. 经济研究导刊, 2017 (11): 12 - 16.

[33] 谷芸. 企业债务风险及管控研究 [J]. 纳税, 2019 (9): 238 - 240.

[34] 郭瑾, 刘志远, 彭涛. 银行贷款对企业风险承担的影响: 推动还是抑制? [J]. 会计研究, 2017 (2): 42 - 48.

[35] 胡泽, 夏新平, 余明桂. 金融发展、流动性与商业信用: 基于全球金融危机的实证研究 [J]. 南开管理评论, 2013, 16 (3): 4 - 15 + 68.

[36] 何瑛, 于文蕾, 戴逸驰, 王砚羽. 高管职业经历与企业创新 [J]. 管理世界, 2019, 35 (11): 174 - 192.

[37] 何虹. 化解僵尸企业银行债务风险面临的问题及政策建议 [J]. 华北金融, 2017 (7): 41 - 43.

[38] 洪朝伟, 徐朝阳. 中国非金融企业债务: 影响因素、动态特征及处理对策——基于"从一般到特殊"的动态建模方法 [J]. 经济社会体制比较, 2018 (5): 35 - 46.

[39] 后青松, 袁建国, 张鹏. 企业避税行为影响其银行债务契约吗? ——基于 A 股上市公司的考察 [J]. 南开管理评论, 2016 (4): 122 - 134.

[40] 胡奕明, 林文雄. 大贷款人角色: 我国银行具有监督作用吗? [J]. 经济研究, 2008 (10): 78 - 94.

[41] 胡奕明, 王雪婷, 张瑾. 金融资产配置动机: "蓄水池"或"替代"? ——来自中国上市公司的证据 [J]. 经济研究, 2017 (1): 181 - 194.

[42] 侯乐梅. 制造业企业金融化对债务风险的影响研究 [D]. 天津财经大学, 2020.

[43] 胡援成,刘明艳.中国上市公司债务期限结构影响因素:面板数据分析 [J].管理世界,2011 (2).

[44] 黄钢.建筑企业债务风险控制方案研究 [J].交通财会,2014 (11):67-69.

[45] 黄珺,黄妮.过度投资、债务结构与治理效应——来自中国房地产上市公司的经验证据 [J].会计研究,2012 (9):67-72+97.

[46] 黄乾富,沈红波.债务来源、债务期限结构与现金流的过度投资——基于中国制造业上市公司的实证证据 [J].金融研究,2009 (9):143-155.

[47] 何君.我国上市公司债务风险研究 [D].财政部财政科学研究所,2014.

[48] 黄丹.中国农村金融压抑类型的研究 [D].武汉大学,2011.

[49] 贾淑娟.浅谈建筑施工企业债务风险管控 [J].国际商务财会,2013 (7):38-40.

[50] 江春,李巍.中国非金融企业持有金融资产的决定因素和含义:一个实证调查 [J].经济管理,2013,35 (7):13-23.

[51] 江伟,李斌.金融发展与企业债务融资 [J].中国会计评论,2006 (2):255-276.

[52] 蒋海,张锦意.商业银行尾部风险网络关联性与系统性风险——基于中国上市银行的实证检验 [J].财贸经济,2018 (8):50-65.

[53] 蒋瑜峰,袁建国.负债来源、会计信息质量与企业投资 [J].经济与管理研究,2011 (5):78-84.

[54] 寇宗来,盘宇章,刘学悦.中国的信用评级真的影响发债成本吗? [J].金融研究,2015 (10):81-98.

[55] 况学文,彭迪云.市场择时、大股东控制与现金持有量研究 [J].山西财经大学学报,2008,(4):112-120.

[56] 陆海蓉.纵向兼任高管与企业风险承担的关系研究 [D].浙江财经大学,2019.

[57] 刘凌波.中央企业投融资问题研究 [D].吉林大学,2011.

[58] 李明睿.公司债务违约风险与审计意见购买的实证研究 [J].中国注册会计师,2019 (3):70-76.

[59] 李明玉,夏天添.企业金融化对企业投资效率的影响研究 [J].

技术经济与管理研究，2019（12）：9－15.

［60］李荣群，张东．企业债务风险的防范和化解［J］．财税与会计，2002（7）：36－37.

［61］李诗瑶．上市公司债务违约风险与股价崩盘风险［J］．江西社会科学，2019（7）：42－53.

［62］李婷婷．经济周期波动对企业债务风险影响的实证分析——基于面板 VAR 模型［J］．世界农业，2017（5）：143－147.

［63］李晚晴，田野．我国企业部门杠杆率及其债务风险的辩证分析［J］．金融监管研究，2018（2）：55－70.

［64］李维安，马超．"实业＋金融"的产融结合模式与企业投资效率——基于中国上市公司控股金融机构的研究［J］．金融研究，2014（11）：109－126.

［65］李政，梁琪，涂晓枫．我国上市金融机构关联性研究——基于网络分析法［J］．金融研究，2016（9）：95－110.

［66］李志辉，樊莉．中国商业银行系统性风险溢价实证研究［J］．当代经济科学，2011（6）：13－20.

［67］李中亚，董慎秋．中小企业股权质押融资存在的问题及对策［J］．产权导刊，2011，（12）：32－34.

［68］连立帅，朱松，陈超．资本市场开放与股价对企业投资的引导作用：基于沪港通交易制度的经验证据［J］．中国工业经济，2019（3）：100－118.

［69］连玉君，苏治，丁志国．现金－现金流敏感性能检验融资约束假说吗？［J］．统计研究，2008（10）：92－99.

［70］梁志元，孙莹．存量与增量：银行不良贷款的反思与化解［J］．新金融，2017（1）：51－54.

［71］廖国民，周文贵．国有商业银行不良资产：三个分析视角［J］．数量经济技术经济研究，2005，22（5）：17－26.

［72］林朝颖，黄志刚，杨广青，石德金．基于企业微观的货币政策风险承担渠道理论研究［J］．国际金融研究，2015（6）：21－32.

［73］罗进辉，万迪昉．负债融资对企业现金持有行为的影响研究——来自中国上市公司的经验证据［J］．山西财经大学学报，2008，（9）：119－124.

［74］刘宝鹏．集团型企业的债务风险管理机制和管理工具的运用——

以中国广核集团为例［J］．中国农业会计，2019（4）：8 - 9.

［75］刘笃池，贺玉平，王曦．企业金融化对实体企业生产效率的影响研究［J］．上海经济研究，2016（8）：74 - 83.

［76］刘放，戴静，胡文佳．实体企业金融化与股价崩盘风险：业绩改善还是投资驱动？——基于实体企业套利动机的实证检验［J］．武汉金融，2018（9）：36 - 41.

［77］刘贯春，张军，刘媛媛．金融资产配置、宏观经济环境与企业杠杆率［J］．世界经济，2018（1）：148 - 173.

［78］刘丽娜，马亚民．实体企业金融化、过度负债与股价崩盘风险［J］．云南财经大学学报，2018，191（3）：41 - 55.

［79］刘晓光，刘元春．杠杆率、短债长用与企业表现［J］．经济研究，2019（7）：127 - 141.

［80］刘焱，姚海鑫，杜燕婕．资本市场开放与会计信息可比性——来自"沪港通"的经验证据［J］．财经理论与实践，2020，41（1）：55 - 62.

［81］刘宇，彭方平．宽松性货币政策是否加剧了流动性错配：基于公司视角［J］．广东财经大学学报，2016，31（2）：57 - 66.

［82］刘志洋．信用风险缓释工具支持民企债务融资：机制、效果及发展方向［J］．新金融，2019（8）：45 - 50.

［83］龙建成，樊晓静，张雄．利率变动、影子银行与中小企业融资［J］．金融论坛，2013（7）：40 - 45.

［84］卢峰，姚洋．金融压抑下的法治、金融发展和经济增长［J］．中国社会科学，2004（1）：44 - 47.

［85］卢介然．产融结合、动因及其对股价崩盘风险的影响［D］．东北财经大学，2019.

［86］陆嘉玮，陈文强，贾生华．债务来源、产权性质与房地产企业过度投资［J］．经济与管理研究，2016，37（9）：126 - 136.

［87］陆婷．中国非金融企业债务：风险、走势及对策［J］．国际经济评论，2015（5）：67 - 77.

［88］陆正飞，何捷，窦欢．谁更过度负债：国有还是非国有企业？［J］．经济研究，2015（12）：54 - 67.

［89］陆正飞，杨德明．商业信用：替代性融资，还是买方市场？［J］．管理世界，2011（4）：6 - 14 + 45.

［90］陆正飞．资本市场开放能提高股价信息含量吗？——基于"沪

港通"效应的实证检验 [J]. 管理世界, 2018 (1)：169 - 179.

[91] 卢丁全. 宏观经济金融周期背景下区域实体经济发展探讨——
以甘肃省陇南市为例 [J]. 金融经济, 2019, (6)：44 - 46.

[92] 马改云. 企业破产机制、企业融资决策与最优资本结构选择——
基于数值模拟的研究 [J]. 工业技术经济, 2010, 29 (8)：
94 - 97.

[93] 马妍妍等. 资本市场开放促进企业创新了么？——基于陆港通
样本的微观证据 [J]. 财经论丛, 2019 (8)：39 - 52.

[94] 马勇, 冯心悦, 田拓. 金融周期与经济周期——基于中国的实
证研究 [J]. 国际金融研究, 2016 (10)：3 - 14.

[95] 马勇, 陈点点. 宏观审慎政策如何影响企业金融化？[J]. 国际
金融研究, 2020, (3)：13 - 22.

[96] 马秀斌, 张庆君. 金融周期、融资约束与企业债务风险 [J].
金融与经济, 2020 (6)：82 - 89.

[97] 孟庆斌, 侯粲然, 鲁冰. 企业创新与违约风险 [J]. 世界经济,
2019, 42 (10)：169 - 192.

[98] 苗芊芊, 李璐, 胡昱麟. 企业社会责任与债务违约风险研究
[J]. 中国商论, 2018 (4)：90 - 93.

[99] 苗文龙, 钟世, 周潮. 金融周期、行业技术周期与经济结构优
化 [J]. 金融研究, 2018 (3)：36 - 52.

[100] 穆世林. 市场择时与资本结构的关系研究——基于 2005 ~
2015 年中国 A 股上市公司的实证研究 [J]. 中国集体经济,
2017 (6)：54 - 57.

[101] 潘泽清. 企业债务违约风险 Logistic 回归预警模型 [J]. 上海
经济研究, 2018 (8)：73 - 83.

[102] 裘翔. 期限错配与商业银行利差 [J]. 金融研究, 2015 (5)：
83 - 100.

[103] 秦璇, 方军雄. 债务违约曝光前后企业盈余管理行为研究——
基于债务风险管理视角的实证检验 [J]. 中国经济问题,
2019, (6)：119 - 134.

[104] 饶华春. 中国金融发展与企业融资约束的缓解——基于系统广
义矩估计的动态面板数据分析 [J]. 山西财经大学学报,
2009, 31 (11)：89 - 94.

[105] 饶品贵, 姜国华. 货币政策对银行信贷与商业信用互动关系影

响研究 [J]. 经济研究, 2013, 48 (1): 68 - 82 + 150.

[106] 邵军, 徐康宁. 制度质量, 外资进入与增长效应——一个跨国的经验研究 [J]. 世界经济, 2008 (7): 3 - 14.

[107] 盛明泉, 章砚. 股票流动性对资本结构动态调整速度的影响 [J]. 财经问题研究, 2015 (11): 85 - 91.

[108] 石晓军, 李杰. 商业信用与银行借款的替代关系及其反周期性: 1998 - 2006 年 [J]. 财经研究, 2009, 35 (3): 4 - 15.

[109] 石笑. 光伏企业债务违约风险成因与防控——基于*ST海润的案例分析 [J]. 商业会计, 2019, (17): 99 - 101 + 98.

[110] 苏冬蔚, 麦元勋. 流动性与资产定价: 基于我国股市资产换手率与预期收益的实证研究 [J]. 经济研究, 2004 (2): 95 - 105.

[111] 苏坤. 实体企业金融化、货币政策与股价崩盘风险 [J]. 云南财经大学学报, 2018, 197 (9): 59 - 67.

[112] 孙雪娇, 翟淑萍, 于苏. 柔性税收征管能否缓解企业融资约束——来自纳税信用评级披露自然实验的证据 [J]. 中国工业经济, 2019 (3): 81 - 99.

[113] 索有. 我国上市银行不良贷款影响因素研究——基于动态面板数据模型 [J]. 社会科学辑刊, 2015 (2): 114 - 120.

[114] 沈红波, 廖冠民, 曹军. 金融发展、产权性质与上市公司担保融资 [J]. 中国工业经济, 2011, (6): 120 - 129.

[115] 涂瑞. 终极所有权结构、制度环境与融资结构动态调整 [D]. 西南交通大学, 2014.

[116] 田里, 侯海平, 吴金燕. 试论企业债务风险管理 [J]. 黑龙江财会, 1996 (6): 19 - 21.

[117] 童盼, 陆正飞. 负债融资、负债来源与企业投资行为——来自中国上市公司的经验证据 [J]. 经济研究, 2005 (5): 75 - 84 + 126.

[118] 万迈. 我国农业上市公司债务结构与企业绩效相关性研究 [J]. 浙江树人大学学报 (人文社会科学), 2015.

[119] 魏志华, 林亚清, 黄寿峰. 家族控制、金融发展与上市公司现金股利政策 [J]. 投资研究, 2012, 31 (8): 45 - 59.

[120] 汪勇, 马新彬, 周俊仰. 货币政策与异质性企业杠杆率: 基于纵向产业结构的视角 [J]. 金融研究, 2018 (5): 47 - 64.

[121] 王东静，张祥建，张景青. 公司债务期限结构与违约风险 [J].
管理科学学报，2009（12）：77-87.

[122] 王海军. 商业银行不良贷款的内生机制与周期性研究——基于
政府、银行与国有企业博弈的视角 [J]. 当代财经，2017
（1）：50-59.

[123] 王海林，高颖超. 僵尸企业对银行的风险溢出效应研究——基
于 CoVaR 模型和社会网络方法的分析 [J]. 会计研究，2019
（4）：11-17.

[124] 王红建，李茫茫，汤泰劼. 实体企业跨行业套利的驱动因素及
其对创新的影响 [J]. 中国工业经济，2016（11）：73-89.

[125] 王红建，曹瑜强，杨庆，杨筝. 实体企业金融化促进还是抑制
了企业创新——基于中国制造业上市公司的经验研究 [J]. 南
开管理评论，2017（1）：155-166.

[126] 王红建，杨筝，阮刚铭，曹瑜强. 放松利率管制、过度负债与
债务期限结构 [J]. 金融研究，2018（2）：100-117.

[127] 王辉，李硕. 基于内部视角的中国房地产业与银行业系统性风
险传染测度研究 [J]. 国际金融研究，2015（9）：76-85.

[128] 王蕾，张婧婕，陈霄. 影子银行、中小企业融资与深化金融改
革——基于结构向量自回归模型的实证分析 [J]. 华东经济管
理，2015，29（4）：102-108.

[129] 王君斌，郭新强. 产业投资结构、流动性效应和中国货币政策
[J]. 经济研究，2011，46（S2）：28-40.

[130] 王义中，陈丽芳，宋敏. 中国信贷供给周期的实际效果：基于
公司层面的经验证据 [J]. 经济研究，2015，50（1）：52-66.

[131] 王振山，宋书彬，战宇. 企业负债水平的亲周期性及经济逆转
之必然——经济上行期时机选择理论的应用与结果 [J]. 河北
经贸大学学报，2010（6）：67-73.

[132] 王周伟，王许利. 货币政策、商业信用与企业流动性风险——
来自中国 A 股市场的经验证据 [J]. 会计与经济研究，2015，
29（6）：81-100.

[133] 王竹泉，段丙蕾，王苑琢，陈冠霖. 资本错配、资产专用性与
公司价值——基于营业活动重新分类的视角 [J]. 中国工业经
济，2017（3）：120-138.

[134] 王虹珊. 我国影子银行的宏观经济效应研究 [D]. 天津财经

大学, 2018.

[135] 王广宇, 韩亚峰, 郭小丹. 金融安全视角下不良资产形成机理研究——经济转型还是企业骗贷 [J]. 国际金融研究, 2019, (2): 87-96.

[136] 王永海, 张文生. 终极控制权与财务风险: 来自沪市的经验证据 [J]. 经济管理, 2008, (Z2): 117-123.

[137] 王海军, 叶群. 新时代背景下商业银行不良贷款的催生机制——一个四维解析 [J]. 西安交通大学学报 (社会科学版), 2018, 38 (4): 47-56.

[138] 温忠麟, 张雷, 侯杰泰, 刘红云. 中介效应检验程序及其应用 [J]. 心理学报, 2004 (5): 614-620.

[139] 翁洪服. 企业债务风险处置策略研究 [J]. 金融发展研究, 2017 (2): 58-62.

[140] 吴军, 陈丽萍. 非金融企业金融化程度与杠杆率变动的关系——来自 A 股上市公司和发债非上市公司的证据 [J]. 金融论坛, 2018 (1): 3-15.

[141] 吴世农, 卢贤义. 我国上市公司财务困境的预测模型研究 [J]. 经济研究, 2001 (6): 46-55.

[142] 肖坤, 秦彬. 我国上市公司债务结构对财务治理效率的影响 [J]. 经济管理, 2011, 33 (2): 109-115.

[143] 谢海东, 郝奕博. 经济新常态下不良贷款的宏观外因测度及调控政策取向 [J]. 经济问题, 2017 (7): 58-63.

[144] 谢家智, 王文涛, 江源. 制造业金融化、政府控制与技术创新 [J]. 经济学动态, 2014 (11): 78-88.

[145] 谢家智, 江源, 王文涛. 什么驱动了制造业金融化投资行为——基于 A 股上市公司的经验证据 [J]. 湖南大学学报 (社会科学版), 2014, 28 (4): 23-29.

[146] 辛灵, 王大树. 去产能企业债务风险防范与化解对策 [J]. 会计之友, 2019 (20): 132-135.

[147] 熊家财, 苏冬蔚. 股票流动性与企业资本配置效率 [J]. 会计研究, 2014 (11): 54-60+97.

[148] 徐娇. 我国上市公司融资约束指数构建与评价——基于 Logistic 模型 [J]. 华北金融, 2015 (12): 4-9.

[149] 徐尧, 洪卫青, 谢香兵. 货币政策、投融资期限错配与企业绩

效［J］. 经济经纬，2017，34（6）：135 –141.

[150] 徐玉德，陈骏. 上市公司违约风险、盈余质量与银行信用借款——基于沪深 A 股市场的经验研究［J］. 证券市场导报，2011（2）：38 –43.

[151] 谢邦昌，朱世武，李璇，董春. 我国上市公司信用风险度量模型的选择［J］. 经济学动态，2008，（5）：55 –58.

[152] 许罡，朱卫东. 金融化方式、市场竞争与研发投资挤占——来自非金融上市公司的经验证据［J］. 科学学研究，2017，35（5）：709 –728.

[153] 许浩然，荆新. 社会关系网络与公司债务违约——基于中国 A 股上市公司的经验证据［J］. 财贸经济，2016（9）：36 –52.

[154] 严伟祥，张维，牛华伟. 金融风险动态相关与风险溢出异质性研究［J］. 财贸经济，2017（10）：67 –81.

[155] 杨松令，吴平，刘亭立. 宏观经济环境与我国上市公司的目标债务结构——基于存量调整模型的实证研究［J］. 商业研究，2018（8）：144 –150.

[156] 杨兴全，孙杰. 企业现金持有量影响因素的实证研究—来自中国上市公司的经验证据［J］. 南开管理评论，2007（6）：47 –54.

[157] 杨雄. 高速公路企业的债务风险与防范［J］. 交通财会，2006，（12）：22 –24.

[158] 姚耀军，董钢锋. 中小企业融资约束缓解：金融发展水平重要抑或金融结构重要？——来自中小企业板上市公司的经验证据［J］. 金融研究，2015（4）：148 –161.

[159] 姚铮，汤彦峰. 商业银行引进境外战略投资者能否提升了公司价值——基于新桥投资收购深发展的案例分析［J］. 管理世界，2009（2）：94 –102.

[160] 岳媛. 我国上市公司债务来源结构对违约风险的影响研究［D］. 天津财经大学，2021.

[161] 颜海明，戴国强. 次贷危机对中国实体经济的影响渠道实证研究［J］. 统计研究，2015，32（9）：19 –29.

[162] 杨寓涵. 货币政策效果的区域差异研究［D］. 吉林大学，2016.

[163] 姚云. "双循环"格局下资本市场风险化解［J］. 中国金融，

2020（17）：35 – 36.

［164］叶志锋，胡玉明. 盈余管理、债权保护与债务违约率——来自中国证券市场的证据［J］. 山西财经大学学报，2009（11）：67 – 73.

［165］于蔚，汪淼军，金祥荣. 政治关联和融资约束：信息效应与资源效应［J］. 经济研究，2012（9）：125 – 139.

［166］余明桂，潘红波. 金融发展、商业信用与产品市场竞争［J］. 管理世界，2010（8）：117 – 129.

［167］袁春生，郭晋汝. 货币政策变化对企业资本结构动态调整影响研究：来自中国上市公司的经验证据［J］. 宏观经济研究，2018（7）：19 – 32.

［168］袁飞飞，张友棠. 贷款利率波动、融资约束与企业绩效［J］. 财会通讯，2019（33）：30 – 34.

［169］袁卫秋. 我国上市公司的债务期限结构——基于权衡思想的实证研究［J］. 会计研究，2005（12）：53 – 58.

［170］袁媛，田高良，廖明情. 投资者保护环境、会计信息可比性与股价信息含量［J］. 管理评论，2019（1）：206 – 220.

［171］翟舒毅. 信用风险缓释工具助力民营企业发债融资分析［J］. 新金融，2019（1）：47 – 51.

［172］翟永会. 系统性风险管理视角下实体行业与银行业间风险溢出效应研究［J］. 国际金融研究，2019（12）：74 – 84.

［173］詹姆斯·丹尼尔，司丹. 如何化解中国的企业债务风险？［J］. 国际经济评论，2017（1）：173 – 174.

［174］张朝洋，胡援成. 货币政策调整、公司融资约束与宏观审慎管理——来自中国上市公司的经验证据［J］. 中国经济问题，2017（5）：107 – 119.

［175］张成思，郑宁. 中国实业部门金融化的异质性［J］. 金融研究，2019（7）：1 – 17.

［176］张成思，张步昙. 再论金融与实体经济：经济金融化视角［J］. 经济学动态，2015（6）：56 – 66.

［177］张成思，张步昙. 中国实业投资率下降之谜：经济金融化视角［J］. 经济研究，2016（12）：32 – 46.

［178］张汉飞，李宏瑾. 经济增长的不良贷款效应及异常分野［J］. 宏观经济研究，2014（3）：11 – 23.

[179] 张婧，肖翔，李晓月．环境不确定性、企业社会责任与债务违约风险——基于中国 A 股上市公司的经验研究 [J]．经济经纬，2018（9）：136 – 142．

[180] 张靖，肖翔，李晓月．环境不确定性、企业社会责任与债务风险——基于中国 A 股上市公司的经验研究 [J]．经济经纬，2018（5）：136 – 142．

[181] 张乐才，何刚．浙江民营企业债务违约风险的形成与治理 [J]．经济师，2019（8）：155 – 157．

[182] 张慕濒，诸葛恒中．全球化背景下中国经济的金融化：涵义与实证检验 [J]．世界经济与政治论坛，2013（1）：122 – 138．

[183] 张玮倩，方军雄．债务违约会抑制公司创新投资吗？[J]．产业经济研究，2017（5）：1 – 11．

[184] 张璇，刘贝贝，汪婷，李春涛．信贷寻租、融资约束与企业创新 [J]．经济研究，2017，52（5）：161 – 174．

[185] 张雪兰，陈百助．宏观经济要素、银行特征与不良贷款——基于公司与零售贷款组合的比较研究 [J]．财贸经济，2012（8）：46 – 55．

[186] 张扬．产权性质、信贷歧视与企业融资的替代性约束 [J]．中南财经政法大学学报，2016（5）：66 – 72．

[187] 张泽京，陈晓红，王傅强．基于 KMV 模型的我国中小上市公司信用风险研究 [J]．财经研究，2007（11）：31 – 40．

[188] 张兆国，何威风，闫炳乾．资本结构与代理成本——来自中国国有控股上市公司和民营上市公司的经验证据 [J]．南开管理评论，2008（1）：39 – 47．

[189] 张宗益，宋增基．境外战略投资者持股中国上市银行的效果研究 [J]．南开管理评论，2010（3）：106 – 114．

[190] 张庆君，侯乐梅．实体企业金融化对债务风险的影响——基于制造业企业的经验证据 [J]．武汉金融，2021（6）：32 – 42．

[191] 张庆君，马红亮．上市公司债务违约对商业银行的风险溢出效应研究 [J]．安徽师范大学学报（人文社会科学版），2021（1）：117 – 126．

[192] 张庆君，白文娟．资本市场开放、股票流动性与债务违约风险——来自"泸港通"的经验证据 [J]．金融经济学研究，2020（5）：78 – 95 + 107．

[193] 张明，李曦晨，王喆．全面剖析中国企业杠杆率的异质性：规模、周期与盈利能力——基于三大数据库的比较分析［J］．金融评论，2020，12（2）：1-18+123.

[194] 赵彩帆．实体企业金融化投资与风险承担问题研究［D］．武汉大学，2018.

[195] 赵静．存款保险制度、银行市场约束与银行风险［D］．厦门大学，2018.

[196] 郑立根．融资约束、国有与非国有控股公司之间现金持有价值差异——基于经济周期的分析［J］．产业经济研究，2017（6）：1-13.

[197] 钟凯，程小可，张伟华．货币政策适度水平与企业"短贷长投"之谜［J］．管理世界，2016（3）：87-98+114.

[198] 钟凯，孙昌玲，王永妍等．资本市场对外开放与股价异质性波动——来自"沪港通"的经验证据［J］．金融研究，2018（7）：174-192.

[199] 钟凯，程小可，张伟华．货币政策、信息透明度与企业信贷期限结构［J］．财贸经济，2016（3）：60-77.

[200] 钟覃琳，陆正飞．资本市场开放能提高股价信息含量吗？——基于"沪港通"效应的实证检验［J］．管理世界，2018，34（1）：169-179.

[201] 朱敏．建立企业债务风险管理体系［J］．中国外汇管理，2001（3）：49.

[202] 张莹．陕西省农村信用社公司治理改革研究［D］．西北农林科技大学，2017.

[203] 曾牧．企业非效率投资国内外研究综述［J］．财会月刊，2011，（30）：83-86.

[204] 张永杰，潘临．客户集中度、公司治理水平与会计信息可比性［J］．山西财经大学学报，2018，40（11）：110-124.

[205] 周泓，邱月．交叉熵算法在企业违约风险评估中的应用研究［J］．计算机工程与应用，2008，（20）：13-16.

[206] 周彬，周彩．土地财政、企业杠杆率与债务风险［J］．财贸经济，2019，40（3）：19-36.

[207] 朱太辉．实体经济债务究竟如何影响金融体系稳定？——理论机制和解释框架［J］．金融评论，2019，11（2）：25-37+123.

［208］张曼婕. 旅游业与农业互动发展研究——以荔波县为例 ［J］. 中国经贸导刊 （中）, 2018, （26）: 82 - 84.

［209］Acharya, V. V. , Pedersen, L. H. , Philippon, T. , Richardson, M. , 2017. Measure Systemic Risk ［J］. The Review of Financial Studies, 30 （1）: 2 - 47.

［210］Adrian, T. , Ashcraft, A. B. , 2012. Shadow Banking Regulation ［J］. SSRN Electronic Journal, 4 （1）: 99 - 140.

［211］Adrian, T. , Brunnermeier, M. K. , 2016. CoVaR ［J］. American Economic Review, 106 （7）: 1705 - 1741.

［212］Akerlof, George, A. , 1970. The Market for "Lemons": Qualitative Uncertainty and the Market Mechanism. " Quarterly Journal of Economics, 85: 488 - 500.

［213］Ali, S. , Liu, B. , Su, J. J. , 2018. Does Corporate Governance Quality Affect Default Risk? The role of growth opportunities and stock liquidity ［J］. International Review of Economics & Finance.

［214］Allen, F. , Qian, Y. , Tu, G. , 2018. Entrusted Loans: A Close Look at China's Shadow Banking System ［J］. CEPR Discussion Papers.

［215］Allen, L. , Delong, G. , Saunders, A. , 2004. Issues in the Credit Risk Modeling of Retail Markets ［J］. Journal of Banking and Finance, 28 （4）: 727 - 752.

［216］Allen, N. , Berger, Christa, H. S. , Bouwman, 2009. Bank Liquidity Creation ［J］. Review of Financial Studies, 22: 3779 - 3837.

［217］Allen, William, R. , 1977. Irving Fisher, F. D. R. and the Great Depression ［J］. History of Political Economy, 9 （4）: 560 - 587.

［218］Almeida, H. , Campello, M. , Laranjeira, B. , Weisbenner, S. , 2012. Corporate Debt Maturity and the Real Effects of the 2007 Credit Crisis ［J］. Social Science Electronic Publishing, 1 （1）: 3 - 58.

［219］Altman, E. I. , 1968. Financial Ratios, Discriminate Analysis and the Prediction of Corporate Bankruptcy ［J］. The journal of finance, 23 （4）: 589 - 609.

[220] Anderson, R. C. , Reeb, D. M. , 2003. Founding – Family Ownership and Firm Performance: Evidence from the S&P 500 [J]. Journal of Finance, 58 (3): 1301 – 1327.

[221] Ang, J. S. , Cole, R. A. , Lin, J. W. , 2000. Agency Costs and Ownership Structure [J]. The Journal of Finance, 55 (1): 81 – 106.

[222] Antonio, Falato, Nellie, Liang, 2016. Do Creditor Rights Increase Employment Risk? Evidence from Loan Covenants [J]. The Journal of Finance, 71 (6): 2545 – 2590.

[223] Antoniou, A. , Guney, Y. , Paudyal, K. , 2006. The Determinants of Debt Maturity Structure: Evidence from France, Germany and the UK [J]. European Financial Management, 12 (2): 161 – 194.

[224] Baker, M. J. , Stein, J. , Wurgler, 2003. When does the Market Matter? Stock Prices and the Investments of Equity Dependent Firms [J]. Quarterly Journal of Economics, 118: 969 – 1005.

[225] Baker, M. J. , Wurgler, 2002. Market Timing and Capital Structure [J]. Journal of Finance, 57 (1): 1 – 32.

[226] Barclay, M. J. , Smith, Jr, C. W. , 1995. The Maturity Structure of Corporate Debt [J]. The Journal of Finance, 50 (2): 609 – 631.

[227] Barger, Harold, 1933. Review of Fisher (1932) and Money by Francis Hirst [J]. Economic Journal, 43 (4): 681.

[228] Barnea, A. , Haugen, R. A. , Senbet, L. W. , 1980. A Rationale for Debt Maturity Structure and Call Provisions in the Agency Theoretic Framework [J]. The Journal of Finance, 35 (5): 1223 – 1234.

[229] Barnea, Amir, Haugen, Robert, A. , Senbet, Lemma, a. , 1981. Market Imperfections, Agency Problems, and Capital Structure: A Review. Finance [J]. Manage. 10 (summer (3)), 7 – 22.

[230] Baron, R. M. , Kenny, D. A. , 1986. The Moderator – Mediator Variable Distinction in Social Psychological Research: Conceptual, Strategic and Statistical Considerations [J]. Journal of personality

and social psychology, 51 (6): 1173 - 1182.

[231] Bates, T. W. , Kahle, K. M. , Stulz, R. M. , 2009. Why Do US Firms Hold so Much More Cash Than They Used to? [J]. The journal of finance, 64 (5): 1985 - 2021.

[232] Bemanke, Ben, Gertler, Mark, 1989. Agency Costs, Net Worth and Business Fluctuations [J]. American Economic Review, 79 (1): 14 - 31.

[233] Berkman, H. , Eleswarapu, V. R. , 1998. Short-term Traders and Liquidity: A Test Using Bombay Stock Exchange Data [J]. Journal of Financial Economics, 47 (3): 339 - 355.

[234] Bernanke, B. S. , 1983. Nonmonetary Effects of the Financial Crisis in the Propagation of the Great Depression [J]. Journal of Economics & Business, 73 (3): 257 - 276.

[235] Bernanke, B. , Gertler, M. , Gilehrist, S. , 1996. The Financial Accelerator and the Flight to Quality [J]. Review of Economics and Statistics, 78: 1 - 15.

[236] Black, F. , Scholes, M. , 1973. The Pricing of Options and Corporate Liabilities [J]. Journal of Political Economy, 81 (3): 637 - 654.

[237] Bolton, P. , Chen, H. , Wang, N. , 2011. A Unified Theory of Tobin's q, Corporate Investment, Financing, and Risk Management [J]. Journal of Finance, 66: 1545 - 1578.

[238] Borio, C. , 2014. The Financial Cycle and Macroeconomics: What Have We Learnt? [J]. Journal of Banking and Finance, 45: 182 - 198.

[239] Borisova, G. , et al, 2015. Government Ownership and The Cost of Debt: Evidence from Government Investments in Publicly Traded Firms [J]. Journal of financial economics, 118 (1): 168 - 191.

[240] Borisova, G. , Megginson, W. L. , 2011. Does Government Ownership Affect the Cost of Debt? Evidence from Privatization [J]. Review of Financial Studies, 24 (8): 2693 - 2737.

[241] Boyd, J. , De Nicolo, G. , Al Jalal, A. , 2006. Bank Risk Taking and Competition Revisited: New Theory and New Evidence [J]. IMF Working Paper, No. 06/297.

[242] Bradley, M., Jarrell, G., Kim, E. H., 1984. On the Existence of an Optimal Capital Structure: Theory and Evidence [J]. Finance, 39 (3): 857 –878.

[243] Brander, J. A., Lewis, T. R., 1986. Oligopoly and Financial Structure: The Limited Liability Effect [J]. The American Economic Review, 76 (5): 956 –970.

[244] Brick, I. E., Ravid, S. A., 1985. On the Relevance of Debt Maturity Structure [J]. Journal of Finance, 40: 1423 –1437.

[245] Brownlees, C. T., Engle, R. F., 2017. SRISK: A Conditional Capital Shortfall Measure of Systemic Risk [J]. The Review of Financial Studies, 30 (1): 48 –79.

[246] Brunnermeier, M. K., Gorton, G., Krishnamurthy, A., 2012. Risk Topography [J]. Nber Macroeconomics Annual, 26 (1): 149 –176.

[247] Brunnermeier, M. K., Yogo, M., 2009. A Note on Liquidity Risk Management [J]. American Economic Review, 99 (2): 578 –583.

[248] Bruno, V., Shin, H. S., 2014. Globalization of Corporate Risk Taking [J]. Journal of International Business Studies, 45: 800 – 820.

[249] Campbell, J. Y., Hilscher, J., Szilagyi, J., 2008. In Search of Distress Risk [J]. Journal of Finance, 63 (6): 2899 –2939.

[250] Chen, H., Xu, Y., Yang, J., 2012. Systematic Risk, Debt Maturity, and the Term Structure of Credit Spreads [J]. National Bureau of Economic Research.

[251] Chiang, R., Venkatesh, P. C., 1988. Insider Holdings and Perceptions of Information Asymmetry: A Note [J]. Journal of Finance, 43 (4): 1041 –1048.

[252] Chih – Wei, Wang, Wan – Chien, Chiu, Juan, Ignacio, Pena, 2016. Effect of Rollover Risk on Default Risk: Evidence from Bank financing [J]. International Review of Financial Analysis, 9 (9): 1 – 14.

[253] Chinn, M. D. H., Ito, 2006. What Matters for Financial Development? Capital Controls, Institutions, and Interactions, Journal of

Development Economics [J]. 81.

[254] Chiu, Wan – Chien, Juan, Ignacio, Peña, 2018. Does the Source of Debt Financing Affect Default Risk [J]. Review of Financial Economics, 36 (3): 232 –251.

[255] Choi, J. J. , Sami, H. , Zhou, H. , 2010. The Impacts of State Ownership on Information Asymmetry: Evidence from an Emerging Market [J]. Chin. J. Account. Res. , 3: 13 –50.

[256] Cleary, S. , 1999. The Relationship between Firm Investment and Financial Status, Journal of Finance, 54 (2): 673 –692.

[257] Coricelli, F. , Driffield, N. L. , Pal, S. , et al, 2010. Excess Leverage and Productivity Growth in Emerging Economies: Is There a Threshold Effect? [J]. Cepr Discussion Papers, (1).

[258] Custódio, C. , Ferreira, M. A. , Laureano, L. , 2013. Why are US Firms Using More Short – Term Debt? [J]. Journal of Financial Economics, 108 (1): 182 –212.

[259] Dangl, T. , Zechner, J. , 2016. Debt Maturity and the Dynamics of Leverage [J]. CFS Working paper, No. 547.

[260] Datta, S. , Iskandar – Datta, M. , Raman, K. , 2005. Managerial Stock Ownership and the Maturity Structure of Corporate Debt [J]. The Journal of Finance, 60 (5): 2333 –2350.

[261] Della, Seta, M. , Morellec, E. , Zucchi, F. , 2019. Short – Term Debt and Incentives for Risk – Taking [J]. Swiss Finance Institute.

[262] DeMarzo, P. , He, Z. , 2016. Leverage Dynamics without Commitment [J]. National Bureau of Economic Research.

[263] Demir, F. , 2009. Financial Liberalization, Private Investment and Portfolio Choice: Financialization of Real Sectors in Emerging Markets [J]. Journal of Development Economics, 88 (2): 314 – 324.

[264] Denis, D. J. , Wang, J. , 2014. Debt Covenant Renegotiations and Creditor Control Rights [J]. Journal of Financial Economics, 113 (3): 348 –367.

[265] Dewatripont, M. , Maskin, E. S. , 2003. Credit and Efficiency in Centralized and Decentralized Economies [J]. Review of Economic

Studies, 62 (4): 357 – 371.

[266] Diamond, D. W. , 1984. Financial Intermediation and Delegated Monitoring [J]. The review of economic studies, 51 (3): 393 – 414.

[267] Diamond, D. W. , 1984. Financial Intermination and Delegated Monitoring [J]. Journal Of Review Of Economies Studies, (15): 156 – 166.

[268] Diamond, D. W. , 1993. Seniority and Maturity of Debt Contracts [J]. Journal of financial Economics, 33 (3): 341 – 368.

[269] Duca, J. V. , 2015. How Capital Regulation and Other Factors Drive the Role of Shadow Banking in Funding Short – Term Business Credit [J]. Journal of Banking & Finance, 69: 10 – 24.

[270] Duffie, D. K. J. , Singleton, 2003. Credit Risk: Pricing, Measurement, and Management [J]. Princeton, NJ: Princeton University Press.

[271] Dyl, E. , Weigand, R. , 1998. The Information Content of Dividend Initiations: Additional Evidence, Financial Management.

[272] Edmans, A. , 2009. Blockholder Trading, Market Efficiency, and Managerial Myopia [J]. Journal of Finance, 64 (6): 2481 – 2513.

[273] Edmans, A. , Fang, V. W. Z. , Emanuel, 2013. The Effect of Liquidity on Governance. Review of Financial Studies [J]. 26: 1443 – 1482.

[274] Edmans, A. , Gustavo, M. , 2011. Governance through Trading and Intervention: A Theory of Multiple Blockholders [J]. Review of Financial Studies, 24: 2395 – 2428.

[275] Elekdag, S. , Wu, Y. , 2013. Rapid Credit Growth in Emerging Markets: Boon or Boom – Bust [J]. Emerging Markets Finance and Trade, 49 (5): 45 – 62.

[276] Engle, Robert, 2002. Dynamic Conditional Correlation: A New Simple Class of Multivariate GARCH Model [J]. Journal of Business and Economic Statistics, 20 (5): 339 – 350.

[277] Fama, 1985. What's Different About Banks? [J]. Journal of Monetary Economics, (15): 77 – 92.

[278] Fama, E. , Jensen, M. C. , 1983. Separation of Ownership and Control [J], Journal of Law and Economics, 26: 301 – 325.

[279] Fang, V. W. , Noe, T. H. , Tice, S. , 2009. Stock Market Liquidity and Firm Value [J]. Journal of financial economics, 94 (1): 150 – 169.

[280] Fisher, I. , 1932. Booms and Depressions: Some First Principles [J]. New York: Adelphi Company.

[281] Fisher, I. , 1933. The Debt – Deflation Theory of Great Depressions [J]. Econometric, 1 (4): 337 – 357.

[282] Fisman, Raymond, J. , 2003. Ethnic Ties and the Provision of Credit: Relationship – Level Evidence from African Firms [J]. B E Journal of Economic Analysis & Policy, 3 (1): 1 – 21.

[283] Flannery, M. , 1986. Asymmetric Information and Risk Debt Maturity Structure Choice [J]. Journal of Finance, 41: 8 – 38.

[284] Freeman, R. B. , 2010. It's Financialization [J]. International Labor Review, 149 (2): 163 – 183.

[285] Froot, K. A. , Scharfstein, D. S. , Stein, J. C. , 1993. Risk Management: Coordinating Corporate Investment and Financing Policies [J]. The Journal of Finance, 48 (5): 1629 – 1658.

[286] Glick, R. , M. M. , 2001. Hutchison. Banking and Currency Crises: How Common are Twins? [J]. In Financial Crises in Emerging Markets New York: Cambridge University Press.

[287] Gopalan, R. , Song, F. , Yerramilli, V. , 2014. Debt Maturity Structure and Credit Quality [J]. Journal of Financial and Quantitative Analysis, 49 (4): 817 – 842.

[288] Gorton. , G. B. , 2010. Slapped by the Invisible Hand: The Panic of 2007 [M]. Oxford University Press.

[289] Graham, J. R. , Harvey, C. R. , 2001. The Theory and Practice of Corporate Finance: Evidence from the Field [J]. Journal of financial economics, 60 (2 – 3): 187 – 243.

[290] Guedes, J. , Opler, T. , 1996. The Determinants of the Maturity of Corporate Debt Issues [J]. The Journal of Finance, 51 (5): 1809 – 1833.

[291] Guermazi, Amira, 2014. Financial Liberalization, Credit Con-

straints and Collateral: The Case of Manufacturing Industry in Tunisia [J]. Procedia Economics & Finance, 13: 82 – 100.

[292] Han, Seungjin, Qiu, Jiaping, 2007. Corporate precautionary cash holdings [J]. Journal of Corporate Finance, 13 (2): 43 – 57.

[293] Harford, J., Klasa, S., Maxwell, W. F., 2014. Refinancing Risk and Cash Holdings [J]. The Journal of Finance, 69 (3): 975 – 1012.

[294] Harris, M., Raviv, A., 1990. Capital Structure and the Informational Role of Debt [J]. The Journal of Finance, 45 (2): 321 – 349.

[295] He, Z., Xiong, W., 2012. Rollover Risk and Credit Risk [J]. The Journal of Finance, 67 (2): 391 – 430.

[296] Hennessy, C. A., Livdan, D., 2009. Debt, Bargaining, and Credibility in Firm Supplier Relationships [J]. Journal of Financial Economics, 93 (3): 382 – 399.

[297] Henry, P. B., 2000. Do Stock Market Liberalizations Cause Investment Booms? [J]. Journal of Financial Economics, 58 (1): 301 – 334.

[298] Holden, C. W., Subrahmanyam A, 1992. Long – Lived Private Information and Imperfect Competition [J]. Journal of Finance, 47.

[299] Hong, Z., Yue, Q., 2008. Application Research on Corporate Default Risk Assessment based on Cross – Entropy Algorithm [J]. Computer Engineering & Applications, 44 (20): 13 – 16.

[300] Hovakimian, A., Kayhan, A., Titman, S., Are Corporate Default Probabilities Consistent with the Static Trade-off Theory? [J]. The Review of Financial Studies, 25 (2): 315 – 340.

[301] Ivashina, V., Scharfstein, D., 2010. Bank Lending During the Financial Crisis of 2008 [J]. Journal of Financial economics, 97 (3): 319 – 338.

[302] JE, Stiglitz, 2000. Capital Market Liberalization, Economic Growth, and Instability [J]. World Development, 28.

[303] Jensen, M. C., 1986. Agency Costs of Free Cash Flow, Corporate Finance, and Takeovers [J]. American Economic Review, 76: 323 – 339.

[304] Jensen, M. , Meckling, W. , 1976. Theory of the Firm Managerial Behavior, Agency Costs and Capital Structure [J]. Journal of Financial Economics, (3): 305 – 360.

[305] Jensen. M. C. , 1986. Agency Costs of Free Cash Flow, Corporate Capital Finance and Takeovers [J]. American Economic Review, 76 (2): 323 – 329.

[306] Jeremy, C. , Stein, 2002. Rational Capital Budgeting In An Irrational World [J]. The Journal of Business, 69: 429 – 455.

[307] John, K. , Larry, H. P. , Lang, 1991. Insider Trading around Dividend Announcements: Theory and Evidence, Journal of Finance.

[308] John, Teresa, A. , 1993. Accounting Measures of Corporate Liquidity, Leverage and Costs of Financial Distress [J]. Financial Management, 22 (3): 91 – 100.

[309] Jun, S. G. , Jen, F. C. , 2003. Trade-off Model on Debt Maturity Structure [J]. Review of Quantitative Finance and Accounting, 20: 5 – 34.

[310] Laeven, L. , 2002. Does Financial Liberalization Reduce Financing Constraints? [J]. Financial Management, 31: 5 – 34.

[311] Laeven, L. , Levine, R. , 2006. Corporate Governance, Regulation, and Bank Risk Taking [R]. World Bank Mimeo.

[312] Lee, C. H. , Chou, P. I. , 2017. Financial Openness and Market Liquidity in Emerging Markets [J]. Finance Research Letters, 25 (1): 124 – 130.

[313] Leland, H. E. , Toft, K. B. , 1996. Optimal Capital Structure, Endogenous Bankruptcy, and the Term Structure of Credit Spreads [J]. The Journal of Finance, 51 (3): 987 – 1019.

[314] Loureiro, G. A. G. , Taboada, 2015. Do Improvements in the Information Environment Enhance Insiders' Ability to Learn from Outsiders [J]. Journal of Accounting Research, 53 (4): 863 – 905.

[315] Love, I. , Preve, L. A. , Sarria – Allende, V. , 2007. Trade Credit and Bank Credit: Evidence from Recent Financial Crises [J]. Journal of Financial Economics, 83 (2): 453 – 469.

[316] Lu, Y. , Guo, H. , Kao, E. H. , et al, 2015. Shadow Banking

and Firm Financing in China [J]. International Review of Economics & Finance, 36: 40 – 53.

[317] Lyandres, E. , Zhdanov, A. , 2013. Investment Opportunities and Bankruptcy Prediction [J]. Journal of Financial Markets, 16 (3): 439 – 476.

[318] Markowitz, H. , 1952. Portfolio Selection [J] . Journal of Finance, 7: 77 – 91.

[319] Merton, R. C. , 1974. On the Pricing of Corporate Debt: The Risk Structure of Interest Rates [J]. The Journal of finance, 29 (2): 449 – 470.

[320] Mian, A. , Santos, J. A. C. , 2018. Liquidity Risk and Maturity Management over the Credit Cycle [J]. Journal of Financial Economics, 127 (2): 264 – 284.

[321] Michael, A. , Spence, 1973. Job Market Signaling. The Quarterly [J]. Journal of Economics, 87 (3).

[322] Michael, J. , Athey, Prem, S. , Laumas, 1994. Internal Funds and Corporate Investment in India [J] . Journal of Development Economics, 45: 287 – 303.

[323] Miller, M. , 1977. Dent and taxes [J]. Journal of Finance, 32: 261 – 275.

[324] Miller, Merton, H. , KevinRock, 1985. Dividend Policy under Asymmetric Information [J]. Journal of Finance.

[325] Mishkin, F. , 1997. The Causes and Propagation of Financial Instability: Lessons for Policymaker [J]. Proceedings from Federal Reserve Bank of Kansas City, 55 – 96.

[326] Modigliani, F. , Miller, M. H. , 1958. The Cost of Capital Corporation Finance and The Theory of Investment [J]. American Economic Review, 48 (4): 443 – 453.

[327] Modigliani, F. , Miller, M. , 1958. The Cost of Capital, Corporation Finance and the Theory of Investment [J]. American Economic Review, 58: 261 – 297.

[328] Morck, R. , Wolfenzon, D. , Yeung, B. , 2005. Corporate Governance, Economic Entrenchment, and Growth [J] . Journal of Economic Literature, 43: 655 – 720.

[329] Myers, S. C. , 1977. Determinants of Corporate Borrowing [J]. Journal of Financial Economics, 5: 147 - 175.

[330] Myers, S. C. , 1984 July. The Capital Structure Puzzle [J]. Finance, 39: 575 - 592.

[331] Myers, S. C. , 1993. Stilling Searching for Optimal Capital Structure [J]. Appl. Corp. Finance, 6 (Spring): 4 - 14.

[332] Myers, S. C. , Turnbull, S. M. , 1977. Capital Budgeting and the Capital Asset Pricing Model: Good News and Bad News [J]. Journal of Finance, 32: 321 - 333.

[333] Myers, Stewart, C. , Majluf, Nicholas, S. , 1984. Corporate Financing and Investment Decisions when Firms have Information that Investors do not have [J]. Journal of Financial Economics, 13 (1): 28 - 57.

[334] Norli, O. , Ostergaard, C. , Schindele, I. , 2015. Liquidity and Shareholder Activism [J]. review of financial studies, 28 (2): 486 - 520.

[335] Obstfeld, M. , 1994. Evaluating risky consumption paths: The Role of Intertemporal Substitutability [J]. European Economic Review, 38 (7): 1471 - 1486.

[336] Opler, Tim, C. , et al, 1999. The Determinants and Implications of Corporate Cash Holdings [J]. Journal of Financial Economics, 52 (1): 3 - 46.

[337] Paligorova, T. , Joao, A. C. S. , 2017. Monetary Policy and Bank Risk-taking: Evidence from the Corporate Loan Market [J]. Journal of Financial Intermediation, 30: 35 - 49.

[338] Palley, Thomas, I. , 2007. Financialization: What It Is and Why It Matters [J]. Working Papers, 26 (9): 9 - 15.

[339] Parrino, R. , Weisbach, M. S. , 1999. Measuring Investment Distortions Arising from Stockholder - Bondholder Conflicts [J]. Journal of Financial Economics, 53 (1): 3 - 42.

[340] Paul, Brockman, H. J. , Turtle, 2003. A Barrier Option Framework for Corporate Security Valuation [J]. Journal of Financial Economics, 67: 511 - 529.

[341] Peng, C. N. , Lin, J. L. , 2017. Using Public Information to Pre-

dict Corporate Default Risk [M]. Applied Quantitative Finance.

[342] Perotti, A. R. , 1995. The Political Economy of Budget Deficits [J]. Staff Papers – International Monetary Fund, 42 (1).

[343] Pope, P. F. , 2010. Bridging the Gap Between Accounting and Finance [J]. The British Accounting Review, 42 (2): 88 – 102.

[344] Pozsar, Z. , Adrian, T. , Ashcraft, A. B. , et al, 2010. Shadow Banking [J]. Staff Reports, 105 (458): 447 – 457.

[345] Rajan, R. G. , Winton, A. , 1995. Covenants and Collateral as Incentives to Monitor [J]. The Journal of Finance, 50 (4): 1113 – 1146.

[346] Reinhart, C. M. , Rogoff, K. S. , 2011. From Financial Crash to Debt Crisis [J]. American Economic Review, 101 (5): 1676 – 1706.

[347] Rejeb, A. , Boughrara, A. , 2013. Financial Liberalization and Stock Markets Efficiency: New Evidence from Emerging Economies [J]. Emerging Markets Review, 17: 186 – 208.

[348] RM, Stulz, Globalization of Capital Markets and the Cost of Capital [J]. Journal of Applied Corporate Finance.

[349] Robert, A. , Haugen, Lemma, W. , Senbet, 1988. Bankruptcy and Agency Costs: Their Significance to the Theory of Optimal Capital Structure [J]. Journal of Financial and Quantitative Analysis, 23.

[350] Ross, S. A. , Spring, 1977. The Determination of Financial Structure: The Incentive – Signaling Approach [J]. Bell Journal of Economics, 8: 23 – 40.

[351] Rothschild, M. J. , Stiglitz, 1967. Equilibrium in Competitive Insurance Markets: An Essay on the Economics of Imperfect Information [J]. Quarterly Journal of Economics, 90: 629 – 649.

[352] Roy, A. D. , 1952. Safety First and The Holding of Assets [J]. Econometrica, 20: 431 – 449.

[353] Saunders, A. , L. Allen, 2002. Credit Risk Measurement: New Approaches to Value at Risk and Other Paradigms [J]. New York: John Wiley.

[354] Scholes, M. S. , Wolfson, M. , 1992. Taxes and Business Strate-

gy: A Planning Approach [M]. Englewood Cliffs NJ: Prentice -
Hall.

[355] Schultz, E. L. , Tan, D. T. , Walsh, K. D. , 2017. Corporate
Governance and The Probability of Default [J]. Accounting and Fi-
nance, 57: 235 - 253.

[356] Scott, J. H. , 1976. A Theory of Optimal Capital Structure, Bell
Journal of Economics and Management Science [J]. 7: 33 - 54.

[357] Sharpe, S. A. , 1991. Credit Rationing, Concessionary Lending,
and Debt Maturity [J]. Journal of Banking and Finance, 15 (3):
581 - 604.

[358] Shumway, Tyler, 2001. Forecasting Bankruptcy more Accurately:
A simple Hazard Model [J]. Journal of Business, 74: 101 - 124.

[359] Sloan, R. G. , 1996. Do Stock Prices Fully Reflect Information in
Accruals and Cash Flows about Future Earnings? [J]. Accounting
Review, 71 (3), 289 - 315.

[360] Spier, Perotti, Kathryn, E. , 1993. Capital Structure as a Bar-
gaining Tool: The Role of Leverage in Contract Renegotiation [J].
American Economic Review, 83 (5): 1131 - 1141.

[361] Stiglitz, J. E. , 1974. On the Irrelevance of Corporate Financial
Policy [J]. The American Review, 64: 851 - 866.

[362] Stulz, 1990. Managerial Discretion and Optimal Financing Policies
[J]. Journal of Financial Economics, (14): 501 - 521.

[363] Stulz, R. M. , 2000. Financial Structure, Corporate Finance and
Economic Growth [J]. International Review of Finance, 1 (1):
11 - 38.

[364] Subrahmanyam, A. , 2001. Feedback from Stock Prices to Cash
Flows [J]. Journal of Finance, 56.

[365] Sudheer, Chava, Michael, R. , Robert, 2008. How Does Finan-
cial Impact Investment? The Role of Debt Covenants [J]. The
Journal of Finance, 63 (5): 2085 - 2121.

[366] Sun, W. , Cui, K. , 2014. Linking Corporate Social Responsibil-
ity to Firm Default Risk [J]. European Management, 32: 275 -
287.

[367] Taggart, Jr, R. A. , 1977. A Model of Corporate Financing Deci-

sions [J]. The Journal of Finance, 32 (5): 1467 – 1484.

[368] Tang, Y. , Yan, H. , 2008. Market Conditions, Default Risk and Credit Spreads [J]. Journal of Banking & Finance, 34 (4): 743 – 753.

[369] Tian, X. , Wang, T. , Tolerance for Failure and Corporate Innovation. Review of Financial Studies, 2014, 27: 211 – 255.

[370] Tobias, Adrian, Hyun, Song, Shin, 2010. The Changing Nature of Financial Intermediation and the Financial Crisis of 2007 – 2009 [R]. Annul Review of Economics, 2: 603 – 618.

[371] Tobin, James, 1975. Keynesian Models of Recession and Depression [J]. American Economic Review, 65 (2): 195 – 202.

[372] Trabelsi, M. , Cherif, M. , 2016. The Causality Issue in the Financial Openness and Economic Growth Nexus: Empirical Evidence from Selected Emerging Countries: 1975 – 2011 [J]. Journal of applied finance & banking, 6.

[373] Valenzuela, P. , 2015. Rollover Risk and Credit Spreads: Evidence from International Corporate Bonds [J]. Review of Finance, 20 (2): 631 – 661.

[374] Wang, S. Y. , Xia, 2002. Portfolio Selection and Asset Pricing [J]. Springer, Berlin.

[375] Wayne, Guayand, Jarrad, Harford, 2000. The Cash Flow Permanence and Information Content of Dividend Increase Versus Repurchases [J]. Journal of Financial Economics.

[376] Williamson, O. E. , 1988. Corporate Finance and Corporate Governance [J]. The Journal of Finance, 43 (3): 567 – 591.

[377] Yiping, H. , 2012. Will China's Shadow Banking be Another Subprime Debt? [J]. International Economic Review.

[378] Zhou, B. , Guo, G. M. , Chen, X. , Yang, T. , 2012. Market Timing of Corporate Debt Issuance: Prediction or Reaction? [J]. Applied financial economics, 22 (21): 1755 – 1769.

后　记

　　行文至此，正值金秋时节，最是秋风捎音至，麦浪金波万里绵。恰逢秋意正浓时，几经努力书稿成。文至此处，一项工作接近尾声，犹有感恩方寸在，不知如何更达意。

　　斯人于津门陋室，观窗外秋雨如丝，思后记之如何落笔，回想当初，为切题之困扰，不为所踪。后几经辗转，选择上市公司风险问题，并付诸于实施。耗时三载之余，终有稿件小成，倍感欣慰。三载之中本门弟子多有参与，不计有多少次交流与探讨，多少次修改与反复，多少次努力与尝试，集众人之才华，方成一稿。感谢团队成员努力与付出，集思广益，方有所成。

　　桃李不言，下自成蹊。对此问题吾虽有所思，但能够成文亦归功于经典文献之指引。成文期间参阅了大量的文献和资料，诸多文献为我们形成思路、确定框架、评价分析提供了借鉴，虽在文后有所列示，但阅读有限，仍恐参考不当或引用不全。感谢相关文献作者，您之成果为吾等提供丰富之素材和参考，虽未当面赐教，亦可称为师者。

　　申报基金项目为众多高校教师之所盼，迫于考核之压力，遂将该问题之文稿统一并凝练，尝试做一申报。后有幸被后期资助项目资助，甚是感激。亦感谢五位同行专家之宝贵建议，汇五位匿名专家建议，逐一针对修改更新。感谢专家点拨问题，切入要点，指明方向，吾等循之所向，力求达意。经专家点拨，使文稿更为丰富，增进不少。

　　后经反复校改，提交经科出版社，能成此文，亦感谢经科编辑团队。申报项目之初，仅为尝试之举，经科编辑鼎力支持，助成此事。交稿之后，编审团队细校入微，亦有多处修正，三易其稿，使之近于规范。在此期间，亦有诸多师友、同行和工作人员直接或者间接助力本书成稿，在此一并深表谢意。

　　虽经团队、专家和编辑协同努力，反复校改，然限于本人才疏学浅，恐仍有诸多纰漏与不足，还望业界同行和读者多为谅解。

图书在版编目（CIP）数据

非金融上市公司债务违约风险生成机制及溢出效应研究/张庆君著．—北京：经济科学出版社，2021.11
国家社科基金后期资助项目
ISBN 978 - 7 - 5218 - 3249 - 5

Ⅰ．①非… Ⅱ．①张… Ⅲ．①上市公司 - 债务管理 - 风险管理 - 研究 - 中国 Ⅳ．①F279.246

中国版本图书馆 CIP 数据核字（2021）第 248261 号

责任编辑：刘 莎
责任校对：蒋子明
责任印制：王世伟

非金融上市公司债务违约风险生成机制及溢出效应研究
张庆君 著
经济科学出版社出版、发行 新华书店经销
社址：北京市海淀区阜成路甲 28 号 邮编：100142
总编部电话：010 - 88191217 发行部电话：010 - 88191522
网址：www. esp. com. cn
电子邮箱：esp@ esp. com. cn
天猫网店：经济科学出版社旗舰店
网址：http：//jjkxcbs. tmall. com
北京季蜂印刷有限公司印装
710 × 1000 16 开 19.25 印张 360000 字
2021 年 11 月第 1 版 2021 年 11 月第 1 次印刷
ISBN 978 - 7 - 5218 - 3249 - 5 定价：69.00 元
（图书出现印装问题，本社负责调换。电话：010 - 88191510）
（版权所有 侵权必究 打击盗版 举报热线：010 - 88191661
QQ：2242791300 营销中心电话：010 - 88191537
电子邮箱：dbts@ esp. com. cn）